山西省科技战略研究专项"共同富裕目标下乡村金融科技'套餐'配置研究"（202204031401077）

# 金融科技赋能城乡共同富裕

## 路径、技术与案例

陈　啸◎著

Fintech Enabling Urban and Rural Common Prosperity:
Paths, Technologies and Cases

经济管理出版社
ECONOMY & MANAGEMENT PUBLISHING HOUSE

图书在版编目（CIP）数据

金融科技赋能城乡共同富裕：路径、技术与案例/陈啸著 . —北京：经济管理出版社，
2023. 11

ISBN 978-7-5096-9485-5

I. ①金… II. ①陈… III. ①金融—科学技术—应用—共同富裕—研究—中国 IV. ①F124. 7

中国国家版本馆 CIP 数据核字（2023）第 217960 号

组稿编辑：张巧梅
责任编辑：张巧梅
责任印制：许　艳
责任校对：蔡晓臻

出版发行：经济管理出版社
　　　　　（北京市海淀区北蜂窝 8 号中雅大厦 A 座 11 层　100038）
网　　　址：www. E-mp. com. cn
电　　　话：（010）51915602
印　　　刷：唐山昊达印刷有限公司
经　　　销：新华书店
开　　　本：720mm×1000mm/16
印　　　张：14. 25
字　　　数：248 千字
版　　　次：2023 年 12 月第 1 版　　2023 年 12 月第 1 次印刷
书　　　号：ISBN 978-7-5096-9485-5
定　　　价：88. 00 元

# 序 言

党的二十大报告指出，"中国式现代化是全体人民共同富裕的现代化"。区域协调发展是实现共同富裕的必然要求。作为一个发展中的人口大国，实现共同富裕，最广泛最深厚的基础在农村，最繁重最艰巨的任务也在农村。金融作为现代经济的核心，不仅可以促进经济高质量发展，同时也可以助力缩小收入和财富差距。乡村相较于城市，各方面金融条件都较弱，只有依靠"互联网+"思维发展金融科技，才能促进乡村金融取得更好的效果。因此，新时代城乡融合发展需要以城乡共同富裕为目标指向，有效解决城乡发展不平衡的现实难题。现阶段，金融科技发展水平如何？共同富裕发展到哪个程度？金融科技赋能共同富裕的路径是什么？国内外又有哪些实践探索？这些问题的进一步探讨对于促进金融科技发展，助推共同富裕实现具有非常重要的意义。

本书在对金融科技、共同富裕核心内涵阐释的基础上，运用经济计量分析，使用宏观统计数据，深入分析了金融科技与共同富裕评价指标选取、测算等问题。具体而言，本书的研究内容主要归纳为以下四个部分：

研究内容一：分析金融科技与共同富裕的发展现状，考察二者关系。

采用宏观统计数据，对金融科技和共同富裕发展现状进行研究。结果显示，金融科技发展快速，但在赋能共同富裕进程中仍存在问题。随着数字中国建设的不断推进，我国金融业数字化转型不断深化，金融科技发展持续领先，数字金融产品与服务不断丰富，底层技术的研发成为金融科技的发展方向。虽然当前城乡收入差距不断缩小，但要充分释放金融科技优势，仍需考虑技术成熟度、数据应用管理及区域差异。

研究内容二：构建金融科技与共同富裕评价指标体系，测算二者水平。

基于金融科技与共同富裕的内涵阐释，构建金融科技与共同富裕综合评价指标体系，采用熵权 TOPSIS 法进行测算。结果显示，我国金融科技发展水平呈持续增长趋势，"信息技术创新"在金融科技发展中的地位不断凸显；金融科技发展在区域之间存在显著差异，东部地区明显高于中西部地区，广东省金融科技水平最高，西藏最低；我国共同富裕程度不断提升，"精神文明富裕"在共同富裕实现进程中的作用日益增加；共同富裕程度在区域之间存在显著差异，东部地区优于中西部地区，广东省共同富裕程度最高，西藏最低。

研究内容三：厘清金融科技赋能共同富裕作用路径，分析影响效应。

综合考量直接影响与间接影响，构建面板模型和系统 GMM 模型。一是考察金融科技通过影响经济发展水平及收入不平等对共同富裕的间接作用；二是考察金融科技赋能共同富裕的直接效应。实证结果显示，金融科技显著促进地区经济增长、缩小城乡收入差距，能够发挥"做大蛋糕""分好蛋糕"的作用。技术投入在金融科技影响经济增长中存在中介效应；数字普惠金融对金融科技影响城乡收入差距存在调节作用，使得金融科技对缩小城乡收入差距的作用呈现非线性。金融科技发展能够促进共同富裕的实现，且存在明显的西部>中部>东部的区域异质性。金融科技对共同富裕的影响存在非线性边际效应递减，且受到数字普惠金融发展水平的调节。在金融科技二级指标中，经济基础与金融规模对共同富裕的促进作用最大，可见金融科技赋能共同富裕的关键点仍在金融本身；而对于共同富裕的三个维度，金融科技显著影响"富裕度""共享度"指标，对"可持续性"的影响不显著。

研究内容四：梳理国内外金融科技赋能共同富裕实践，总结经验启示。

通过对国内外实践探索的梳理总结，发现金融科技赋能共同富裕形式更加多样化。在服务新型农业经营主体、助力中小微企业融资、盘活农村资产、助力乡村文化建设、引进科技人才以及基础设施建设等方面已有相关实践探索，金融科技对于金融服务模式的更新，催生了乡村发展新业态。

基于研究结论，本书认为实现金融科技赋能共同富裕应遵循以下路径：加强顶层设计，将金融科技发展纳入共同富裕相关文件，强化金融科技与可持续发展的深度融合；完善基础设施建设，构建金融科技服务新体制，尤其要向偏远地区倾斜；优化产品供给，推动数字普惠金融服务，扩大金融服务覆盖面；加强专业人才培养，提高居民金融科技素养；防范金融科技风险，加强消费者保护；因地制宜推动金融科技，充分发挥外部效应。在此基础上，政策层面需要畅通城乡资源融合、推进城乡空间融合、创新城乡制度融合，以推动城乡共同富裕的实现。

# 前　言

　　共同富裕是社会主义的本质要求，是中国式现代化的重要特征，经济社会的可持续发展需要立足共同富裕的实现。《中共中央关于制定国民经济和社会发展第十四个五年规划和二〇三五年远景目标的建议》对于共同富裕的推动提出阶段性目标，即"人均 GDP 达到中等发达国家水平、城乡区域发展差距和居民生活水平差距显著缩小，全体人民共同富裕取得更为明显的实质性进展"。2022 年，党的二十大报告更是把实现共同富裕作为中国式现代化五大特征和本质要求之一，共同富裕的重要地位更上一层，从理论层面为实现共同富裕这一目标提供途径指引。

　　自改革开放以来，我国经济增速不断提高，人均 GDP 不断增长，正由高速发展向高质量发展过渡。随着农村经济动力源的调整，产业结构不断优化，农村居民收入持续增加，收入及消费两个层面的城乡差距均有所缩小。脱贫攻坚进程的推进，进一步加快了城乡收入、消费差距缩小的速度。目前来看，"让一部分地区、一部分人先富起来"的阶段性目标已经实现，绝对贫困不再存在，共同富裕取得一定成果。然而，城乡收入差距仍然明显，资源配置依旧不均衡。随着主要社会矛盾的转变，人民日益增长的美好生活需要和不平衡不充分的发展之间的矛盾成为主要矛盾。人民对美好生活的需要包含着共同富裕实现的迫切要求。共同富裕并不意味着同时实现同等富裕程度，需要综合考量区域及城乡之间的差异，并不意味着所有人群达到一样的生活水平；共同富裕也不是单纯的物质富裕，而是要实现精神文化生活的同步提升。因此，共同富裕是一项长期、艰巨、复杂的任务，既要考虑可持续性，也要不断推进行动；既要设定目标，也要允许特色；既要有物质积累，也要有精神丰实。

作为一个发展中的人口大国，农民占比相当大，实现共同富裕，最广泛最深厚的基础在农村，而最繁重最艰巨的任务也在农村。金融作为现代经济的核心，不仅可以促进经济高质量发展，同时也可以助力缩小收入和财富差距（《径山报告》课题组，2022）。农村金融作为能够补齐农业农村短板弱项的要素之一，只有依靠"互联网+"思维发展金融科技，才能在金融条件、金融资源、金融配置均弱于城市的现实基础上得以提升，取得更好的服务效果。金融科技依托于先进的信息技术，如区块链、云计算、物联网、大数据、人工智能等（Goldstein et al.，2019），可以打破时空的限制，有助于缓解信息不对称等问题（黄益平等，2018），减轻传统乡村金融市场的供需错配状况，提高金融配置效率，进而推动乡村居民的持续增收（Hu et al.，2021），助力城乡协调发展，为促进共同富裕注入新的动力。自 2018 年以来，北京、上海、深圳等地相继出台了支持金融科技发展的政策及规划。2019 年，中国金融科技市场规模超 3700 亿元，2021 年突破 4600 亿元，各大金融机构不断加大金融科技投入力度。金融科技呈现快速增长的发展格局，但在赋能共同富裕方面仍有较大发展空间。

在中国人民银行发布的《金融科技发展规划（2022—2025）》中，突出强调金融科技在无障碍服务水平提高、助推用户数字素养提升、应对数字鸿沟方面的重要职责，旨在弥合智能技术运用可能带来的困难，使城乡居民能够共享金融科技发展成果。同时，该规划强调优化线下服务流程、简化办理手续，通过智能设备的应用延伸金融服务触角，提升偏远地区及特殊人群的金融服务水平。这些都表明金融科技与共同富裕目标已经在诸多改革层面形成共识。因此，有必要从学术角度系统探讨金融科技赋能共同富裕的路径及效应，梳理总结金融科技赋能共同富裕的实践与探索，为助力共同富裕的实现提供理论支撑和经验分析。

本书以共同富裕为背景，结合金融科技发展，重点论述了数字时代金融科技发展赋能共同富裕的相关内容。全书共分为八章，由金融科技与共同富裕的关系辨析、内涵阐释、现状剖析、水平测度、实证分析、案例梳理及实现路径等内容构成，旨在从经济学角度对二者关系进行论证。由于水平有限，若书中有疏漏之处，敬请指正。

# 目　录

# 第一章　金融科技与共同富裕的关系辨析

当前，我国处于从小康社会走向共同富裕的新发展阶段。金融是现代经济的核心，科技是金融发展的创新力量。金融科技作为金融与科技的结合，正成为全球金融行业的重要驱动力。共同富裕战略的实施对金融科技提出了新的要求，成为金融科技发展的重要机遇。金融科技应充分发挥优化资金配置、提高服务效率和创新金融产品的功能，更好地适应共同富裕的需要。

## 一、研究背景

金融科技是一系列以科技为驱动力的金融创新，能够为企业带来全新的商业模式、应用、流程以及产品。高质量发展是全国建设社会主义现代化国家的首要任务，发展金融科技是突破共同富裕的难点，探索"做大蛋糕"和"分好蛋糕"新路径的重要方式（杨望等，2022），金融服务实体经济通过金融科技提升效率，区块链及大数据技术重构信用体系，金融科技加速金融机构数字化转型等方式，进而推动经济高质量和可持续发展（薛莹等，2020；汪宜香等，2020；张腾等，2023）。

### （一）金融业步入数字化转型快车道

随着人工智能、区块链、大数据等技术的快速发展，科技与经济金融各阶段发展融合度不断提升，催生了数字经济这一新形态。大力发展数字经济是党的二十大提出的重大决策。自 2015 年以来，我国数字经济年均增速高达 16.6%，位居全球第一。《数字中国发展报告（2022 年）》指出，2022 年我国数字经济规模为 50.2 万亿元，总量居世界第二，占国内生产总值（GDP）比重升至 41.5%，即将超过经济总量的一半。随着全球贸易和投资的逐步开放，金融业务的创新与发展成为推动经济增长的重要因素。因此，金融机构必须加快数字化转型，形成与数字经济发展相匹配的新服务模式。在数字化时代，互联网的广泛应用推动了电商、在线娱乐等新兴行业的快速发展，改变了人们生活的方式与消费的习惯，用户对于数字化服务方式更加偏好。而经济的发展及收入的提升，使得用户对于财富管理具有多样化需求，只有加快数字化转型进程，金融机构才能够满足用户对于更加便捷化、更加精准高效的金融服务的需求。

数字化转型的核心是把数据作为关键生产要素，与数字科技合力推动数据实现价值化的过程。当前，金融机构的数字化主要分以下三个阶段进行：一是业务数字化，即数据生产阶段，通过建设信息系统，把业务线上化；二是数据业务化，即数据驱动阶段，通过把数据应用于业务过程，将其转化为有价值的资产，搭建现代化数据架构进行系统性分析；三是决策智能化，即数据决策阶段，借助 AI、大数据等金融科技赋能，深入挖掘数据背后潜在的客户需求，分析市场发展趋势，科学管理业务风险，制定更加精准的业务决策[1]。三阶段之间为递进关系，可见，真正的数字化转型并非停留在表面的业务层面或单一的数据层面，而是业务、技术、数据的深度融合。

近年来，金融业数字化转型积极推进，金融机构在产品设计、营销获客、信用评级、产品定价等方面的技术水平不断提升。在数字化模式下，传统金融业务不断向线上转移，如网上银行、快捷支付、电子商务、线上自助贷款产品等。金融机构持续加大科技投入，国有六大行[2] 2022 年金融科技投入达 1165.49 亿元，股份制银行及中小银行整体呈增长趋势；金融机构对科技人才的重视程度不断加大，2022 年中国工商银行科技从业人员数量为 3.6 万人，占全部员工的 8.3%，

---

[1] 毕马威中国金融业数字化咨询主管合伙人柳晓光在"观远数据 2023 智能决策峰会暨产品发布会"金融分会场的讲话。

[2] 中国工商银行、中国农业银行、中国银行、中国建设银行、交通银行、中国邮政储蓄银行。

招商银行科技从业人员数量为 1.08 万人，占比 9.6%。以科技引领发展成为金融机构的战略共识。

### （二）共同富裕成为高质量发展主要目标

推进共同富裕，是中国式现代化进程中实现高质量发展的新要求。中国经济社会发展的不平衡不充分问题，集中体现在城乡差距过大上（欧阳慧和李沛霖，2022）。实现共同富裕，缩小城乡差距、推动城乡融合发展是前提。共同富裕实质上是社会主义先进生产力与高度发达的生产关系相结合，生产力和生产关系相互促进。从城乡统筹的角度来看，共同富裕首先要以富裕为中心，以提高生产力为出发点，以高质量发展为基础，持续地满足人民对美好物质生活和富有精神生活的要求。我国经济已由高速发展转向高质量发展阶段，经济发展的内在动力及外在环境均发生了重大变化，在新的发展阶段，需要把新发展理念贯穿发展各个环节，提高城乡居民，尤其是农村居民的收入水平，盘活农村资产，扩展收入来源，不断创造和积累社会财富，做大"蛋糕"。既而，通过合理的制度安排分好"蛋糕"，以分好"蛋糕"进一步促进做大"蛋糕"，形成良性循环，促进效率和公平的有机统一，最终实现城乡共同富裕。

### （三）金融助力共同富裕短板显现

金融发展与共同富裕之间存在复杂且矛盾的关系（Hamori and Hashiguchi，2012；Jauch and Watzka，2016；De Haan and Sturm，2017）。促进城乡共同富裕最繁重最艰巨的任务仍然在农村（马九杰和杨晨，2022）。当前，我国已经全面建成小康社会，中国特色社会主义进入新时代，农村金融发展的经济基础及目标导向均发生了重大变化。如今，我国农村金融体系已具备一定的规模和多元化的发展态势，国有银行、股份制银行、政策性银行、城商行和农村中小银行均有涉农信贷业务，为农民提供了较为便利的金融服务。然而，与共同富裕的终极目标相比，金融服务农村富裕仍然存在明显短板。

一是服务供需错配，创新能力不足。农村金融信贷供给不足一直是一个突出问题。虽然涉农贷款一直呈现上升趋势，但金融供给手段和产品较为单一。随着乡村振兴的不断推进，农业经营主体呈现传统农户与新型农业经营主体并存的局面，二者由于生产经营特征、风险特征等不同，对于资金的需求规模、周期也不尽相同。虽然农村金融机构众多，但实力相对较大的政策性金融机构和商业性金融机构并非专业的农业金融机构，涉农业务只是其业务的一部分。农村资产由于在确权、流转、抵押等方面尚未形成明确、规范的制度，使得农村金融缺乏相应的抵押、质押，导致农村金融信贷门槛较高、额度较小，缺乏长期、大额的金融服务，与新型农业经营主体的需求相矛盾。在生活层面，农村居民金融素养较低，理财能力欠缺。随着收入水平的提高，他们对于消费性金融产品与服务的需求增加，但缺少起点低、容易理解的理财产品，不利于农民财产性收入的增加。

二是机构竞争不足，基础设施有待完善。就涉农贷款占比而言，农村中小银行是农村金融的主要供给主体，但由于其规模小，整体竞争力较弱，支持乡村振兴的力度有限。由于农业的弱质性及其回报周期较长，银行更愿意将资金投入到回报率较高的领域，使得农村金融供给市场竞争不足，导致产品创新慢、信贷成本较高。虽然金融机构不断加快数字化转型进程，但农村互联网、大数据、人工智能等数字金融基础设施建设较差，信用体系、抵押体系、担保体系等相对较弱，与城市相比依然存在较大的数字鸿沟。

三是信息获取困难，服务成本较高。农村区域广阔，情况复杂，金融机构面向的客户比较分散，对于农户的具体状况了解不够准确，而农户由于金融素养较低，对于农村金融产品及服务的信息掌握有限，机构与客户间存在信息不对称，导致金融机构触达客户的服务成本相对较高，大大压缩了金融机构的利润空间。在保障机构可持续运营的基础上，将金融业务扩展到中小微弱群体，提供"最后一公里"服务，进而提高农村金融的普惠性和可及性，对于促进城乡共同富裕至关重要。

借助区块链、人工智能、大数据等数字技术，可以帮助补齐农村金融助力共同富裕的短板（马九杰和杨晨，2022）。一方面，数字技术可以提升传统金融机构的服务效率，扩大产品和服务覆盖面，更好地触达客户；另一方面，数字技术可以缓解信息不对称（黄益平等，2018），有效改善供需错配情况。

**（四）金融科技支持政策频出**

金融科技以科技应用为核心，利用信息技术、互联网、大数据、云计算、人工智能等先进技术，改进和优化金融业务、流程和服务。一方面，通过技术与创新，改革传统金融业务模式，提升效率、降低成本，并创造新的商业模式和价值链。金融科技推进金融业务的数字化转型，借助数据分析、人工智能等技术手段，实现智能化的风险管理、智能投资、智能支付等金融服务，为用户提供更便捷和个性化的金融体验。另一方面，金融科技还通过与其他行业的融合，创造出新的金融解决方案和业务模式，如与电商、物联网、医疗健康等行业的融合。注重用户需求，以用户为中心，提供更加个性化、便捷和安全的金融服务体验，并通过用户数据分析和智能化推荐等手段提升服务质量。最后，金融科技在创新的同时，也需要合规和监管的框架约束，确保金融市场的稳定和用户权益的保护。随着金融科技不断发展与演进，对金融业务和金融体系带来了深刻的影响和变革。

当前，金融支持科技创新的力度、广度和精准度正在不断提升。金融科技领域相关政策不断出台，自中央政府至地方政府均予以高度重视（见表1-1）。早在1993年，《国务院关于金融体制改革的决定》便提出"加快金融电子化建设"。随着互联网技术的快速发展，其与金融融合度不断加深，2013年被视为"互联网金融发展元年"。次年，"促进互联网金融健康发展"被写入政府工作报告，并发布《中国互联网金融报告（2014）》。2016年《"十三五"国家科技创新规划》多处提出深化促进科技和金融相结合。此后，金融科技委员会于2017年正式成立，表明金融科技的持续、稳定推进得到国家层面的关注。2019年《金融科技（FinTech）发展规划（2019-2021年）》正式发布，这是金融科技领域第一份顶层文件，金融科技的发展方向更加明确。2020年前后，各地相继出台金融科技相关政策，如《北京市"十四五"时期金融业发展规划》提出"2035年金融科技水平不断提升，绿色金融助力'碳达峰、碳中和'，成为推动金融业高质量发展的新动能、新引擎"。2022年，央行印发《金融科技发展规划（2022-2025年）》，提出金融科技发展的指导意见，重点关注金融科技在普惠金融、小微金融、绿色金融和农村金融上的应用。整体而言，国家层面的金融科技政策以鼓励类为主，不断优化金融科技的政策环境，地方层面则重点关注金融管理中心建设、金融服务能力提升、支持国家相关政策展开等。随着金融科技的推进，金融科技的规范性及其风险管理逐渐引起重视，相关监管要求不断细化，如2022年颁布的《金融标准化"十四五"发展规划》进一步对金融风险防控标准提出优化，强化金融业务的牌照管理，对于个人隐私及消费者权益保护予以关注，推动数据治理。

**表 1-1 部分金融科技相关政策汇总**

| 年份 | 部门 | 政策 | 政策内容 |
|------|------|------|----------|
| 2017 | 央行 | 正式成立金融科技委员会 | 对新技术在金融领域的运用加以引导 |
| 2019 | 央行 | 《金融科技（FinTech）发展规划（2019-2021年）》 | 指明金融科技战略部署、金融科技应用、金融科技功能、金融风险防范、金融科技监管以及基础设施建设六方面的工作要求 |
| 2019 | 市场监管总局、央行 | 《金融科技产品认证目录、金融科技产品认证规则》 | 确定11种产品种类 |
| 2019 | 央行 | 宣布启动金融科技创新监管试点 | 确定北京为试点，着力打造中国式"监管沙盒" |
| 2020 | 科技部与邮储银行 | 《加强科技金融合作有关工作的通知》 | 推动科技和金融深度结合 |
| 2020 | 中证协 | 《关于推进证券行业数字化转型发展的研究报告》 | 加快出台行业标准，明确技术使用规范，鼓励券商加大科技投入，促进证券业与信息技术的深度融合 |
| 2021 | 银保监会 | 《关于2021年进一步推动小微企业金融服务高质量发展的通知》 | 促进重点领域搭建供应链产业链金融平台 |
| 2021 | 科技部、中国农业银行 | 《关于加强现代农业科技金融服务创新支撑乡村振兴战略实施的意见》 | 打通"科技—产业—金融"的合作通道，发挥"科技+金融"双轮驱动效能 |
| 2022 | 央行 | 《金融科技发展规划（2022-2025年）》 | 强调金融服务绿色产业发展的相关事项，运用科技手段减小数字鸿沟 |
| 2022 | 银保监会 | 《关于银行业保险业数字化转型的指导意见》 | 提高新技术应用和自主可控能力 |
| 2022 | 市场监管总局、央行 | 《金融科技产品认证目录（第二批）》 | 纳入区块链技术产品、商业银行应用程序接口、多方安全计算金融应用 |
| 2022 | 中国人民银行、银保监会等 | 《金融标准化"十四五"发展规划》 | 完善金融风险防控标准，推进金融消费者保护标准建设，加强标准对金融监管的支持 |
| 2022 | 银保监会 | 《关于印发银行业保险业绿色金融指引的通知》 | 加强绿色金融理念宣传教育，鼓励绿色行为，强化金融科技在绿色金融的应用 |

在自上而下的政策导向下，金融机构通过持续加快数字化转型进程、积极落实金融科技战略规划，推动金融科技相关服务与产品不断创新，使金融服务的包

容性得到很大程度的提高、金融助力共同富裕的短板得到明显弥补、城乡居民生产生活便利性持续提升。但金融科技所带来的数据风险、潜在的无序扩张隐患也日益引起重视。现有研究大多集中于金融科技与共同富裕定性层面的探讨，较少对其影响效应进行实证分析。在金融科技快速发展的背景下，综合测度金融科技发展水平及共同富裕水平，厘清金融科技赋能城乡共同富裕的影响路径及影响效应，探索国内外金融科技赋能共同富裕，对于充分发挥金融科技作用、优化金融科技赋能共同富裕路径有重要意义。

# 二、金融科技与共同富裕的关系

## （一）金融科技与共同富裕的关系辨析

金融科技与共同富裕的关系是密不可分的。金融科技是促进共同富裕的重要支撑，共同富裕也是金融科技发展的重要动力。二者相互促进、相互依存。

金融科技对共同富裕的影响具有两面性。金融科技的本质仍然是金融，金融科技赋能共同富裕衍生自金融赋能共同富裕，二者内涵相同，均为通过发挥相应的功能，促进共同富裕目标的实现。金融活动涉及货币、资金和资本的流动，为经济活动提供了必要的支持和保障。金融科技是金融与科技深度融合的产物（林晨，2021）。作为一种新兴产业，金融科技在一定程度上能够优化金融服务和产品，促进经济高质量发展，提高经济总量及财富积累。传统金融由于"二八法则"容易造成弱势主体的金融约束，而金融科技利用其信息化、科技化优势使得获取金融服务的门槛降低，促进数字普惠金融的发展，为小微企业、农户等提供资金支持和高效服务，发挥"长尾效应"，实现金融服务均等化，有效缩小城乡差距。同时，金融科技在搜集信息方面具有较大优势，能够缓解金融服务中的信息不对称及信用风险，降低交易成本，高效满足用户的金融需求，进而激励经济的快速发展，推动共同富裕的实现。

虽然金融科技在提高金融普惠性、促进产品创新、提高服务效率方面有效促进了共同富裕的实现，但金融科技在一定程度上又使得金融风险更隐蔽、易扩散，从而影响金融体系的安全与稳定。金融科技的核心在于数据，在金融科技运用中会涉及大量的用户信息，容易发生数据泄露或网络欺诈情况；金融科技产品相较传统金融产品涉及面广，更为复杂，对于科技的依赖性比较强，有可能不被用户所理解和接纳，不利于其金融素养的提高（陈珊等，2017；陈碧梅，2022）；金融科技情况下，传统的金融法规难以匹配，无法进行有效的金融监管，容易引起合规性风险。因此，若想充分发挥金融科技助力共同富裕的积极作用，有必要加强金融科技风险的防范与监管，维护金融的安全和稳定，确保金融科技健康发展（严伟祥，2018）。

共同富裕决定金融科技的发展。金融经济是经济发展到一定阶段的产物，经济发展的速度直接影响金融市场的发展，资金的流速及流向影响金融机构的业务，而经济发展的质量又对金融机构及创新提出新的要求。随着经济水平的不断提高，城乡居民生活方式及需求发生了巨大变化。绿色产业、高新科技产业的布局，乡村振兴战略的实施，使得居民对金融产品、服务方式的需求也发生了改变，进而促进金融创新，加快金融与科技相融合。宏观政策的调整更是直接影响金融科技的发展程度及方向。经济高质量发展是共同富裕的基础和实现路径，共同富裕是金融科技发展的重要支柱，没有共同富裕及经济高质量发展的支撑，金融资源的增长则无法实现，金融科技的发展将无以为继。

### （二）金融科技与共同富裕的关系机理

实现共同富裕需要做好创造更多财富、合理分配财富两件事，不断推进市场的发展，推动科技创新，充分发挥金融在市场中有效配置资源的作用。金融科技天然地能够降低交易成本、提高服务效率、提升服务精准性，对于助力共同富裕具有较大的影响效应。

金融科技助力经济高质量发展。实现共同富裕首先需要做大"蛋糕"，促进经济高质量发展。金融科技依托科技手段能够实现资金的融通，在提高服务效率的同时降低交易成本，通过改善信息不对称问题提高资金使用效率，进而促进经济增长，提高经济存量。2022年中央经济工作会议指出，推动"科技—产业—金融"良性循环。科技的推广运用需要以金融为载体，而产业的发展也需要金融的资金支持。科技、产业与金融需要相互适配、相互支撑，任何一个领域的发展遇到问题，都会影响循环的持续推进，从而减少创新行为的成功概率（董昀，2023）。金融科技创新金融产品，互联网理财产品的不断推出降低了农村居民管理财富的门槛，有助于农村居民提高财产性收入。产业兴旺是农村地区实现富裕的基础，金融科技利用现代科学技术，有利于普惠金融发展，为农村产业提供资金支持，助推农村一二三产业的融合发展，同时，众多企业借由乡村振兴这一发展机遇，不断涉足数字农业领域，吸引专业人才返乡创业，激发农村地区经济发展，助力收入多元增长。

金融科技助力发展结构优化。实现共同富裕需要做好分好"蛋糕"。当前，区域经济、产业结构等仍然存在发展不平衡的问题。金融科技的发展为资源配置提供了新的路径，尤其是本地资源优势的发挥。大数据新业态的出现推动了金融服务的数字化和智能化进程。地方金融改革的跨行政区域合作，尤其是供应链金融的发展，为产业链上的弱势主体提供了新的融资渠道。在数字金融模式中，大数据技术、高性能计算、边缘计算和人工智能技术的应用，使得企业智能化成为可能。区块链技术的引入，为信用信息的多方认证共享提供了解决方案。这些技术的应用，不仅解决了融资问题，也有助于解决信息困境和融资风险。特别是供应链金融业务的发展，提高了金融服务的效率，促进了产业链上各个环节的协同发展。总之，创新的数字金融模式在经济结构不平衡的情况下，通过优化区域结构和产业结构，实现资源的有效配置。

金融科技助力中小微企业发展。中小微企业是创新创业的主力军，但是由于传统金融行业的限制，加之中小微企业规模小、资源有限，面临着融资难的问题。金融科技通过创新的方式有效改善了中小微企业的融资环境，如通过互联网平台可以简化流程，缓解中小微企业的融资约束（唐文进等，2019）。金融科技同时可以在创新支付平台、推动产业升级方面促进中小微企业发展，助力其开拓新市场，提高其生产经营效率和竞争力。中小微企业的发展能够创造更多的就业机会，为社会提供更多的就业岗位，有效提高中低收入群体的收入水平。

金融科技助力乡村振兴。乡村振兴的关键是产业振兴，金融服务乡村振兴，主要是农村金融供应链与乡村产业供应链之间的匹配。金融科技有助于偏远地区农村金融服务的升级，创新金融产品，满足差异化、精细化的金融需求。借助大数据、区块链等技术，可以采集生产、加工、流通、运输等整条产业链的相关数据，有助于精准识别各环节的基本情况及金融需求，实现金融对农业产业环节的"精准滴灌"。线上和线下相结合的信贷方式，拓宽了融资渠道，支持农业生产。通过智能农业的发展，提高农业全要素生产率，增加农民收入。移动支付方式的创新，一方面使得农村居民日常生活更加便利，通过智能支付、智能客服、信用评级等多种技术手段的结合使用，促进新型消费、提高居民消费水平，改善居民的"满足感"和"获得感"，同时，互联网理财的发展，使得城乡居民能够便捷地参与到投资理财中，满足农民的财富管理和支付需求；另一方面有助于农村电子商务的发展，促进农产品分销，提高农民经营性收入。信用体系建设是制约农村居民融资的主要问题，金融科技依托大数据等技术，可以填补农民生产、消费、社保等各类数据，实现农民各类行为的可溯化、系统化分析，为农村的信用体系建设提供技术和数据支撑。通过电子支付创新和其他金融科技应用，实现乡村振兴战略的目标。

金融科技助力精神生活丰富。精神富裕是共同富裕的重要方面。依靠金融科技，传统文化产业得以转型升级，进而促进产业数字化进程，盘活农村文化资产，为乡村文明建设提供资本。数字文化产业能够有效地扩大市场，缓解信息不对称问题，降低城乡居民搜集信息、获取知识的成本。将文化与科技、金融相结合，有助于文化产业的创新和便利，如数字化艺术品交易平台、虚拟现实文化体验、智慧图书馆等，不仅可以丰富居民的文化消费体验，同时有助于文化产业的发展和繁荣，更好地满足人民对于精神生活的需要，提升人民的幸福感和满意度。

# 三、本章小结

金融科技赋能共同富裕是一个新的命题，深入研究金融科技的赋能路径有必要厘清二者之间的关系。本章从金融业数字化转型、金融助力共同富裕的短板以及金融科技相关政策入手，探究金融科技与共同富裕之间的关系机理，认为金融科技与共同富裕相互依存、互相作用，呈螺旋式发展。金融科技可以从助力经济发展、结构优化、中小微企业发展、乡村振兴、精神生活丰富等方面促进共同富裕目标的实现。

# 第二章　金融科技与共同富裕的
# 内涵阐释

在厘清金融科技与共同富裕关系的基础上，深入探究二者的理论内涵，对于从定性及定量层面分析金融科技赋能共同富裕的路径和效应至关重要。本章基于金融科技与共同富裕的基本概念，挖掘概念背后隐藏的内涵与特征，为后续研究奠定理论基础。

## 一、金融科技的内涵

### （一）金融科技的概念

金融科技英译为 FinTech，是 Financial Technology 的缩写，起源于 Finance（金融）和 Technology（科技）的合成。"金融科技"这一概念最早由 Bettinger（1972）提出，将银行专业知识与现代化的管理科学技术相结合。20 世纪 90 年代，美国花旗银行成立的金融服务技术联盟关于金融科技的界定则更多关注金融机构后端使用的计算机技术。随着大数据、区块链等底层技术与金融发展的快速融合，金融科技的概念逐渐清晰，成为国内外学术界和业界关注的热点。关于金融科技的定义，学者经过了一系列的探索，主要集中于三个方面：一是倾向于从业务模式角度对金融科技进行界定，认为其是金融与科技融合之后出现的一种新的业务形态，或者金融产品与服务（Arner et. al，2015；Schueffel，2016；易宪容和陈颖颖，2019；袁康和邓阳立，2019；谷政和石峃然，2020）；二是侧重科技属性，认为其是能够对金融发展产生比较重大影响的科学技术（巴曙松等，2016；Ma and Liu，2017；Gimpel et al.，2018）；三是扩展创新范围，认为前端的产品和服务、后端的科学技术，以及由二者融合所产生的创新均属金融科技的范畴（皮天雷等，2018；刘孟飞和蒋维，2020）。国内外由于经济社会环境的差异，在金融科技的理解上不尽相同。以美国为例，FinTech 公司主要经营的业务包括网贷、移动支付、财富管理等，更多是初创型企业。而中国在"金融科技"这一中译概念出现之前，已经经历了互联网金融发展阶段，面临过不合规经营带来的问题，则更多强调前端技术对于合规经营金融机构业务的赋能作用，金融业务的经营是其本质，需要符合金融监管的要求，技术则服务于金融产品与服务的创新。

除了学术界以外，相关的经济组织也对金融科技的概念进行了界定。采用较为广泛的是金融稳定理事会（Financial Stability Board，FSB）的定义，这一定义也被《金融科技（FinTech）发展规划（2019-2021年）》所采用。金融科技是一种以大数据、云计算、人工智能、区块链为基础的金融创新，这种创新由技术驱动，在支付清算、借贷融资、财富管理、零售银行、保险以及交易结算等方面有广泛的应用。综合此前学者的研究成果，金融科技本质上是通过对金融信息传输、接收、分析及处理的变革，实现了金融与科技的融合发展。

### （二）金融科技的内涵

金融科技的内涵应具有以下典型特征：

1. 金融科技的基础是科技

金融科技直接面向客户群体的供给端口有赖于技术的提供（李广子，2020；周全和韩贺洋，2020）。底层技术如区块链、大数据以及人工智能等是金融科技得以创新的动力源（李春涛等，2020；唐松等，2020）。在技术应用层面对金融科技的界定角度，学者存在不同观点，有的学者认为只要是应用于金融服务的技术，能够对支付、投资、贷款等服务产生影响，就可以界定为金融科技（Ma and Liu，2017；Mark A Chen et al.，2019）。也有学者认为这种界定过于笼统，金融科技中的技术应用与当前提高生产率、降低成本的一般技术不同，是一种改变现有模式的新型技术，不只能够提高服务及交易的便捷性，更多的是能够凸显其智能化，深度挖掘客户群体的潜在需求，提供定制化、个性化的产品及服务，进而改变金融产品和服务的供给模式（易宪容，2017；Lawrence et al.，2020；刘少波等，2021）。

2. 金融科技的根本仍是金融

金融科技虽然可以改变金融产品和服务的供给模式，但金融工具的应用不会改变其内在的本质。金融产品和服务仍然是客户群体的主要需求（李广子，2020；周全和韩贺洋，2020）。金融科技可以改善传统金融下沉不足、产品创新缺乏的现状，满足多样化需求，使更多的客户群体能够享受金融服务（李向前和贺卓异，2021）。也就是说，金融科技的根本仍然是金融，金融科技则是支撑金融创新的技术以及促进金融提质增效的手段（Thakor，2020；陈红和郭亮，2020）。

3. 金融科技的本质是融合

金融科技的本质是金融与科技的融合（田秀娟等，2021）。将新兴技术深入融合到传统金融的各个底层单元，如信用风险定价、产品设计等，通过对大数据的挖掘和分析，梳理潜在顾客群体的需求，重新构造金融底层逻辑（易宪容，2017；宋梅，2019），把根据市场需求提供金融产品和服务转变为依据科技主动挖掘潜在需求进而开发产品，提高金融服务的主动性，而不是单纯地将金融业务转移到线上（王权堂和李春艳，2020）。

### （三）金融科技的功能

1. 改变金融供给模式

金融科技可以大大促进金融创新的力度与进程，重塑金融产品与服务的设计理念，提高金融产品和服务的效率以及便捷性。与传统金融相比，虽然金融科技仍然关注现有的客户需求，以需求为导向进行产品和服务创新，但其更加注重潜在需求的挖掘，能够运用大数据等技术获取、挖掘、分析潜在的用户和需求，催生出能够满足多样化需求的金融供给模式，并创新金融领域，更新用户对金融的认知，将金融渗透到经济社会生活的方方面面（Arner et al.，2015；黄莺，2021）。

2. 推动普惠金融发展

普惠金融旨在为各阶层人群提供金融服务，尤其是贫困人群。金融科技可以延伸金融产品和服务的触角，助力传统金融下沉，提高金融获客效率，降低金融机构交易成本，进而拓宽金融服务的覆盖面，为更多的金融弱势群体提供金融产品与服务，提高金融服务的普及率（张勋等，2019）。此外，金融科技的技术含量较高，能够全面反映用户的信用情况，提高金融服务的安全性，保障金融交易的真实性，进而保障普惠金融的稳健发展（付琼和郭嘉禹，2021）。

3. 改进金融监管及风险管理

金融机构采用指纹识别、面部识别、区块链等技术，能够帮助其管理用户信息，防止账户被盗，降低交易被篡改的风险；同时，大数据的使用可以帮助其有效掌握用户信用情况，减少坏账概率。而金融市场数据的搜集、分析对于建立智慧监管平台至关重要，金融科技可以改进金融监管效率，增强对违法行为及风险行为的监测，提升数字化监管能力。

**（四）金融科技的发展阶段**

关于我国金融科技的发展历程，不同的学者对于各阶段具体起止年份划分有所不同，但对于其大致阶段的走向认知基本相同，认为金融科技经历了1.0到3.0的过程，也有学者提出金融科技已经从3.0走向4.0[①]。根据信息技术与金融行业的融合程度、结合方式的差异，将我国金融科技创新分为以下四个阶段：

1. 金融科技1.0阶段

这一阶段主要以商业银行为代表，传统金融机构运用物联网、云计算等IT实现金融业务的电子化和自动化，促进业务升级。互联网企业开始涉足电子商务、社交网络等领域，整体提高了金融的服务效率和业务效率。此时，科技与金融业务的结合相对初级，主要是金融机构，尤其是银行将科技作为金融工具来替代人工，使得金融业务所涉及的数据计算、存储与传输的效率更高。整体而言，该时期的金融科技更多还停留在概念阶段上。

---

① 清华大学国家金融研究院院长朱民在2021第四届金融科技发展论坛上作的题为《金融科技4.0的未来和挑战》的演讲。

2. 金融科技 2.0 阶段

这一阶段主要是第三方支付、网络借贷、网络众筹等金融商业模式快速发展的阶段，处于后端的科技逐渐走向前端。不断出现各类金融业务线上平台以及纯线上金融业务，如网络借贷平台、众筹平台的出现。这一阶段，科技服务金融创新，企业利用互联网、人工智能等技术，不断创新产品与业务，降低服务成本。高频的数据与业务交易是这一阶段金融业的基本变化，商业银行在服务场景和渠道、客户信息以及资金等方面的传统竞争优势受到挑战。但由于数据资源难以共享，影响金融科技的基础设施建设，导致技术无法深度应用。

3. 金融科技 3.0 阶段

这一阶段金融科技的人工智能、大数据、区块链等底层技术不断融入到金融业的各个环节。金融机构运用大数据、区块链等新一代信息技术改变和优化了传统金融的风控及定价模型，金融科技参与到金融信息的采集、投资决策的制定等重要环节，淡化了金融中介的角色，金融专业细分的边界逐渐模糊，金融产品简单便利化，金融脱媒进一步加速，金融民主化、普惠化进一步发展。随着大数据进行全面挖掘、整理分析，金融科技服务从概念阶段真正落到实际应用，并打通了数据孤岛，大幅提升了金融效率。这一阶段，安全、风险、成本、信用等一系列基础问题均融入金融科技，并得到一定程度的解决。

4. 金融科技 4.0 阶段

我国金融科技正进入 4.0 时代，这一阶段的核心是数据，数据是推动经济增长的重要力量。《数字中国发展报告（2022）》显示，2022 年我国数据产量达 8.1ZB，全球占比 10.5%，居世界第二。4.0 时代是智能时代，数据是一切的起点。金融业务的模式向场景化、标准化、数字化转型的程度提高，金融机构数据整合、建模、分析的能力大幅提升，数字货币和区块链发展逐渐普遍化，金融科技生态更加开放、可持续。[①]

**（五）金融科技的主要底层技术**

底层技术是持续推动金融科技发展的动力，是金融业态创新的关键。金融科

---

① 清华大学国家金融研究院院长朱民在 2021 第四届金融科技发展论坛上作的题为《金融科技 4.0 的未来和挑战》的演讲。

技的底层技术，主要包括大数据、人工智能、云计算、区块链等。

1. 大数据技术

大数据技术主要用于对海量数据进行收集、存储、处理、分析、管理及分享。大数据技术主要包含采集技术、预处理技术、存储与计算技术和分析技术等（杨涛和贾圣林，2020）。随着互联网的快速发展，人们的生活方式发生较大改变，线上行为不断产生各种各样的数据。金融业属于数据信息密集型行业，基于其业务的特殊性，采集、积累了大量高质量、高价值的数据，拥有数据分析的基础。大数据技术能够帮助金融机构实时收集相关数据，深入挖掘这些数据背后的潜在需求，有利于金融机构的营销获客及风险管理。同时与政府等部门实现数据共享，为信用体系建设助力。

2. 人工智能技术

人工智能技术是基于大数据，运用计算机科学，研究、开发用于模拟、延伸和扩展人的智能的技术，如语音识别、人脸识别等。当前金融业务主要为线上线下相结合，人工智能在金融业务的营销、客服、办理等环节应用较多。如用户远程登录、支付转账、业务办理等，不需要输入证件号码即可进行身份识别，提升用户体验感。在智能投顾、智能理赔场景中，能够提供个性化服务，金融机构业务人员操作时可以节省时间，提高服务效率，且精准性、安全性更高。

3. 云计算技术

云计算技术是一种密集型的计算模式，以数据和处理能力为中心。云计算技术主要通过分布式处理架构来扩展系统处理能力，采用数据复制、读写分离等技术改善基础软件及硬件的缺陷，是金融科技创新产品较为合适的载体。金融机构通过搭建云平台，或者购买云服务，将经营业务数据存储在云端，便于金融机构高效处理相关数据，提升数据存储的安全性，节省硬件设施购置成本（林晨，2021）。

4. 区块链技术

区块链技术也称分布式账本技术，本质上是一种数据库技术，能够在安全有效的基础上存储和传播信息，获取交易各方的信任（廖岷等，2017）。区块链技术在每一个节点上都可以完整备份所有记录，使得账本更加安全，不容易被篡改；每一次记录都有时间戳，实现上下记录之间的连接以及点对点的价值传输（徐明星等，2017；余丰慧，2018）。央行数字货币是基于区块链技术，与传统支付系统相比，区块链技术速度更快，成本更低，安全性更强。

### （六）金融科技的主要细分领域

当前，金融科技生态体系逐渐成熟。金融科技市场的主体主要包括科技公司、金融机构和金融科技公司等。由此产生了两种金融科技产业类型，一种是技术类公司聚焦金融服务领域，另一种是金融类机构提供创新金融产品与服务。全球金融科技正处于快速演进的过程之中，因此各界对于其分类也无统一观点。从金融功能的角度看，有观点认为可以从支付、资产转化、风险管理、信息处理四个方面来认识金融与科技的最新结合；从基础设施的角度看，包括互联网基础设施，以及各类服务软件；从用户需求和商业行为的角度看，包括数字财富管理、小企业金融、消费金融等；从技术创新发展的角度看，可分为互联网和移动支付、网络融资、智能投顾、区块链四类。巴塞尔银行监管委员会将金融科技所覆盖的核心领域归纳为"存贷款与融资服务"、"支付与清结算服务"、"投资管理服务"、"市场基础设施服务"，随着金融科技的不断发展，其在保险科技、金融监管领域的作用日益凸显。

1. 存贷款与融资服务

金融科技在此领域的应用主要体现在三个方面：一是大数据分析，金融科技能够搜集大量数据，如贷款人的收入、资产等信息，精准判断贷款的信用情况，助力金融机构进行风险管理；二是消费金融，通过用户线上消费的情况，针对其现实水平提供个性化的产品与服务，并促进消费；三是供应链金融，围绕企业，尤其是中小微企业的产生发展情况，提供与产业链相匹配的融资服务。网络融资也是发展相对较早的一个业态，如P2P和众筹，主要利用线上平台，将资金借贷给用户。网络融资能够大大提高金融产品和服务的覆盖面，尤其是对于传统金融基础设施较少的偏远地区，推动普惠金融的发展。这一领域用到的主要底层技术包括大数据、人工智能、云计算等。

2. 支付与清结算服务

支付是金融活动的基础，金融交易需要支付闭环来达成。互联网支付主要指通过PC端完成电子支付，移动支付主要指通过移动设备完成电子支付。二者共同构成了庞大的网络支付市场。基于互联网平台的第三方支付可以升级金融服务，增加支付便利性，提高支付效率。刷脸支付、指纹支付则能够提高身份验证的准确率，降低欺诈风险。这一领域用到的主要底层技术包括区块链、生物识别、互联网等。

3. 投资管理服务

主要是智能金融理财服务，也称为智能投顾，是根据投资者对于风险的偏好以及预先设定的理财目标，运用智能化技术进行投资组合设定，提供理财服务。这一领域用到的主要底层技术包括大数据、人工智能等。

4. 市场基础设施服务

主要是金融云，金融机构可自行开发或从云服务商购买，使金融机构的数据存储在云储，降低数据泄露的风险，缩减数据存储成本。这一领域用到的主要底层技术包括区块链、互联网等。

5. 保险科技

一方面保险科技可以实现业务线上化，消费者在线上即可看到保险产品的相应内容，进行条款比较、获取报价、购买保单、核保理赔等业务的操作；另一方面保险公司可以进行线上核保核赔，节省人力成本，缩减理赔流程。这一领域用到的主要底层技术包括大数据、人工智能、互联网、区块链等。

6. 金融监管

金融科技在监管层面通过大数据可以整合风险数据，助力监管者之间的数据共享，打破央地数据孤岛。通过大数据、云计算等科技能够实行穿透式监管，实现信息以及数据的追溯，提升监管效率，防范系统性金融风险。这一领域用到的主要底层技术包括人工智能、大数据、区块链、云计算、安全技术等。

# 二、共同富裕的内涵

## （一）共同富裕的概念

西方理论话语体系中没有共同富裕这一概念，更多的是探讨经济增长和收入不平等、财富不平等、发展机会不平等之间的关系。习近平总书记在《扎实推动共同富裕》一文中指出，共同富裕是全体人民共同富裕，是人民群众物质生活和精神生活都富裕，不是少数人的富裕，也不是整齐划一的平均主义。共同即共享，是一种合理的、有差别的富裕，而不是无差别的简单再分配；富裕则是物质生活和精神生活都富裕。因此，中国的共同富裕是以公有制为基础的共同富裕，区别于西方国家的社会救济，反映的是中国共产党以人民为中心的发展理念和中国人民对日益幸福而美好的生活的向往。共同富裕的建设需要人人参与，共同富裕的成果也将由人人共享，从根本上实现人全面而自由的发展（吴忠民，2021；胡鞍钢和周绍杰，2022）。

**（二）共同富裕的内涵**

共同富裕包含"共同"和"富裕"两个关键词，因此从"富裕"和"共享"两个维度把握共同富裕的内涵：

（1）"富裕"是物质生活和精神生活都富裕。具体体现在以下几个方面：一是全民富裕。允许一部分人先富，然后由先富者带动、帮助后富者。对于低收入群体，通过构建完善的救助体系，来不断提高其收入水平。二是全面富裕。在大力发展经济、提升社会财富的同时，重视城乡居民生活方式转变所带来的产品服务的新要求，匹配精神层面的产品供给，为城乡提供机会均等、质量相同的教育机会和教育水平，推动物质与精神全面富裕。三是逐步富裕。共同富裕是一个长期、复杂的过程，需要统筹设计，逐步推进。四是差别富裕。共同富裕要综合考虑城乡之间、城市内部、乡村内部的差异，将收入差距控制在一定范围之内，而非绝对的同等富裕。五是持续富裕。共同富裕需要长期谋划，立足当前发展，考虑将来发展，不能以牺牲将来为代价换取现在的富裕。

（2）"共享"强调在富裕目标实现的基础上，不断缩小城乡之间、城市之间、乡村之间的差异，使得城乡居民能够共同享受物质财富和公共服务，享有同等的发展机会和平等的权利（张瀚禹和吴振磊，2023）。

**（三）共同富裕的特征**

**1. 制度性**

共同富裕是中国式现代化的重要特征之一，是社会主义的本质要求，共同富裕要求全社会成员共同占有生产资料，而不应存在阶级的区分与剥削。

2. 相对性

共同富裕并不意味着所有群体同时实现同等富裕，而是允许在考虑城乡差异、区域差异的基础上实现有差别的富裕。共同富裕强调在资源配置公平有效的基础上，物质富裕和精神富裕的共同提升。

3. 阶段性

共同富裕不能一蹴而就，而是一个长期、复杂的过程。共同富裕需要分阶段实现，在阶段目标达成的基础上不断实现共同富裕的最终目标。

4. 发展性

共同富裕的内涵并不是一成不变的，随着中国式现代化的不断推进，生产方式不断变革，供给需求逐步适配，共同富裕的内涵可能会发生改变，它是一个动态调整的过程。

# 三、本章小结

本章从金融科技和共同富裕的概念出发，厘清两个概念所包含的多样化的内涵及外延，着力从中提取出金融科技与共同富裕的测度指标与体系，为下文研究提供概念支撑和理论依据。金融科技立足于金融、科技以及融合三个层面，而共同富裕则聚焦物质与精神富裕、共享及可持续三个维度，因此，在后续测算二者发展水平时，需要从这几方面考量指标体系的构建。

# 第三章　金融科技与共同富裕的现状剖析

准确把握金融科技与共同富裕的发展现状，充分了解二者的发展阶段及水平，对于明确后续发展思路至关重要。

## 一、金融科技发展的基本情况

随着金融与科技融合的不断深入，金融科技发展水平已经成为衡量一国经济社会发展水平的重要指标之一。中国金融科技基于互联网金融而出现，并实现了快速发展。随着数字经济的持续增长，我国金融科技正从"立柱架梁"向"积厚成势"的新阶段转变，金融科技政策环境不断优化，监管规则体系逐步完善。麦肯锡公司针对中国金融科技的发展进行了一系列的研究，在其报告中指出，截至2015年底，中国已有超过5亿的金融科技用户，市场规模达到12万亿~15万亿元，就规模而言，中国已成为世界第一大科技金融市场。2022年，中国金融科技继续全球领先，金融科技市场规模、投融资规模持续扩大，多项监管政策的出台对金融科技发展提出更为严格的要求。

### （一）金融业数字化转型不断深化

在互联网快速发展的背景下，金融业不断加大数字化转型进程。2020年，银行、保险与证券机构累计技术资金投入达 2691.9 亿元。根据《中国金融科技企业首席洞察报告》数据显示，各类金融机构在数字化转型进程中评估得分为 2~4 分，其中，银行业连续 3 年得分最高，意味着其数字化转型进度高于其他金融机构。然而，金融机构在 2023 年的得分低于 2022 年，数字化转型进入瓶颈期，表明金融科技应用重点需要进行一定程度的转变（见图 3-1）。

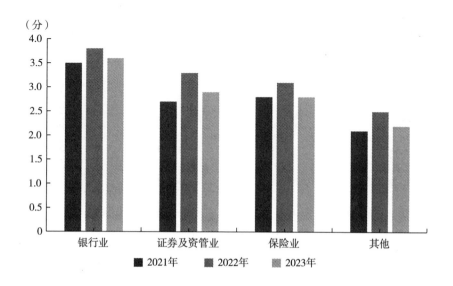

**图 3-1 2021~2023 年金融业数字化转型进度**

银行业数字化转型方面。在金融科技快速发展背景下，中国工商银行、中国建设银行、中国农业银行、中国银行、交通银行分别成立金融科技子公司，对金融科技重视程度日益提升。在金融科技投入方面，2022 年国有六大行合计投入 1165.49 亿元。其中，工商银行投入数额最高，达到 262.24 亿元，超过国有银行平均投入数额；建设银行金融科技投入数额虽然位居第二，但同比下降 1.21%；交通银行金融科技投入数额位居第五，但其同比增长率高达 32.93%，居国有银行之首。股份制银行中，招商银行以 141.68 亿元位居第一，高于位居第二的中信银行 54.19 亿元，是股份制银行中唯一一家金融科技投入超过百亿元的银行，且其投入高于交通银行和邮储银行。渤海银行虽然数额位居最后，但其同比增长率在股份制银行中排第一（见表 3-1）。相对而言，中小银行由于规模较小、资金有限，对于金融科技的投入金额较小，但整体呈增长趋势。与此同时，金融科技的发展急需相关专业人才。根据各银行 2022 年年报中关于科技从业人员数量的披露，工商银行科技员工数量为 36000 人，同比增长 2.86%，占员工比例 8.30%。可见，金融科技人才的引进也是银行业加快转型的途径之一，但整体而言，科技人才相对较少。

表 3-1  2022 年部分银行金融科技投入情况

| 名称 | 金融科技投入（亿元） | 同比增长（%） |
|------|--------------------|--------------|
| 工商银行 | 262.24 | 0.91 |
| 建设银行 | 232.90 | -1.21 |
| 农业银行 | 232.11 | 13.05 |
| 中国银行 | 215.41 | 15.70 |
| 交通银行 | 116.31 | 32.93 |
| 邮储银行 | 106.52 | 6.20 |
| 招商银行 | 141.68 | 6.60 |
| 中信银行 | 87.49 | 16.08 |
| 兴业银行 | 82.51 | 4.49 |
| 浦发银行 | 70.07 | 4.49 |
| 平安银行 | 69.29 | -6.15 |
| 光大银行 | 61.27 | 5.89 |
| 民生银行 | 47.07 | 22.48 |
| 广发银行 | 37.07 | 19.54 |
| 恒丰银行 | 13.10 | -37.94 |
| 渤海银行 | 12.60 | 33.33 |
| 北京银行 | 24.52 | 5.7 |
| 上海银行 | 21.32 | 15.06 |
| 沪农商行 | 9.95 | 12.68 |
| 东莞农商银行 | 5.51 | 7.2 |
| 重庆银行 | 3.84 | 14.29 |

保险业数字化转型方面。保险供给主体类型不断增多，随着数字化的推进，在传统保险公司和保险中介的二元机构之外，衍生出互联网保险公司、保险科技

公司等主体，互联网保险产品不断丰富。保险业信息科技投入由 2018 年的 213 亿元增长至 2021 年的 414 亿元，占保费收入的 0.92%，距全球保险信息科技投入水平仍存在一定差距。金融科技在保险业中的应用主要体现为四个方面：一是搭建保险科技平台，提供线上保险产品与服务，提升参保便捷性；二是开发智能理赔系统，提高理赔效率；三是运用区块链技术，实现保险业务可溯源；四是发展保险科技创业企业，创新保险产品和服务，提供智能化业务。

证券业数字化转型方面。《证券公司数字化转型实践报告及案例汇编（2022）》显示，2021 年证券业信息技术投入金额为 338.2 亿元，同比增长 28.7%。2022 年，券商对于信息技术投入力度呈增加趋势，但各券商增长程度不同，华泰证券投入 27.2 亿元，位居第一，而同比增长率第一位为东北证券，高达 75.0%（见表 3-2）。金融科技在证券业中的应用主要体现为三个方面：一是建立数据管理体系，强化金融科技风险防范；二是赋能财富管理，创新投顾平台；三是创新产品及服务，扩展业务范围。

表 3-2　2022 年部分券商信息技术投入情况

| 名称 | 信息技术投入（亿元） | 同比增长（%） |
| --- | --- | --- |
| 华泰证券 | 27.2 | 22.5 |
| 中金公司 | 19.1 | 41.6 |
| 国泰君安 | 18.0 | 16.8 |
| 海通证券 | 14.8 | 25.8 |
| 招商证券 | 14.5 | 21.6 |
| 中信建投 | 13.1 | 19.1 |
| 广发证券 | 12.3 | 24.6 |
| 银河证券 | 11.5 | 12.9 |
| 东方证券 | 9.3 | 6.9 |
| 中泰证券 | 8.7 | 7.4 |
| 兴业证券 | 8.6 | 26.0 |
| 申万宏源 | 8.6 | 3.6 |
| 光大证券 | 4.7 | 20.5 |
| 方正证券 | 4.6 | 27.8 |
| 华林证券 | 4.6 | 31.4 |

续表

| 名称 | 信息技术投入（亿元） | 同比增长（%） |
|------|------|------|
| 东北证券 | 4.2 | 75.0 |
| 东兴证券 | 3.1 | 14.8 |
| 国元证券 | 2.5 | 13.6 |
| 长城证券 | 2.5 | 2.7 |
| 国联证券 | 2.1 | 23.5 |
| 中原证券 | 1.8 | 0 |
| 信达证券 | 1.6 | 6.7 |
| 华安证券 | 1.6 | 21.5 |
| 红塔证券 | 1.4 | 16.7 |
| 财达证券 | 1.2 | 0 |
| 首创证券 | 1.1 | 57.1 |

### （二）金融科技发展规模持续领先

随着金融科技红利效应的增强，近年来，金融机构技术资金投入稳定增长，金融科技企业发展迅速。据统计，中国金融科技行业市场规模由 2017 年的 2634 亿元增长至 2022 年的 5423 亿元（见图 3-2）。根据毕马威公司统计，中国金融科技投融资规模由 2016 年的 116 亿美元增长至 2018 年的 205 亿美元，投融资数量约为 615 笔，投融资额达到最高峰，此后一直下降至 2020 年的 18 亿美元，造成这一变动的主要原因是 2020 年疫情影响及行业监管力度的不断加大，2021 年投融资额回升至 27 亿美元，2022 年金融科技投融资金额依然较高。《中国金融科技企业首席洞察报告》数据显示，金融科技行业信心指数平均分由 2021 年的 82 分增长至 2023 年的 82.8 分，可见，虽然外界不确定性不断增大，但企业对金融科技行业未来的发展仍保持积极态度。值得注意的是，2023 年金融科技行业信心指数在 60 分以下的受访企业占比为 6%，虽然低于 2022 年的 8%，但是 2021 年的两倍（3%）。可见，金融科技行业发展可能存在两极分化的现象，整体而言，企业对金融科技行业的整体发展预期较好。此外，零壹智库数据显示，截至 2020 年，中国金融科技专利申请数量位居前三，表明中国金融科技创新能力较强，金融科技发展潜力较大。

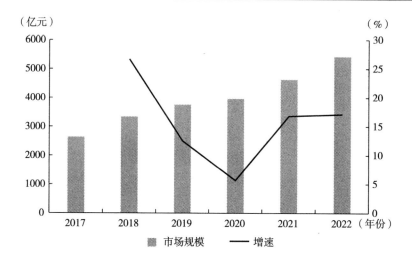

图 3-2 2017~2022 年中国金融科技行业市场规模

## （三）金融科技底层技术发展加快

《中国金融科技企业首席洞察报告》数据显示，金融科技企业主要从事的业务领域有所变化。虽然细分业务领域均有涉及，呈现百花齐放的格局，但自 2022 年起连续两年平台技术赋能①位居第一。2023 年，平台技术赋能企业占比达到 33%，比 2022 年提高了 5 个百分点；普惠科技和财富科技分列第二、第三位，占比分别为 14%、10%（见表 3-3）。反映了当前金融科技企业更加重视底层技术研发，加快实现底层技术突破，综合赋能金融业务将是金融科技的发展方向。

表 3-3 金融科技企业主要从事业务领域 单位：%

| 年份 | 第一位 | 第二位 | 第三位 |
|------|--------|--------|--------|
| 2020 | 综合金融科技（34） | 保险科技（12） | 财富科技（12） |

---

① 根据《中国金融科技企业首席洞察报告》，金融科技企业细分赛道主要包括综合金融科技（持牌金融机构赋能场景金融）、财富科技（赋能财富管理价值链）、保险科技（科技加速保险服务升级）、普惠科技（科技催生新的普惠服务应用场景）、供应链科技（核心企业与上下游企业一体化金融供给体系）、支付科技（赋能移动支付市场）、监管科技（推动机构满足合规要求的新兴技术）、平台技术赋能（为金融机构提供复合式技术应用与解决方案）。

续表

| 年份 | 第一位 | 第二位 | 第三位 |
|---|---|---|---|
| 2021 | 综合金融科技（25） | 底层技术（23） | 信用科技（10） |
| 2022 | 平台技术赋能（28） | 普惠科技（20） | 财富科技（10）、支付科技（10） |
| 2023 | 平台技术赋能（33） | 普惠科技（14） | 财富科技（10） |

资料来源：历年的《中国金融科技企业首席洞察报告》。

当前，在市场需求不断加大、政策扶持持续出台的双重助推下，"ABCD+"技术生态正在逐步完善，底层技术发展速度不断加快，金融科技不断渗透进金融产品和服务中。

人工智能技术（AI）市场规模稳步提升。2015~2021年，人工智能行业投资事件由418起增长至1001起（见图3-3），已披露投资金额达501.44亿元，投融资热度持续高涨。2016~2021年，中国人工智能产业的年均复合增长率达29.7%，领先于全球19.6%的平均增速，四大都市圈中，长三角地区人工智能产业规模不断提高，已和京津冀并列第一，珠三角和川渝分别稳居第三、第四位。

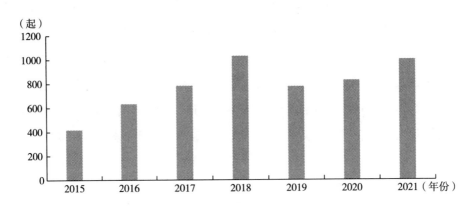

图3-3 2015~2021年我国人工智能行业投资事件数

区块链技术（Block Chain）产业规模进一步扩大。近年来，中国区块链市场规模一直保持增长，从2017年的0.85亿元增长至2020年的5.61亿元，年均复合增长率达87.58%。继2019年国内强化监管造成投融资断崖式下降后，2021年区块链产业投资规模开始反弹，投资数量为39起，金额为39.31亿元，同比增长 60.65%；融资事件共 105 起，融资金额合计 17.36 亿美元。2021 年以来，各地开始大力建设区块链产业园区。当前我国区块链产业园集中于以浙江、上海、江苏为主的长江三角洲聚焦区，以北京、山东为主的环渤海聚焦区，以广东为主的珠江三角洲聚集区和以重庆、湖南为主的鄂湘黔渝聚焦区。

云计算技术（Cloud）产业已进入高速发展阶段。2021 年中国云计算市场规模达 3229 亿元。其中，公有云市场规模增长至 2181 亿元，增速达 70.8%，有可能成为云计算市场大幅增长的主要原动力。我国云计算产业群主要集中在长三角、大湾区、京津冀地区，企业则聚集在北京、广东、上海等省份，这些省份均为互联网产业较为发达的区域。

大数据技术（Big Data）产业规模日趋成熟。《数字中国发展报告（2022年）》显示，2022 年我国大数据产业规模达 1.57 万亿元，成为推动数字经济发展的重要力量（见图 3-4）。从区域分布看，2021 年北京、广东和上海的优质大数据企业占比接近 50%，上市大数据企业合计占比超过 60%。

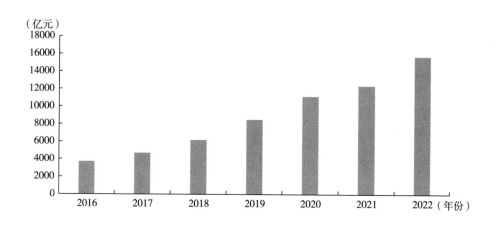

图 3-4　2016~2022 年中国大数据产业规模

**（四）数字金融产品服务不断丰富**

第三方支付是金融科技发育较早的细分市场，相对比较成熟，是很多金融应用的基础。截至 2022 年底，我国网络支付用户规模增至 9.11 亿人，完成中国互联网金融协会标准符合性自律备案的移动金融 App 达 2273 款。基于发达的电子商务产业，我国已经迅速崛起成为全球最大的移动支付应用国。个人数字金融、产业数字金融、金融市场数字化交易等领域的创新产品和服务不断涌现，更好地满足了实体经济和人民群众多样化的金融服务需求。

### （五）金融科技监管体系趋于完善

金融科技监管体系进一步完善。2021 年是《金融科技（FinTech）发展规划（2019—2021 年）》实施的收官之年。规划期间，监管机构发布了风控与安全、行业规范与标准和行业监督管理办法等一系列文件和政策，金融科技监管规划体系陆续完善。此后，监管部门提出将所有金融活动纳入金融监管，并及时针对金融科技活动的变化出台相应的监管规划，将监管科技应用于现场检查和非现场监测等环节。2023 年 10 月 12 日，北京国家金融科技风险监控中心有限公司成立，表明金融科技风险管理已经上升到国家金融安全的高度。

金融科技监管领域不断细化。中央银行、银保监会、工信部等部门已在信息保存、平台建设、城市建设、跨境结算、互联网贷款、虚拟现实等细分领域提出了监管要求。

金融科技"监管沙盒"持续扩容。监管沙盒实现试点地区范围扩大、试点项目数量增长、业务类型持续丰富，被引入资本市场领域。截至 2023 年 6 月底，已有超过 200 项的金融科技应用进入监管沙盒进行测试或进入公示阶段，而小微企业融资以及农村金融服务领域的项目占比超过一半，表明金融科技服务中小微企业和乡村振兴的导向较为明显。

# 二、农村金融科技发展的基本情况

在剖析金融科技发展现状的基础上，有必要更进一步了解农村金融的发展现状及农村金融科技发展的基础，为赋能城乡共同富裕提供保障。

### （一）农村金融发展现状

#### 1. 农村金融服务体系逐渐完善

在农村金融服务体系中占据主要地位的是农村商业银行和农村信用社，作为其重要补充，农村合作银行、村镇银行、农村资金互助组织也是为农村居民提供金融服务的机构。当前，农村金融组织的覆盖率已大于90%。农村金融机构业务的全面开展，使其覆盖范围不断扩大，有效解决了农村居民生产生活中的资金短缺问题。生产的顺利进行能够创造更多工作机会，进而使乡村资源得到优化，体现出乡村经济发展的成效。

在乡村振兴推进中，金融组织的数目日益增多。大量的农村金融服务机构对促进农村经济发展和农业发展起到了很大的作用，农村金融服务系统也逐步健全。农村金融服务体系的不断健全，主要体现在以下两个方面：一是促进了农村信贷业务的发展。农村信贷服务可以为农村建设与发展提供资金支持，使农民获得更多的发展机会。例如，在农村地区，商业银行的数目增加，居民在存款和理财方面的选择也变得更加多样化，可以按照自身的需要进行合理的投资决策。二是使支农的功能得到更好的发挥。随着农村金融服务组织的增多，农村金融服务的形式越来越多样化，有力地促进了农村金融业务的发展。随着服务体系的不断完善，农村的经济业务工作也在不断地改进和创新，提高了农民的经济收入。

农村金融机构历经多年发展，供给主体数量不断增多，规模不断变大。中国银保监会数据显示，截至2022年上半年，全国已拥有1600家农村商业银行。中国银行业协会发布的《全国农村中小银行机构行业发展报告（2022）》显示，截至2021年末，全国农信系统实现净利润2130亿元，同比增长9.06%；坏账比率为3.63%，较上年同期减少0.25个基点；拨备覆盖率为129.48%，较上年同期增加7.29%，是近3年的新高。

#### 2. 涉农金融业务趋于多元化

在以往农村发展进程中，由于经济较为落后，产业生态较为单一，主要以信贷产品为主，随着乡村振兴战略的不断推进，农业保险、农村合作金融、农业期货、农业债券等金融产品不断涌现并完善，服务体系日益健全，涉农金融更加多样化。农业保险是分散农业风险的有效工具，当前，中国的农业保险普及率不断提高，产品种类不断增多，保费收入不断增长，保险公司对农业保险的积极性也在不断增强。新型农村合作金融是建立在农民合作社、供销合作社等合作经济组织之上的，它以向成员提供储蓄，并以支持生产经营为目标的借贷服务为主，成员之间、成员与组织之间的信息是完全对称的，而且交易范围很广，由此产生了对违规处罚的可信威慑作用，这意味着它的发展自然要比其他的资金互助或者信用合作组织更具优势，这也使得新型农村合作金融的发展更加科学、规范化。对农业期货而言，农业生产具有周期长、易受自然灾害、市场等多种因素影响，抵御风险的能力弱的特点。农产品价格波动较大，不利于粮食供应的稳定。期货市场具有连续的、公开的、透明的、权威的期货价格，能够反映出期货的长期供需情况，预测未来的价格，进而帮助企业进行风险管理，有利于政府的宏观调控。

3. 农村金融服务方式不断创新

随着科技的不断推广，银行等金融机构不断开发线上业务，将线上业务与线下业务相结合，为农村居民提供更加便捷、更加高效的金融产品与服务。在国有大行中，中国工商银行秉承着"一点接入，无界兴民"的服务理念，开发并推广工行"兴农通"App，可以实现"开户—存款—贷款"一站式线上服务，更易满足农村不同群体的差异化金融服务需求。中国农业银行采用大数据、云计算等技术，通过构建基于用户画像的网络贷款业务模型，依据用户特征及潜在需求，提供相适应的信贷产品。中国银行着力创新金融产品，研发"乡村振兴致富贷·惠农贷"，通过用户线上贷款的申请，进行线上授信审批，并发放贷款，减少工作流程，提高资金使用效率，有效改善了传统融资方式中授信难的问题。中国建设银行搭建乡村振兴综合服务平台——"裕农通"，作为一款自助服务平台，可以高效满足贷款的融资需求。

4. 农村金融环境逐渐改善

近年来，国家采取了一系列的措施，以改进农村金融服务的环境，提高农村金融服务的质量，全面提升农村金融工作的总体水平。比如，政府持续推出规范的政策，举行有关的讲座及系列活动，以提高城乡居民的综合文化素质与法律意识，不断优化和完善农村金融服务环境，使农村金融服务水平和工作能力得到全面提高。信用体系的建设是农村金融发展的重要环境保障，各级政府高度重视农村信用体系的建设，着力为农村金融服务的良性运行提供了良好的环境。

5. 农村金融科技初步发展

商业银行和金融科技企业是农村金融科技服务的主体，它们在金融机构服务场景中运用金融科技进行产品创新，通过金融服务平台与移动数据终端提供大数据金融服务，科技赋能金融监管等，从而提高了农村金融服务的效率。当前，金融科技的发展还处在初级阶段，其外部环境仍需进一步完善，主要有：完善的基础设施，提高农村居民的金融素养，培养熟练掌握大数据、区块链等信息技术人才，支持专业化的金融科技公司。蚂蚁金服、翼支付等金融科技公司，都是通过移动终端，让农民和商家进行无缝对接，以科技手段实现金融服务的网络化，通过智能 App、小程序、虚拟柜员机、虚拟银行等渠道，可以便捷地在网上进行账户查询和使用、代买代售农产品、公共缴费、补贴领取、网购等，让金融科技有效地将金融和民生服务推向乡村。科技赋能金融，使农村金融的服务水平得到了极大的提高，在国家政策、技术创新和资本力量的支撑下，农村市场上的各种经营主体都迎来了新的发展机会。随着经济的发展，农民的收入也将随之增长，只有这样才能缩小城乡发展水平，真正实现共同富裕。

6. 农村金融服务模式逐渐完善

随着金融机构和政府的探索实践，通过对农村金融业务的深入探讨，提出了新的农村金融业务模式。农村金融业务主要涉及政府、银行、担保公司三类主体，近几年，多方主体之间的协同合作成为主流，如"政府+银行+保险"等两个或多个主体联动，共同打造了农村金融服务生态体系。多主体的引用，有助于金融产品的创新与推出，有效分散信贷过程中存在的风险，满足乡村振兴的"三农"金融服务需要。

（二）农村金融科技发展的基础建设

农村金融科技发展的基础建设可以从以下三个方面来分析：

1. 信用体系

在《社会信用体系建设规划纲要（2014-2020）》中，明确提出了要通过信用信息服务来减少农村生产经营组织之间的信息不对称，发掘并提高他们的信用程度，实行与其相应的信贷额度和利率，从而推动小额信贷的发展。构建农村信贷制度，是解决"融资难"问题的一条重要路径。在实际操作中，我国不断推动乡村信贷制度的发展，主要以农户、家庭农场和农业专业合作社等为重点，以信贷建设提升乡村服务能力、推动"三农"金融高效发展为途径。

近年来，国家相继出台了一系列关于农村信用制度建设的政策文件。2014年，《中国人民银行关于加快小微企业和农村信用体系建设的意见》印发，明确了我国32个试点地区。2015年，《中国人民银行关于全面推进中小企业和农村信用体系建设的意见》发布以来，不断完善相关制度和措施，并在此基础上，提出了"数据库+互联网"平台建设，推进信用评估和信用培育，强化信息服务和应用，建立信用激励和约束机制。自此以后，根据《农村信用体系建设基本数据项指引》和《农户信用信息指标》，各地结合各自的实际，开展了多种形式的农村生产经营主体信用信息收集工作，本着"数据来自地方，服务地方"的原则，建立了县（市）级农户信用信息数据库，搭建了集信用培育、中介服务和政策支持于一体的信息共享平台。同时，在全国各地积极进行"信用户"评定，及"信用户"、"信用村"、"信用乡镇"等活动，以挖掘和提升农户等各类生产经营主体的信用水平。到2019年底，我国发放贷款余额达103446亿元，农户贷款同比增长12.1%（见表3-4）。

表3-4　2015~2019年中国农户贷款规模

| 年份 | 农户贷款（亿元） | 同比增长（%） |
|---|---|---|
| 2015 | 61488 | 14.8 |
| 2016 | 70845.85 | 15.22 |
| 2017 | 81055.66 | 14.41 |
| 2018 | 92322 | 13.9 |
| 2019 | 103446 | 12.1 |

在征信业务上，中央银行的征信体系也在不断改进，持续改善"三农"的服务，不断扩大信贷信息覆盖范围，将社会融资规模作为衡量指标；支持农业银行、省级平台和互联网等多种渠道与个人征信系统对接，开展信用信息查询；协助农民明晰自己的信用历史等。但是，不能忽视的是，我国目前的社会信用制度还很不健全，农村金融信用制度的构建亟待解决。

## 2. 支付体系

"三农"金融的发展离不开支付制度的建立和发展。2015年,《中国人民银行关于全面推进深化农村支付服务环境建设的指导意见》提出并实施了一系列政策措施,促进了农村支付环境的不断优化。在基础业务支持层面:一是提高了农村结算网的覆盖范围。根据中央银行的统计,至2018年年底,全国农村商业银行网点达到126600家,比2017年增加0.4%。二是农村互助取款业务的开展。农业银行、邮储银行和农村信用社等各大机构相继开通了网上银行业务,使网络资源的利用效率得到了极大的提升。三是清算账户的推广仍在进行。依托农村养老等具体情况,按需对农民发放相应的信用卡,并积极推进"一卡多用、一卡通用"。四是当地政府和相关部门制定了相应的支持政策。比如,通过财政补贴、提供办公场所、纳入公安监管、改善农村的支付服务条件等,来推动支付系统的建设。就金融机构而言,总的银行结算账户开设数目不断增加,到2018年底,全国农村地区已开设了0.22亿个单位银行结算账户,较上年同期增加了10.59%;全国农村个人银行账户余额为43.05亿元,较上年增加8.55%。

表3-5 2015~2018年农村银行网点规模

| 年份 | 县均银行网点(个) | 乡均银行网点(个) | 村均银行网点(个) |
| --- | --- | --- | --- |
| 2015 | 55.12 | 3.75 | 0.22 |
| 2016 | 57.75 | 3.98 | 0.23 |
| 2017 | 55.99 | 3.93 | 0.24 |
| 2018 | 56.41 | 3.95 | 0.24 |

随着智能手机的普及,以及微信和支付宝等新的便利支付模式的出现,农村的支付服务需求快速增长。自2015年起,相关政策提出,要推动村级电子商务服务站与助农取款服务点相互融合,并在此基础上,支持银行、非银行支付机构开发出符合乡村特色的网上支付、移动支付等。近年来,新的支付模式供应商与传统金融机构之间的合作也在加速。比如,广西农村信用社在农信银手机银行V2.0版本基础上进行了全方位的优化,通过客户端短信、贴片、V盾等多种身份验证方式,实现了转账、查询、缴费、定活互转等多种支付结算服务,基本能

满足农户以及其他各类乡村用户的需求。此外，还为农户提供面付、信用卡、贷款查询、股金查询等服务，为广大农户提供个性化服务。

总体来说，近年来，我国农村的电子支付业务得到很大的发展。2018 年，农村在线支付金额达到 76.99 万亿元。其中，移动支付交易总额为 74.42 万亿元，同比增长 73.48%，占据了在线支付市场的 96.66%。由于其便捷、低成本和可扩展性特点，移动支付已成为促进农村经济与金融发展的重要基石与有力手段，其功能亟待挖掘与发挥。

3. 信息化建设

据农业农村部信息中心统计，在"宽带乡村"建设过程中，有95%以上的贫困村实现了宽带接入；农村宽带用户数量为11742万，占城镇和农村用户的比重为28.8%。我国农村互联网用户数量持续增加，2019 年，我国农村网民规模达到2.55 亿人，占整体网民规模的 28.2%，农村的互联网普及率也不断提高，达到了46.2%（见表3-6）。

表3-6　农村网民规模情况

| 年份 | 农村网民规模（亿人） | 农村网民规模占整体网民比例（%） | 农村网民增速（%） | 农村互联网普及率（%） |
|------|------|------|------|------|
| 2015 | 1.95 | 28.4 | 9.5 | 31.6 |
| 2016 | 2.01 | 27.4 | 2.7 | 33.1 |
| 2017 | 2.09 | 27.0 | 4.0 | 35.4 |
| 2018 | 2.22 | 26.7 | 6.2 | 38.4 |
| 2019 | 2.55 | 28.2 | 14.9 | 46.2 |

农村网民的规模和农村地区的互联网普及率不断提高，表明越来越多的农村网民能够在网上获取包括金融服务在内的各种服务。但是，就城乡而言，中国的农村网络渗透率在 2018 年仍然低于城市 36.2%，并且增长速度仍然比城市慢；就区域而言，各地区的信息化建设还很不平衡。互联网在乡村的扩展与普及，使得农民能够更好地融入到信息社会中，从而激发出农村居民的消费潜能。在此过程中，电子商务是一个重要的切入点，移动电话这一"新农具"，将加速从信息获取、网络购物等向农业生产和管理各个环节的渗透。

# 三、城乡共同富裕推进的现实基础

## （一）城乡居民收入差距不断缩小

随着农村经济的快速发展，城乡居民收入差距不断缩小。城镇居民人均可支配收入由 2003 年的 8406 元增长至 2022 年的 49283 元，农村居民人均可支配收入由 2003 年的 2690 元增长至 2022 年的 20133 元。城乡收入比则由 2003 年的 3.12 缩小至 2022 年的 2.45。分收入结构来看，城乡经营收入比最小，且均小于 1；城乡财产收入比最大，由 2003 年的 3.67 增长至 2022 年的 10.29；城乡工资性收入比则由 6.88 减小至 3.50；城乡转移收入比由 12.01 大幅缩小至 2.11（见图 3-5）。由此可见，对于城镇居民而言，工资性收入为主要收入来源，而农村居民则以工资性收入和经营性收入为主要收入来源，这与其社会分工、生产条件有直接的关系。随着农村居民进城务工成为常态，其工资性收入与城镇居民的差距日益缩小，而由转移收入的大幅减小也可以看出国家对于农村发展扶持力度的不断加大。同时，需要注意的是，城乡财产收入比差距较大，近 10 年均保持在 10 以上。可见，城乡居民在财产总量及财富管理方面存在较大差距。

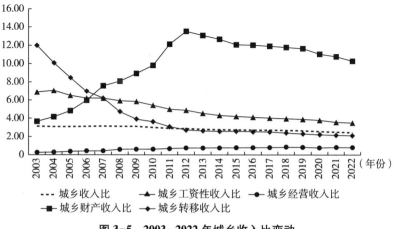

图 3-5　2003~2022 年城乡收入比变动

分地区来看，各省市的城乡居民收入比呈不断下降趋势。2022年，除贵州、甘肃外，其他省份的城乡居民收入比均小于3。天津、黑龙江、浙江、吉林则小于2。与全国2.45的平均水平相比，西藏、青海、陕西、云南、贵州、甘肃则高于全国平均水平。

### （二）城乡基础设施建设一体化提升

随着乡村振兴战略的实施，农村地区的基础设施不断完善，城乡基础设施建设一体化明显提升。在农业生产方面，高标准农田及水利灌溉等公共基础设施建设持续推进，截至2022年底，已有10亿亩高标准农田建设完成，农田灌溉面积超过耕地面积的一半，农业生产力水平大幅提升。在农民生活方面，公路、供水、通信等公共基础设施不断完善，大大方便了农村居民的生活。农村公路硬化率达90%以上，基本实现了具备条件的村庄组通硬化路。超过90%的自然村可以实现生活垃圾收运处理，卫生厕所普及率超73%，村容村貌得到明显改善。城市道路长度在2012~2021年十年间增长20.5万千米，农村则增长1.1万千米，农村的道路长度仍需加大投入拓展。在供水普及率方面，截至2021年底，城市的供水普及率为99.4%，农村为90.3%，城乡之间仍有小部分差距，但农村整体的供水情况较为完善，普及率也越来越高。截至2021年底，全国村卫生室数量为599292个，每万人拥有农村卫生技术人员数为63人，而每万人拥有城市卫生技术人员数为99人，在这一点农村与城市之间尚有差距，但农村地区在近几年国家政策的扶持推动下，乡镇卫生院诊疗人次达到11.61亿次，乡镇卫生院入院人数达到3907.5万人，乡镇卫生院病床使用率也从2012年的48.2%增长至2021年的62.1%，从这些方面也可以看出农村地区的医疗基础设施正在不断完善，并有了质的提升。农村电网设施不断优化，宽带接入用户1.76亿，农村地区互联网普及率为61.9%，重点乡镇和部分重点行政村实现了5G网络全覆盖。数字乡村建设的推进，使得城乡间的"数字鸿沟"不断缩小。而基础设施建设一体化进程的加快，使得城乡资源互联互通，能够吸引城市的人才、资本、信息等要素向农村延伸，助推农村经济的快速发展，进而实现城乡共同富裕。

### (三) 城乡产业融合发展持续深化

城乡融合发展战略与乡村振兴战略的实施，使农村一二三产业融合发展程度不断深化，为城乡共同富裕奠定产业发展基础。一是农村农产品产业链不断延伸。随着农村一二三产业横向、纵向的深度融合，农产品加工业、文旅业等发展快速，农业经营性收入不断增加。同时，农业生产上下游产业链不断延伸，为城乡融合发展奠定了物质基础。二是乡村振兴明确要求"生态宜居"。农村康养产业、旅游业等新业态的发展，能够有效连接城市与农村，加快城乡之间的要素流动。近年来，我国休闲农业和乡村旅游接待规模保持持续增长态势，2022年接待游客约26亿人次，成为加强城乡交流、实现城乡共同富裕的重要载体。

### (四) 城乡精神文明建设融合发展

共同富裕不但需要物质富裕，而且需要精神富有。2021年，我国城市小学、初中和普通高中在校学生数分别为44602238人、20172559人和12971909人，我国农村小学、初中和普通高中在校学生数分别为22473888人、6099489人和988742人，城市和农村受教育人口较之前年份都有所增长。农村精神文明建设是统筹城乡协调发展的现实要求，更是推动共同富裕的精神动力。近年来，随着人们生活环境的改善，社会物质文明建设的发展带来了广大农民精神文化面貌的变化，截至2021年底，我国农村县图书馆机构为1548个，县图书馆阅览室座席为37.88万个，县图书馆流通人次为16897万次，县文化馆为1585个，这充分反映出我国农村居民精神方面的活动变得多样化，思想观念得到解放。

# 四、金融科技赋能共同富裕存在的问题

### (一) 新技术发展还需进一步成熟

在数字化时代，金融的发展依赖于科技的支持。然而，需要明确的是，金融科技并不是毫无瑕疵的。作为新技术，金融科技本身存在技术不够成熟的问题，许多技术在实践操作中发挥的作用还不能完全满足实务需求，新科技与共同富裕的有效匹配需要进一步提高，如 AI 识别技术在实践中存在不可避免的误差。AI 技术正在牵引并加速世界发生深刻且颠覆性的变化，融入 AI 的数据中心将通过主动预防、智能运维和降耗增效，使得数据中心更安全可靠、更绿色节能和更自动高效，然而这有赖于 AI 技术的进一步成熟（何波，2019）。由于技术门槛降低，越来越多的不法分子开始利用 AI 换脸技术进行诈骗。AI 换脸技术已经足够先进，能够欺骗机器和程序，突破某些金融机构的人脸识别系统，从而实施用户账户和资金的盗取行为，给公众的财产安全和信息安全带来了巨大威胁（阳晓霞，2023）。也有个别机构为了追求技术创新，急于取得成果，对于金融科技缺乏充分的测试，对于风险缺乏科学、全面的评估，最终导致技术选择不当，浪费了宝贵的资源。对于那些新兴技术，尤其是发展初期的技术，过度炒作可能会使其沦为投机和诈骗的工具。当前，国内互联网科技企业对于 AI 大模型的关注度不断提高，但是模型研发过程中需要注意数据处理及数据安全的复杂性（余继超，2023）。由于对信息系统的高依赖特征，金融科技并没有完全解决安全技术问题，甚至有可能造成安全隐患的扩大。金融机构在运用金融科技时，如果无法做到全面的风险评估及有效的安全防护，很有可能会面临信息技术风险（李展等，2019）。

## （二）数据应用及管理尚待优化

在金融科技领域，数据隐私问题被视为至关重要的议题。获取更多的数据可以显著提升信用评估的效率。然而，金融科技公司对个人和企业数据信息的获取变得更加容易，不仅涉及经济活动信息，还涉及个人隐私和商业机密等敏感内容。这是新兴技术的发展所带来的。部分大技术公司过度收集客户数据，可能侵犯客户隐私。科技公司通过社交媒体等途径收集大量数据，利用大数据技术来分析客户的偏好、习惯和需求，从而为他们提供定制化的金融产品。传统金融机构由于对数据运用不充分，往往无法充分发挥数据的有效价值。此外，这些机构也无法准确了解投入资金的去向和使用情况，因此投资行为缺乏透明度，带有一定的盲目性（张甜甜，2022）。另外，金融机构内部对数据的开放和共享存在限制，这可能出现科技公司垄断数据并进行价格歧视的风险。我国城乡之间存在着明显的数字鸿沟，尤其是在乡村地区，面临着数据孤岛和数据安全隐患等问题，这些问题尤为突出，这对乡村振兴发展产生了一定抑制作用。乡村振兴是实现共同富裕的必经之路（任喜萍，2023）。因此，保障数据安全和隐私已成为金融科技赋能共同富裕所必须直面的巨大挑战。

### （三）金融科技区域发展不平衡

我国金融科技发展尚处于初级阶段，存在着区域发展不平衡问题。我国经济高质量发展也受到了区域发展不平衡的制约。区域发展不平衡主要表现在两个方面：一是我国东、中、西、东北四大板块发展差异较大；二是四大板块内部发展也呈现不平衡局面（杨望等，2022）。人们通常将区域间的发展差异归因于资源禀赋条件、区位优势、立地条件、文化与教育发展以及技术条件等因素。这些因素被认为是影响区域发展的重要因素。东部地区已经形成了多元化的金融格局。西部地区与东部地区相比，尚未完全形成多元竞争的金融体系，经济和金融发展都相对滞后（张建平，2010）。近年来，我国金融科技发展迅速，但由于区域发展不平衡，各地的发展水平差异较大，特别是西部地区、贫困地区的金融科技发展较为缓慢，金融资源供给不足，这容易加剧地区间的经济不平衡。生产要素和土地要素的单向流动导致了人才、资本和技术在城市地区的集聚，而农村地区乡村振兴所依赖的物质流、信息流和资金流不足。这使得农村地区面临着较大的困难，难以产生新的投资。同时，城乡市场发展环境之间存在明显的差异。地方政府间围绕税收、资源配置与财政支出展开竞争与博弈，城市地区不断汲取工业化与城市化发展所需的农村土地资源、环境资源与人力资源，加剧了城乡发展差异，这容易导致农村经济发展缓慢，进而阻滞城乡共同富裕目标的实现（李宁，2023）。

### （四）金融科技专业人才匮乏

金融科技人才是推动整个金融科技广泛应用和可持续发展的主要动力。金融科技人才一方面需要具备人工智能、大数据、区块链等数字化技术知识，另一方面需要熟知金融相关内容，尤其是对于投融资、保险、监管等方面，并且能够将跨领域知识相融合，开发设计新的金融产品和服务，科学管理金融科技风险。然而，当前的人才培养缺乏对复合人才的关注，早期金融科技领域人才主要来自于科技领域，掌握相关技术，但是对于金融的基本理论和实务欠缺了解。金融科技的快速发展，对于专业金融科技人才的培养提出更高要求，尤其是跨界知识、实践能力和学习能力等方面（许德翔等，2023）。金融科技对于专业人才的需求缺口较大，大多数的科技人才主要聚集在互联网领域，传统的金融领域所占的科技人才较少，在科技上有着卓越能力的领军人才尤其匮乏（叶麦穗，2022）。目前，农村地区对于金融科技复合人才的需求非常大，农村居民的金融意识相对薄弱，金融素养相对较低，金融能力相对欠缺，不利于金融科技在农村地区的深入发展，也阻碍了金融科技在乡村振兴中发挥作用（任喜萍，2023）。随着金融科技的迅猛发展，对金融科技人才的要求日趋严格。然而，目前的科技人才水平尚不足以满足金融科技行业的需求，整体素质还需进一步提升。

# 五、本章小结

本章立足金融科技发展现状，探讨农村金融科技发展基础，分析城乡共同富裕推进的现实基础，进而剖析金融科技赋能共同富裕存在的问题。结果表明，当前金融科技发展速度较快，但在农村地区的应用尚处于起步阶段。虽然城乡收入差距不断缩小，各个层面的城乡融合不断推进，但共同富裕的实现仍有较大距离。金融科技赋能共同富裕受到新技术成熟度、数据管理、区域平衡、专业人才等因素的制约，若要充分发挥金融科技赋能作用，需要在这几方面破题。

# 第四章 金融科技与共同富裕的水平测度

在阐明金融科技与共同富裕的内涵，厘清金融科技与共同富裕的发展现状后，本章通过构建评价指标体系，运用熵权 TOPSIS 法测算金融科技发展水平及共同富裕水平，以定性定量相结合，更好地把握金融科技赋能共同富裕的现实基础。

# 一、指标体系构建原则

指标体系构建需要遵循目标导向，即灵活性、可操作性、可比性等原则，只有按照这些原则进行构建，才能得到准确、全面和可靠的评价结果，为决策和改进提供有力的支持。

## （一）目标导向原则

在建立指标体系时，必须要有一个清晰的目标，要确定度量的范围或者问题的关键要素，然后再进行系统的建设。只有确定了目标，才能构造出指标体系所需的指标内容以及指标间的相互关系。

## （二）可操作性原则

指标体系应具有可操作性，不仅要能提供可计量、可采集的数据指数，而且要有清晰的界定和计量方法，能够利用已有的资料或调研手段，提高可靠性和准确性，以保证评估结果的可信性和可比性。

## （三）全面性原则

该指标体系应从多个角度综合反映评估范围或问题。在构建指标体系的过程中，要全面考虑各方面的影响，防止主观的评判。全面性主要表现在两个层面：一是指标的类型要全面覆盖评价对象的各方面、各维度；二是要进行恰当的权衡与均衡，防止过分偏向某个方面或导致指标间的重复。

## （四）可比性原则

指标体系应该具备可比性，各评估对象之间的指标可以进行对比，并采用统一的计量单元和计量准则，使其具有可比性。在此基础上，完成指标数据的转化和标准化，并对指标数据进行综合分析和综合评价。

## （五）简洁性原则

指标体系要尽可能地简洁，避免指标太多、太长，因为太多不仅会加大数据采集和分析的成本，还可能造成混乱和不必要的麻烦。在建立指标体系时，要按照评估目标的重要程度和可操作性，筛选出关键性的指标，剔除多余的指标，保证指标间的联系明确、简洁。

## （六）灵活性原则

指标体系必须具有一定的弹性，以适应被评估目标的改变与发展。评估目标有可能随着时代与环境的改变而改变，因此，指标体系必须具有适当的弹性，可以对新的评估目标进行评价与度量，同时，也要有能力对其进行适当的调整，使之符合新的评估目标与要求。

# 二、测度方法

## （一）"熵权 TOPSIS 法"基本原理

最初概念中，熵更多地侧重于从物质系统状态层面对其进行度量，抑或是衡量某些物质系统状态有可能出现的程度。引入社会经济研究领域之后，熵则主要被用来衡量某一指标变异程度的大小。在熵权法中，指标的变异性越强，则离散程度越高，其得到的权重也越大，意味着对于评价目标的影响更加显著；变异性弱，则其权重较小，意味着其影响不显著。

TOPSIS 法是一种多属性决策分析方法，用于评估候选方案相对于一组特定属性的综合表现。其产生的背景是人们对多目标、多属性决策问题做优劣选择的切实需要（毕美月，2023）。TOPSIS 法的基本原理是：第一，建立决策矩阵。需要将各个候选方案在不同属性上的表现量化为一个决策矩阵。每一行代表一个候选方案，每一列代表一个评价属性。第二，归一化处理。对决策矩阵进行归一化处理，以消除由于量纲和数量级不同而导致的评价结果不一致。第三，确定正负理想解。计算出每个属性的正负理想解，正理想解代表该属性中最大的值，负理想解代表该属性中最小的值。第四，计算距离。计算每个候选方案到正负理想解的距离，通常使用欧几里得距离或其他距离度量方法来衡量。第五，确定综合评价指数。根据候选方案到正负理想解的距离，计算综合评价指数，综合评价指数越大，说明该方案越接近正理想解，反之则越接近负理想解。第六，排序。根据综合评价指数进行排序，从而确定最优的候选方案。通过以上步骤，TOPSIS 法可以帮助决策者在多个评价标准下，快速有效地确定最佳的候选方案，从而进行合理的决策。

熵权 TOPSIS 法是熵权法与 TOPSIS 法相结合的产物，通常被用来对多个目标和多个指标进行综合评估，它既有利用熵权法对数据进行规范化处理的优势，也与 TOPSIS 法相结合，有通过比较评价对象与理想解的接近程度来量化排序的优点（欧进锋等，2020）。

本书所称熵权 TOPSIS 法的评价过程为：在利用 TOPSIS 法构建加权规范化矩阵时，用熵权法得到的熵权结果作为向量权重，形成新的矩阵 $Y$，然后按照具体步骤计算综合评价值。

### （二）熵权 TOPSIS 法具体步骤

熵权 TOPSIS 法的计算分为两个阶段：

第一阶段使用熵权法来构建加权矩阵。设周期 $t$ 内存在 $n$ 个评价对象和 $m$ 个评价指标，$x_{ij}$（$i,j=1,2,\cdots,n$）为某周期内第 $i$ 个对象的第 $j$ 个指标，则该周期的原始数据矩阵 $X$ 为：

$$\begin{bmatrix} x_{11} & x_{12} & \cdots & x_{1m} \\ x_{21} & x_{22} & \cdots & x_{2m} \\ \vdots & \vdots & \ddots & \vdots \\ x_{n1} & x_{n2} & \cdots & x_{nn} \end{bmatrix} \tag{4-1}$$

由于评价指标单位不统一以及存在负向指标等问题，因此利用极差法来标准化存在上述问题的原始数据，以此得到新的矩阵 $R$。记 $r_{ij}$ 为矩阵 $X$ 中 $x_{ij}$ 的标准化值，$r_{ij} \in [0,1]$。

$$正向指标：r_{ij} = \frac{x_{ij} - \min x_{ij}}{\max x_{ij} - \min x_{ij}} \tag{4-2}$$

$$负向指标：r_{ij} = \frac{\max x_{ij} - x_{ij}}{\max x_{ij} - \min x_{ij}} \tag{4-3}$$

其中，$\min x_{ij}$ 和 $\max x_{ij}$ 分别为第 $i$ 个对象的第 $j$ 个指标在评价期内的最小值和最大值。

矩阵 $R$ 中 $r_{ij}$ 指标的权重为 $l_{ij} = r_{ij} / \sum\limits_{ij}^{n} r_{ij}$，定义第 $j$ 个指标的熵值为 $e_j$，则各指标的熵权 $w_{ij} = (1-e_j) / \sum\limits_{j=1}^{m} (1-e_j)$，其中，$0 \leq w_j \leq 1$，$\sum\limits_{j=1}^{m} w_j = 1$。依据熵权得到加权矩阵 $Y$ 为：

$$Y = W \times R = \begin{bmatrix} w_1 r_{11} & w_2 r_{12} & \cdots & w_m r_{1m} \\ w_1 r_{21} & w_2 r_{22} & \cdots & w_m r_{2m} \\ \vdots & \vdots & \ddots & \vdots \\ w_1 r_{n1} & w_2 r_{n2} & \cdots & w_m r_{nm} \end{bmatrix} = \begin{bmatrix} y_{11} & y_{12} & \cdots & y_{1m} \\ y_{21} & y_{22} & \cdots & y_{2m} \\ \vdots & \vdots & \ddots & \vdots \\ y_{n1} & y_{n2} & \cdots & y_{nm} \end{bmatrix} \tag{4-4}$$

第二阶段使用 TOPSIS 法来判断评价对象与理想解的接近程度。设 $y_j^+$ 和 $y_j^-$ 分别为加权矩阵某周期内所有评价对象第 $j$ 个指标的最大值和最小值，则此周期内的正理想解为 $y_j^+ = (y_1^+, y_2^+, \cdots, y_m^+)$，负理想解为 $y_j^- = (y_1^-, y_2^-, \cdots, y_m^-)$，进一步计算评价对象与正、负理想解的欧氏距离 $D_i^+$ 和 $D_i^-$：

$$D_i^+ = \sqrt{\sum_{j=1}^{m} (y_{ij} - y_j^+)^2} \tag{4-5}$$

$$D_i^- = \sqrt{\sum_{j=1}^{m} (y_{ij} - y_j^-)^2} \tag{4-6}$$

$D_i^+$、$D_i^-$ 值分别代表评价对象与最优或最劣解（即 A+或 A−）的距离（欧氏距离），此两值的实际意义是，评价对象与最优解或最劣解的距离，值越大说明距离越远，研究对象 $D_i^+$ 值越大，说明与最优解距离越远；$D_i^-$ 值越大，说明与最劣解距离越远。最理想的研究对象是 $D_i^+$ 值越小同时 $D_i^-$ 值越大。

最终得到评价对象与理想解的相对贴近度 $C_i$，该值越大说明越接近理想状态。

$$C_i = \frac{D_i^-}{D_i^+ + D_i^-} (0 \leq C_i \leq 1, \ i=1, \ 2, \ \cdots, \ n) \tag{4-7}$$

# 三、金融科技水平测度

## （一）文献综述

关于金融科技评价指标，学术界已经陆续出现相关研究。早些年，浙江大学为了反映每个城市的金融科技发展情况，构建了中国金融科技中心指数（China Financial Science Center Index，CFSIC）。该指数包含了金融科技产业、金融科技体验以及金融科技生态三个层面，其中"中国金融科技中心"指的是我国在该地区有影响力的大型商业银行和互联网企业。除了从经济规模维度衡量和比较不同地区之间经济实力外，关于在此基础上如何优化区域内部资源配置等方面也是学者关注的热点问题。对于金融科技业务发展层面而言，由于我国互联网技术起步较晚且应用时间较短，因此最早在我国因技术变化而发展起来的一些业务领域如支付结算、网上购物等并没有得到充分体现。而我国互联网企业近几年不断涌现出的新模式、新业态促进了国内市场竞争增长（郭品和沈悦，2015）。同时，随着移动支付领域相关技术取得突破，网络借贷平台也逐渐兴起，并开始出现一定规模效应从而带动整个行业创新与升级（汪可等，2017）。郭雪寒（2022）构建了两个指标刻画商业银行的金融科技应用指数，第一个指标利用了"北京大学商业银行数字化转型指数"来刻画商业银行的金融科技应用指数，具有较高的代表性。此指数构建包括数字化认知、数字化组织以及数字化产品三个部分。第二个指标是采用统计关键词在文本中出现频次的文本分析方法，构建银行个体层面表征金融科技发展程度的指标。熊子怡等（2023）从四个层面提取出与金融科技相关的关键词，即基本内涵、基本技术、中介服务以及支付清算，然后，通过"天眼查"网站检索出我国所有金融科技公司的注册信息，并筛选出含"金融"、"支付"等与金融科技应用领域相关的金融科技公司，同时对经营时间小于1年和经营状态异常的公司进行剔除，在此基础上，将一个地区的金融科技公司数量汇总，取自然对数值来衡量地区金融科技发展水平。

关于金融科技的指标构建，现有研究主要有以下三种方法：第一，以中国数字普惠金融指数（郭峰等，2020）为研究对象，从覆盖范围、应用深度和数字化程度三个方面对我国金融科技发展状况进行测度；第二，沈悦和郭品（2015）、盛天翔和范从来（2020）利用百度指数搜索与金融科技相关的关键词，并使用主成分法或熵权法赋予金融科技相关关键词权重来构建金融科技指数；第三，采用地区金融机构的数量来衡量地区金融科技发展水平（宋敏等，2021）。

首先，在建立的金融科技评价体系中，已有研究大多采用北京大学数字普惠金融指数（Digital Asset Finance Index），并将其分为三类。然而，中国的数字化普惠金融与普惠金融有着本质上的区别，主要体现在大数据、人工智能和区块链等方面，因此，不能单纯以数字普惠金融指标进行测度。其次，第二种方法涉及的金融科技公司的数量较少，无法系统全面地概括金融科技发展水平和发展状况。金融科技的早期业态主要为互联网金融，自 2013 年开始我国互联网金融迈向高速发展阶段，其广泛应用和政府的政策引导使得金融科技成为我国金融业发展新趋势，金融科技的发展本质其实就是金融与基于互联网、大数据等发展相关技术融合的产物。最后，第三种方法仅采用金融机构数量这一单一指标，无法全面衡量金融科技发展水平。因此，本文借鉴发展已较为成熟的互联网金融领域相关研究成果，构建对应的金融科技指标体系来衡量我国金融科技的发展水平。

**（二）构建依据**

构建金融科技测度指标体系的基本思路是以全国经济基础为出发点，并以金融基础、互联网基础以及信息技术创新加持，最终达到实际效果。因此借鉴周斌（2018）、卢丽娜（2010）的研究，合成金融科技指标（见表 4-1）。

（1）反映经济基础的具体指标，包括国内生产总值、城镇居民恩格尔系数、第三产业增加值、城镇居民人均可支配收入。

（2）反映金融规模的具体指标，包括金融业增加值、金融业城镇单位就业人员。

（3）反映互联网基础的具体指标，包括互联网接入端口、长途光缆线路长度、域名数、移动电话普及率、移动电话用户数。

（4）反映信息技术创新的具体指标，包括国内发明专利申请受理量、地方财政税收收入、地方财政科学技术支出、科学研究和技术服务业法人单位数。

表 4-1 金融科技水平测度指标体系

| 一级指标 | 二级指标 | 三级指标 |
|---|---|---|
| 金融科技 | 互联网基础 | 互联网接入端口（万个） |
| | | 长途光缆线路长度（万千米） |
| | | 域名数（万个） |
| | | 移动电话普及率（部/百人） |
| | | 移动电话用户数（万户） |
| | 金融规模 | 金融业增加值（亿元） |
| | | 金融业城镇单位就业人员（万人） |

| 一级指标 | 二级指标 | 三级指标 |
|---|---|---|
| 金融科技 | 经济基础 | 城镇居民人均可支配收入（元） |
| | | 城镇居民恩格尔系数（%） |
| | | 国内生产总值（亿元） |
| | | 第三产业增加值（亿元） |
| | 信息技术创新 | 国内发明专利申请受理量（项） |
| | | 地方财政税收收入（亿元） |
| | | 地方财政科学技术支出（亿元） |
| | | 科学研究和技术服务业法人单位数（个） |

## （三）构建目的

（1）通过 2012～2021 年全国金融科技指标测度结果，判断在此期间金融科技在全国的发展水平，以此总体探讨金融科技在乡村的应用情况。

（2）通过 2012～2021 年 31 个省份金融科技指标测度结果，纵向比较分析具有代表性年份各省份金融科技发展水平，衡量具体时间点区域之间的差异。

（3）通过 2012～2021 年 31 个省份金融科技指标测度结果，横向比较分析代表性省份在这 10 年内的金融科技发展水平，并分析它们之间的差异。

（4）通过全国和各省份的纵横比较，判断和衡量某一地区金融科技发展水平。

（5）反映金融科技发展目标的实现情况，并且在此基础上，可以提出一套适合我国国情的、可持续的、可操作的政策建议。

## （四）数据来源及处理

1. 数据来源

结合金融科技发展的现实状况以及各项指标数据的可获得性，选择 2012～2021 年全国（除港澳台外）31 个省份的有关数据为研究样本，数据来源于国家统计局、Wind 金融终端，最后利用熵权法将金融科技的各项指标进行合成。

2. 数据处理

由于评价指标单位不统一以及存在负向指标等问题，因此利用极差法来标准化原始数据，对于正向指标：互联网接入端口（万个）、长途光缆线路长度（万千米）、域名数（万个）、移动电话普及率（部/百人）、移动电话用户数（万户）、金融业增加值（亿元）、金融业城镇单位就业人员（万人）、城镇居民人均可支配收入（元）、国内生产总值（亿元）、第三产业增加值（亿元）、国内发明专利申请受理量（项）、地方财政税收收入（亿元）、地方财政科学技术支出（亿元）、科学研究和技术服务业法人单位数（个）采用式（4-2）进行标准化，对于负向指标城镇居民恩格尔系数（%）采用式（4-3）进行标准化。

### （五）全国金融科技水平测度

#### 1. 熵权法权重计算

权重分析用于对各变量的权重（重要性）进行计算：互联网接入端口（万个）的权重为 7.671%、长途光缆线路长度（万千米）的权重为 6.818%、域名数（万个）的权重为 5.859%、移动电话普及率（部/百人）的权重为 5.871%、移动电话用户数（万户）的权重为 5.893%、金融业增加值（亿元）的权重为 6.475%、金融业城镇单位就业人员（万人）的权重为 9.185%、城镇居民人均可支配收入（元）的权重为 6.748%、国内生产总值（亿元）的权重为 7.596%、第三产业增加值（亿元）的权重为 7.316%、国内发明专利申请受理量（项）的权重为 5.224%、地方财政税收收入（亿元）的权重为 5.240%、地方财政科学技术支出（亿元）的权重为 7.542%、科学研究和技术服务业法人单位数（个）的权重为 8.749%、城镇居民恩格尔系数（%）的权重为 3.813%，其中指标权重最大值为金融业城镇单位就业人员（万人）9.185%，最小值为城镇居民恩格尔系数 3.813%（见表4-2）。

表4-2　全国金融科技各指标权重

| 指标 | 信息熵值 e | 信息效用值 d | 权重（%） |
| --- | --- | --- | --- |
| 互联网接入端口（万个） | 0.872 | 0.128 | 7.671 |
| 长途光缆线路长度（万千米） | 0.886 | 0.114 | 6.818 |
| 域名数（万个） | 0.902 | 0.098 | 5.859 |
| 移动电话普及率（部/百人） | 0.902 | 0.098 | 5.871 |

续表

| 指标 | 信息熵值 e | 信息效用值 d | 权重（%） |
|---|---|---|---|
| 移动电话用户数（万户） | 0.902 | 0.098 | 5.893 |
| 金融业增加值（亿元） | 0.892 | 0.108 | 6.475 |
| 金融业城镇单位就业人员（万人） | 0.847 | 0.153 | 9.185 |
| 城镇居民人均可支配收入（元） | 0.888 | 0.112 | 6.748 |
| 城镇居民恩格尔系数（%） | 0.936 | 0.064 | 3.813 |
| 国内生产总值（亿元） | 0.873 | 0.127 | 7.596 |
| 第三产业增加值（亿元） | 0.878 | 0.122 | 7.316 |
| 国内发明专利申请受理量（项） | 0.913 | 0.087 | 5.224 |
| 地方财政税收收入（亿元） | 0.913 | 0.087 | 5.240 |
| 地方财政科学技术支出（亿元） | 0.874 | 0.126 | 7.542 |
| 科学研究和技术服务业法人单位数（个） | 0.854 | 0.146 | 8.749 |

图 4-1 以直方图形式展示了指标的重要度排序，最重要的是金融业城镇单位就业人数，最不重要的是城镇居民恩格尔系数。

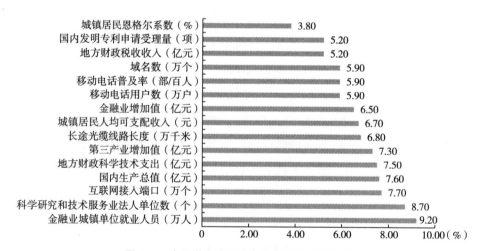

**图 4-1 全国共同富裕指标重要度排序直方图**

2. 全国共同富裕水平测度结果

根据各指标权重测算，金融科技的四个层面互联网基础、金融规模、经济基础以及信息技术创新的综合得分结果如表 4-3 所示。

表 4-3 全国金融科技水平测算结果

| 年份 | 2012 | 2013 | 2014 | 2015 | 2016 | 2017 | 2018 | 2019 | 2020 | 2021 |
|---|---|---|---|---|---|---|---|---|---|---|
| 测算结果 | 0.000001 | 0.126314 | 0.212961 | 0.328426 | 0.458783 | 0.570792 | 0.691968 | 0.830682 | 0.858819 | 0.956523 |

3. 金融科技四个维度测算结果分析

我国的互联网基础、金融规模、经济基础以及信息技术创新变化趋势如图 4-2 所示，结果显示 2012~2021 年我国这四个方面均呈现递增的趋势。其中互联网基础水平和经济基础水平在 2019~2020 年略有降低，金融规模在 2020~2021 年略有降低。

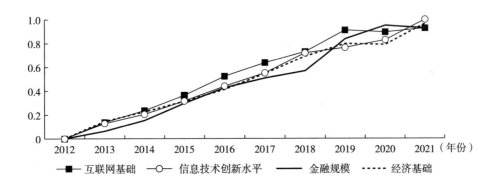

图 4-2 2012~2021 年金融科技四个维度指标得分变动

我国金融科技发展水平的测度结果如图 4-3 所示，结果显示 2012~2021 年我国金融科技发展水平呈现逐年递增的趋势。按增长速度不同可大致分为三个阶段：第一阶段为 2012~2019 年，该阶段金融科技发展速度较快；第二阶段为 2019~2020 年，该阶段金融科技水平发展缓慢；第三阶段为 2020~2021 年，该阶段金融科技水平又恢复高速发展趋势。2012~2020 年金融科技发展缓慢的原因可能是：首先，在此期间全球范围内经济增长放缓，可能导致金融科技投资和创新活动的减少；其次，一些国家政策的不确定性可能影响了金融科技行业的发展，例如监管政策的调整、对新技术的法律规定等；再次，安全和隐私问题一直是金融科技发展的关键挑战；最后，金融科技领域的竞争也在加剧，一些公司在市场份额上的竞争可能导致了资源和资金的过度投入，从而使得整体发展速度变慢。

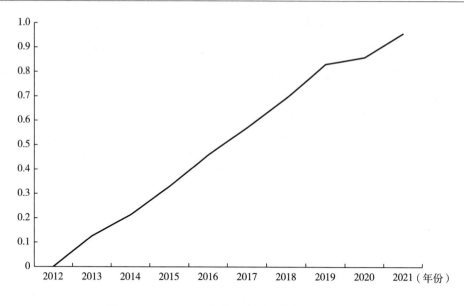

图4-3 2012~2021年全国金融科技水平测度结果

4. TOPSIS 法计算欧氏距离和贴近度

TOPSIS 法利用原始数据的信息，精确地反映各评价方案之间的差距。首先计算各评价指标的正负理想解，具体结果如表4-4所示。

表4-4 全国金融科技评价指标正负理想解①

| 指标 | 正理想解 | 负理想解 |
| --- | --- | --- |
| 互联网接入端口（万个） | 1 | 0 |
| 长途光缆线路长度（万千米） | 0.999 | 0 |
| 域名数（万个） | 0.999 | 0 |
| 移动电话普及率（部/百人） | 0.999 | 0 |
| 移动电话用户数（万户） | 1 | 0 |
| 金融业增加值（亿元） | 1 | 0 |

---

① 长途光缆线路长度（万千米）、域名数（万个）、移动电话普及率（部/百人）、金融业城镇单位就业人员（万人）、城镇居民人均可支配收入（元）、地方财政科学技术支出（亿元）、城镇居民恩格尔系数（%）的负理想距离分别为 0.00000396、0.00000003、0.00000296、0.0000003、0.00000001、0.00000002、0.00002273。

续表

| 指标 | 正理想解 | 负理想解 |
|---|---|---|
| 金融业城镇单位就业人员（万人） | 0.999 | 0 |
| 城镇居民人均可支配收入（元） | 0.999 | 0 |
| 城镇居民恩格尔系数（%） | 0.999 | 0 |
| 国内生产总值（亿元） | 1 | 0 |
| 第三产业增加值（亿元） | 1 | 0 |
| 国内发明专利申请受理量（项） | 1 | 0 |
| 地方财政税收收入（亿元） | 1 | 0 |
| 地方财政科学技术支出（亿元） | 0.999 | 0 |
| 科学研究和技术服务业法人单位数（个） | 1 | 0 |

其次计算 2012～2021 年全国金融科技水平的欧氏距离和相对贴近度，具体结果如表 4-5 所示。

表 4-5　2012～2021 年全国金融科技水平欧氏距离和相对贴近度

| 年份 | 正理想解距离（D+） | 负理想解距离（D-） | 综合得分指数 | 排序 |
|---|---|---|---|---|
| 2012 | 0.99999732 | 0 | 0 | 10 |
| 2013 | 0.8776358 | 0.15123766 | 0.14699345 | 9 |
| 2014 | 0.79194792 | 0.23044474 | 0.22539749 | 8 |
| 2015 | 0.6776578 | 0.34069519 | 0.3345551 | 7 |
| 2016 | 0.55700035 | 0.47729884 | 0.46147077 | 6 |
| 2017 | 0.44132848 | 0.5799597 | 0.56787076 | 5 |
| 2018 | 0.33848437 | 0.70604934 | 0.67594691 | 4 |
| 2019 | 0.19772257 | 0.83693233 | 0.80889998 | 3 |
| 2020 | 0.16495723 | 0.86304598 | 0.83953627 | 2 |
| 2021 | 0.11292329 | 0.96218249 | 0.89496541 | 1 |

5. 金融科技水平测算结果及分析

由图 4-4 可知，2012～2021 年全国金融科技水平相对贴近度大体呈上升趋势，这与全国金融科技水平测度结果吻合，相对贴近度越大，金融科技水平越高，即 2012 年金融科技水平最低，2021 年金融科技水平最高。

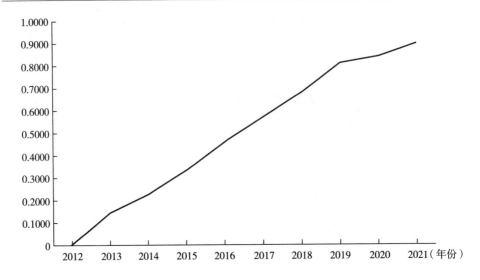

图 4-4　2012~2021 年全国金融科技水平相对贴近度变化趋势

### （六）省级金融科技水平测度

#### 1. 熵权法权重计算

权重分析用于对各变量的权重（重要性）进行计算：互联网接入端口（万个）的权重为 3.388%、长途光缆线路长度（万千米）的权重为 42.890%、移动电话普及率（部/百人）的权重为 1.661%、域名数（万个）的权重为 7.634%、移动电话用户数（万户）的权重为 2.774%、金融业增加值（亿元）的权重为 4.426%、金融业城镇单位就业人员（万人）的权重为 2.771%、城镇居民人均可支配收入（元）的权重为 2.549%、国内生产总值（亿元）的权重为 3.656%、第三产业增加值（亿元）的权重为 4.016%、国内发明专利申请受理量（项）的权重为 7.091%、地方财政税收收入（亿元）的权重为 4.036%、地方财政科学技术支出（亿元）的权重为 6.326%、科学研究和技术服务业法人单位数（个）的权重为 6.370%、城镇居民恩格尔系数（%）的权重为 0.411%，其中指标权重最大值为长途光缆线路长度（万千米）42.890%，最小值为城镇居民恩格尔系数 0.411%（见表 4-6）。

表4-6　省级层面金融科技各指标权重

| 指标 | 信息熵值 e | 信息效用值 d | 权重（%） |
|---|---|---|---|
| 互联网接入端口（万个） | 0.945 | 0.055 | 3.388 |
| 长途光缆线路长度（万千米） | 0.308 | 0.692 | 42.890 |
| 移动电话普及率（部/百人） | 0.973 | 0.027 | 1.661 |
| 域名数（万个） | 0.877 | 0.123 | 7.634 |
| 移动电话用户数（万户） | 0.955 | 0.045 | 2.774 |
| 金融业增加值（亿元） | 0.929 | 0.071 | 4.426 |
| 金融业城镇单位就业人员（万人） | 0.955 | 0.045 | 2.771 |
| 城镇居民人均可支配收入（元） | 0.959 | 0.041 | 2.549 |
| 城镇居民恩格尔系数（%） | 0.993 | 0.007 | 0.411 |
| 国内生产总值（亿元） | 0.941 | 0.059 | 3.656 |
| 第三产业增加值（亿元） | 0.935 | 0.065 | 4.016 |
| 国内发明专利申请受理量（项） | 0.886 | 0.114 | 7.091 |
| 地方财政税收收入（亿元） | 0.935 | 0.065 | 4.036 |
| 地方财政科学技术支出（亿元） | 0.898 | 0.102 | 6.326 |
| 科学研究和技术服务业法人单位数（个） | 0.897 | 0.103 | 6.370 |

图4-5以直方图形式展示了指标的重要度排序，最重要的是长途光缆线路长度，最不重要的是城镇居民恩格尔系数。

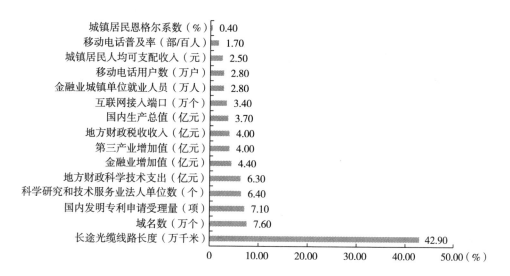

图4-5　省级层面金融科技指标重要度排序直方图

2. 省级层面金融科技四个维度及总水平测算结果

省级层面四个维度测算结果及省级金融科技水平测算结果见附录1~附录5。

3. 省级层面金融科技发展水平测算结果分析

(1) 省级层面金融科技四个维度测算结果分析。互联网基础水平（见图4-6）：总体来看东部地区水平较高，中西部和东北地区互联网基础水平较为一般，这是因为东部地区经济发展较好，为互联网基础的建设提供了有利条件，并且东部地区人口规模较大，城市化水平较高，对互联网服务需求旺盛，而中西部和东北地区相对东部来说经济较为落后，城市化水平较低，在一定程度上限制了互联网领域的发展。

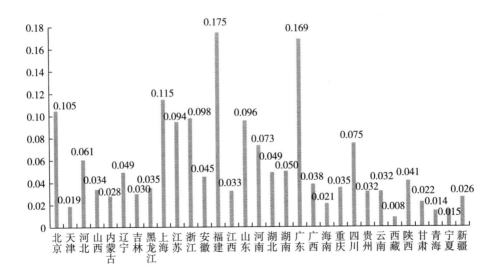

图4-6　2012~2021年省级互联网基础均值水平比较

金融规模（见图4-7）：总体来说东部地区的金融规模整体较为发达，中西部和东北地区较为落后，这是因为东部地区经济发达，产业结构更多样化和高端化，金融业通常会随着经济多元化发展而得以促进。东部地区的制造业、服务业以及科技创新等高附加值产业相对集中，这也促使金融机构发展和金融活动增加。除此之外，东部地区港口密集、贸易活动频繁，同时也是国际间交流合作的重要节点。这使得东部地区的金融机构能够更好地服务于进出口贸易、跨境投资等业务，通过为企业提供各种金融服务满足其对资金流动和风险管理的需求。相比于东部地区，中西部和东北地区地理位置相对偏远，交通不便利。此外，由于历史和经济发展的原因，中西部地区的基础设施建设较落后，包括银行网点、金融市场等方面都相对不完善。这使得金融机构难以开展业务，同时也限制了企业和居民的金融服务需求。

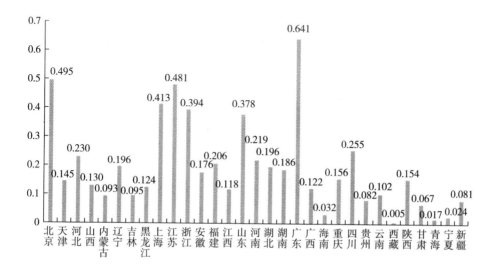

**图 4-7　2012~2021 年省级金融规模均值水平比较**

经济基础（见图 4-8）：总体来说东部地区的经济基础整体较为发达，中西部和东北地区较为落后，这是因为相较其他地区东部地区更早、更快地吸引了外资、开展了对外贸易、推进了市场化改革等。这为东部地区在经济发展上取得领先优势提供了有利的机遇。另外东部地区的交通、能源和信息等基础设施也具有优势。东部地区地理位置优越，尤其是沿海地区港口密集、交通便捷，这为东部地区经济发展提供了很大的支撑。此外，东部地区还具备优质的能源、信息等基础设施。而中西部和东北地区地理位置相对偏远，交通不便利，与东部地区相比，缺乏沿海港口和便捷的交通网络。这给中西部和东北地区的经济发展带来了一定的制约。

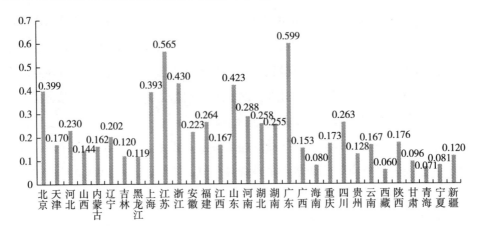

**图4-8　2012~2021年省级经济基础均值水平比较**

信息技术创新水平（见图4-9）：总体来说东部地区的信息技术创新水平较高，中西部和东北地区则较低，这是因为东部地区在科研和技术创新方面投入较多，政府和企业对科研活动的支持力度较大，鼓励技术创新和研发投入。这为信息技术的创新提供了良好的条件，促进了科研成果的转化和产业化。同时东部地区的信息技术企业相对较多，形成了产业聚集效应。企业之间的竞争和合作推动了技术创新的不断突破。同时，产业聚集还带来了技术人才的流动和交流，促进了信息技术创新水平的提升。相对于东部地区，中西部地区的研发投入相对较少，缺乏技术创新和科技成果转化的支持。

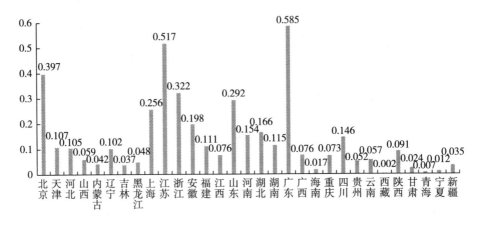

**图4-9　2012~2021年省级信息技术创新均值水平比较**

综上所述，在互联网基础水平、金融规模、经济基础以及信息技术创新水平四个层面均为东部地区领先于中西部和东北地区，这与金融科技发展水平在东部地区和中西部和东北地区的发展情况相吻合。

（2）省级层面金融科技水平纵向比较。计算出 31 个省份 2012~2021 年金融科技水平的均值，观察可以发现，广东的金融科技水平在（0.3，0.4）范围内，处于第一行列，由此可知广东省的金融科技水平较高；江苏、北京、浙江金融科技水平在（0.2，0.3）范围内，处于第二行列；上海、河北、福建、山东、安徽、河南、湖北、四川的金融科技水平在（0.1，0.2）的范围内，处于第三行列；天津、山西、内蒙古、辽宁、吉林、黑龙江、江西、湖南、广西、海南、重庆、贵州、云南、西藏、陕西、甘肃、青海、宁夏、新疆的金融科技水平在（0，0.1）的范围内，处于第四行列（见图 4-10）。

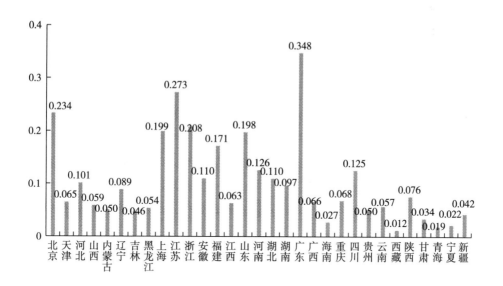

**图 4-10 2012~2021 年省级金融科技均值水平比较**

由表 4-7 可以看出，在经济金融发展迅速的广东、北京、江苏、浙江等地，其金融科技水平较高；在经济比较落后的地区如西藏、新疆、青海等地，其金融科技水平较低。总体来说，金融科技水平东部地区优于中西部地区。

表 4-7　31 个省份金融科技水平对比

| 省份分类 | 范围 | 所属行列 | 金融科技水平等级 |
|---|---|---|---|
| 广东 | (0.3, 0.4) | 第一行列 | 高 |
| 江苏、北京、浙江 | (0.2, 0.3) | 第二行列 | 较高 |
| 上海、河北、安徽、福建、山东、河南、湖北、四川 | (0.1, 0.2) | 第三行列 | 较低 |
| 天津、山西、内蒙古、辽宁、吉林、黑龙江、江西、湖南、广西、海南、重庆、贵州、云南、西藏、陕西、甘肃、青海、宁夏、新疆 | (0, 0.1) | 第四行列 | 低 |

（3）省级层面金融科技水平横向比较。由图 4-11 可知，西藏在 2012～2021 年金融科技水平总体呈极其缓慢的上升趋势，且低于全国水平。由图 4-11 可知，西藏在 2012～2021 年金融科技水平总体呈极其缓慢的上升趋势，且低于全国水平。广东在 2012～2014 年金融科技发展之初，其水平高于全国平均水平，自 2015 年后，各地金融科技快速发展，其水平低于全国平均水平。

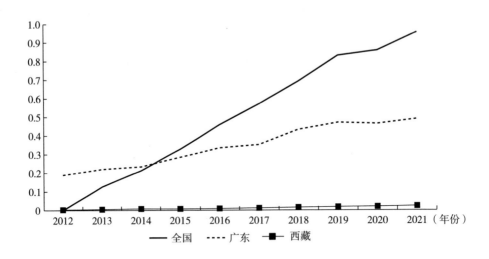

图 4-11　广东、西藏以及全国金融科技发展水平对比

近年来，广东高度重视金融科技的发展，积极推进金融科技创新和金融业数字化转型升级。2023 年广东高质量发展大会提出，要发挥好金融业"活水"作用，为制造业当家、科技创新强省提供强有力的金融支持。通过政、学、研、产

等多维度合作，打通"金融—科技—产业"链路，积极推动金融科技与社会经济发展深度融合，大力发展相关应用场景和配套产业，助力广东经济高质量发展。

广东具备较好的金融、科技工业基础，具有较强的创新能力，在金融科技领域的先行先试工作成效明显，已获得多项国家级试点，比如金融科技创新的监管、资本市场的金融科技创新等。

西藏的金融科技发展已取得阶段性成果，但也存在着若干问题：金融科技的覆盖面、可得性和满意度与全国平均水平还有很大的差距。对广大群众，特别是边远地区的农牧民来说，获取金融服务费用高；我国的金融科技服务水平还需进一步提高。因此，在这种情况下，如何为西藏尤其是偏远地区的农牧民提供金融技术服务，促进西藏金融科技的可持续发展，激发"长尾群体"的内在发展动力，适应西藏人民日益增长的美好生活需要，既是西藏金融供给侧改革的内在需求，又是推动西藏实现高质量发展的必然选择，同时也是推进扶贫开发与共同富裕的有效衔接。

4. TOPSIS 法计算欧氏距离和贴近度

TOPSIS 法利用原始数据的信息，精确地反映各评价方案之间的差距。首先计算各评价指标的正负理想解，具体结果如表 4-8 所示。

表 4-8　省级金融科技评价指标正负理想解①

| 指标 | 正理想解 | 负理想解 |
| --- | --- | --- |
| 互联网接入端口（万个） | 0.999 | 0 |
| 域名数（万个） | 0.999 | 0 |
| 长途光缆线路长度（万千米） | 0.999 | 0 |
| 移动电话普及率（部/百人） | 0.999 | 0 |
| 移动电话用户数（万户） | 0.999 | 0 |
| 金融业增加值（亿元） | 0.999 | 0 |

---

① 互联网接入端口（万个）、域名数（万个）、长途光缆线路长度（万千米）、移动电话普及率（部/百人）、金融业增加值（亿元）、金融业城镇单位就业人员（万人）、地方财政税收收入（亿元）、地方财政科学技术支出（亿元）、城镇居民恩格尔系数（％）的负理想距离分别为 0.00000001、0.00000011、0.00000003、0.00000076、0.00000001、0.00000106、0.00000001、0.00000009、0.00000333。

续表

| 指标 | 正理想解 | 负理想解 |
| --- | --- | --- |
| 金融业城镇单位就业人员（万人） | 0.999 | 0 |
| 城镇居民人均可支配收入（元） | 1 | 0 |
| 城镇居民恩格尔系数（%） | 0.999 | 0 |
| 国内生产总值（亿元） | 1 | 0 |
| 第三产业增加值（亿元） | 1 | 0 |
| 国内发明专利申请受理量（项） | 1 | 0 |
| 地方财政税收收入（亿元） | 0.999 | 0 |
| 地方财政科学技术支出（亿元） | 0.999 | 0 |
| 科学研究和技术服务业法人单位数（个） | 1 | 0 |

其次计算全国金融科技水平2012~2021年的欧氏距离和相对贴近度，具体结果见附录6。

5. 评价结果及分析

欧氏距离及相对贴近度计算结果表明，31个省份的金融科技水平相对贴近度值，贵州、云南、甘肃、新疆、西藏、青海等省份的排名总体靠后，广东、浙江、江苏等省份的排名总体靠前，这与之前31个省份的金融科技水平测度结果吻合，相对贴近度值越大，金融科技水平越高。

# 四、共同富裕水平测度

## （一）文献综述

共同富裕是社会主义的本质要求，实现共同富裕是中国式现代化的重要特征，也是广大人民群众的共同期盼和根本利益所在。党的十九届五中全会明确提出"全体人民共同富裕取得更为明显的实质性进展"，把共同富裕这个重大历史命题放在更突出的地位。

当讨论如何实现共同富裕目标时，必须对其衡量标准进行深入的研究与探讨，而目前我国关于共同富裕测度的研究大多处于起步阶段，相关实证测算研究比较匮乏，还没有形成比较完整的理论体系与成熟的实践经验。2021年之前关于共同富裕的指标构建，最初学者从财富差距方面来衡量我国共同富裕程度，比如从居民拥有的财富差距、基尼系数的测算等方面对我国的共同富裕水平进行分析（程恩富，2012）。但是只从贫富差距来衡量共同富裕水平相对来说比较片面，宋群（2014）在此基础上提出共同富裕总指标可以分别由经济、文化、社会、制度和生态这五个方面综合构成，体现的是我国总体发展的水平状况，他对于符合现有的共同富裕内涵的指标体系做了探索并且初见成效。

2021年，中国成功实现了全面建成小康社会的目标，标志着中国特色社会主义现代化建设迈出了重要一步。全面建成小康社会意味着我国经济实力、科技水平、民生福祉等多方面都取得了重大进展，使全体人民共享改革发展成果，开启共同富裕的新阶段，同时共同富裕评价指标体系的构建也有了新的进展。学者刘培林等（2021）构建了新的共同富裕指标体系，但是其指标体系中只包含物质富裕而无精神富裕，而且并未开展科学的测度工作。学者郑健壮等（2022）在其他研究成果的基础上，把精神富裕也包括在内，构建了包括物质富裕和精神富裕在内的富裕指数和共享指数两个一级指标。但是共同富裕既要考虑富裕和共享结果，又要兼顾共同富裕的可持续性，因此提出增加持续性指标，重新构建了涵盖富裕、共享和持续性三个维度的评价指标体系（李金昌和余卫，2022）。谢忠俩（2021）基于对新时代共同富裕科学内涵的理解，将经济发展、政治保障、文化发展、社会发展与生态环境五个层面作为指标体系的准则层。其不仅包括了物质富裕也包括了精神富裕，下设居民可支配收入、法治建设群众满意度、教育经费支出占一般预算支出比例等36个二级指标对共同富裕进行测算。在此基础上，部分学者把庞大的二级指标体系从发展性、共享性和可持续性方面进行了细分，以此作为构建共同富裕评价指标体系的三个维度（陈丽君等，2021）。祁芳梅等（2023）优化了共同富裕的指标体系，比如发展性包括富裕度和共同度两个方面，共享性包括社会保障、工资水平、教育水平、医疗水平以及基础设施五个方面，可持续性包括开放程度、市场化水平、生态环境、财政投入、科技投入以及发展质量六个方面。之后运用熵权法对各个指标进行客观赋权后得到共同富裕的综合评价指数。也有学者将共同富裕分为总体富裕和共享富裕两个维度，总体富裕是共同富裕的基础特征，强调全体人民在衣食住行、精神文化和发展基础等方面共同富裕的程度；共享富裕是共同富裕的本质特征，强调大家可以共享经济发展成果，可从人群差距、区域差距和城乡差距三个方面来刻画（张静坤等，2023）。

共同富裕是一个综合性的研究问题，在构建共同富裕的指标体系时应该注意要多维度进行考量，研究发现，富裕、共享以及可持续这三个维度是构建共同富裕指标体系不可或缺的维度。本文在此基础上，运用熵权 TOPSIS 法统计监测2012~2021 年中国共同富裕水平。

**（二）构建依据**

构建共同富裕指标体系（见表 4-9）的基本思路：要综合体现富裕度、共享度和可持续性三个方面，具体包括总体富裕度、发展成果共享度和可持续性三大类指标，富裕度应包括物质生活富裕、精神文明富裕、城乡差距、区域差距和人群差距五个方面。共享度体现在公共服务上，可持续性体现在生态环境上。围绕共同富裕指数的测度，本书通过指标的科学选取，构建了共同富裕的三级指标体系，并运用可量化的相应指标构建了相应模型，最终形成共同富裕指数。

表 4-9　共同富裕水平测度指标体系

| 一级指标 | 二级指标 | 三级指标 | 指标性质 |
| --- | --- | --- | --- |
| 富裕度 | 物质生活富裕 | 人均地区 GDP | + |
| | | 居民人均可支配收入 | + |
| | | 居民人均消费支出 | + |
| | | 恩格尔系数 | − |
| | 精神文明富裕 | 地方财政文化体育与传媒支出 | + |
| | | 人均受教育年限 | + |
| | | 人均拥有公共图书馆藏量 | + |
| | 城乡差距 | 泰尔指数 | − |
| | 区域差距 | 城镇化率 | + |
| | 人群差距 | 基尼系数 | − |

续表

| 一级指标 | 二级指标 | 三级指标 | 指标性质 |
|---|---|---|---|
| 共享度 | 公共服务 | 卫生技术人员数 | + |
| | | 地方财政教育支出 | + |
| | | 地方财政社会保障和就业支出 | + |
| | | 城镇登记失业率 | − |
| | | 基本养老保险参保人数 | + |
| 可持续性 | 环境保护 | 人均公园绿地面积 | + |
| | | 森林覆盖率 | + |
| | 环境治理 | 生活垃圾无害化处理率 | + |

1. 反映富裕度的指标

富裕度是用以反映社会财富、经济收入、精神文明、城乡差距、区域差距等程度，物质生活富裕水平又从收入水平和消费水平两方面度量，具体选取的指标包括人均地区 GDP、居民人均可支配收入、居民人均消费支出、农村居民恩格尔系数、城镇居民恩格尔系数；精神文明富裕水平主要从文化娱乐和教育方面进行度量，具体选择的指标包含地方财政文化体育与传媒支出、人均受教育年限以及人均拥有公共图书馆藏量；城乡差距用泰尔指数加以衡量；区域差距选用城镇化率加以衡量；人群差距则用基尼系数加以衡量。

2. 反映共享度的指标

共享度指标用以反映改革和发展成果是否公平、普惠。本书的共享度以公共服务层面来体现，具体指标包括卫生技术人员数、地方财政教育支出、地方财政社会保障和就业支出、城镇登记失业率、基本养老保险参保人数。

3. 反映可持续性水平的指标

可持续发展主要体现为绿色发展，可持续性水平从环境保护、环境治理两个维度进行度量。环境保护方面的指标选取森林覆盖率、人均公园绿地面积。环境治理方面的指标选择生活垃圾无害化处理率。

（三）构建目的

（1）通过 2012~2021 年全国共同富裕水平测度结果，判断在此期间共同富裕的全国水平，以此总体探讨共同富裕变化趋势。

（2）通过 2012~2021 年 31 个省份共同富裕指标测度结果，纵向比较分析具有代表性年份各省份的共同富裕水平，衡量具体时间点区域之间的差异。

（3）通过 2012~2021 年 31 个省份共同富裕指标测度结果，横向比较分析代表性省份在这 10 年内的共同富裕发展情况，并分析它们之间的差异。

（4）通过全国和各省份的纵横比较，判断和衡量某一地区的共同富裕水平。

（5）体现了共同富裕的发展目标，并与其他各方面联系，为我国的宏观政策制定提供科学的定量依据。

### （四）数据来源及处理

#### 1. 数据来源

综合考虑共同富裕的实际情况和各指标数据的可得性，本书选取 2012~2021 年全国以及 31 个省份的相关数据作为考察样本，数据来源于国家统计局、Wind 金融终端，最终通过熵权法合成共同富裕指标。

#### 2. 数据处理

由于评价指标单位不统一以及存在负向指标等问题，因此利用极差法来标准化原始数据，对于正向指标：人均地区 GDP、居民人均可支配收入、居民人均消费支出、地方财政文化体育与传媒支出、人均受教育年限、城镇化率、卫生技术人员数、人均拥有公共图书馆藏量、地方财政教育支出、地方财政社会保障和就业支出、基本养老保险参保人数、森林覆盖率、人均公园绿地面积、生活垃圾无害化处理率采用式（4-2）进行标准化，对于负向指标：恩格尔系数、泰尔指数、基尼系数、城镇登记失业率采用式（4-3）进行标准化。

### （五）全国共同富裕水平测度

#### 1. 熵权法权重计算

权重分析用于对各变量的权重（重要性）进行计算：由表 4-10 可知，人均地区 GDP（元）的权重为 4.939%、居民人均可支配收入（元）的权重为 4.605%、居民人均消费支出（元）的权重为 4.451%、地方财政文化体育与传媒支出（亿元）的权重为 24.85%、人均拥有公共图书馆藏量（册）的权重为

5.942%、人均受教育年限的权重为 5.039%、城镇化率（%）的权重为 4.119%、卫生技术人员数（人）的权重为 4.510%、地方财政教育支出（亿元）的权重为 5.505%、基本养老保险参保人数（万人）的权重为 3.838%、地方财政社会保障和就业支出（亿元）的权重为 4.864%、人均公园绿地面积（平方米/人）的权重为 3.634%、森林覆盖率（%）的权重为 2.844%、生活垃圾无害化处理率（%）的权重为 2.713%、城镇居民恩格尔系数的权重为 2.477%、农村居民恩格尔系数的权重为 2.924%、泰尔指数的权重为 3.562%、基尼系数的权重为 5.325%、城镇登记失业率（%）的权重为 3.858%，其中指标权重最大值为地方财政文化体育与传媒支出（亿元）24.85%，最小值为城镇居民恩格尔系数 2.477%（见表 4-10）。

表 4-10 全国共同富裕各指标权重表

| 指标 | 信息熵值 e | 信息效用值 d | 权重（%） |
| --- | --- | --- | --- |
| 人均地区 GDP（元） | 0.873 | 0.127 | 4.939 |
| 居民人均可支配收入（元） | 0.882 | 0.118 | 4.605 |
| 居民人均消费支出（元） | 0.886 | 0.114 | 4.451 |
| 地方财政文化体育与传媒支出（亿元） | 0.362 | 0.638 | 24.85 |
| 人均受教育年限 | 0.871 | 0.129 | 5.039 |
| 人均拥有公共图书馆藏量（册） | 0.848 | 0.152 | 5.942 |
| 城镇化率（%） | 0.894 | 0.106 | 4.119 |
| 卫生技术人员数（人） | 0.884 | 0.116 | 4.510 |
| 地方财政教育支出（亿元） | 0.859 | 0.141 | 5.505 |
| 地方财政社会保障和就业支出（亿元） | 0.875 | 0.125 | 4.864 |
| 基本养老保险参保人数（万人） | 0.902 | 0.098 | 3.838 |
| 人均公园绿地面积（平方米/人） | 0.907 | 0.093 | 3.634 |
| 森林覆盖率（%） | 0.927 | 0.073 | 2.844 |
| 生活垃圾无害化处理率（%） | 0.93 | 0.07 | 2.713 |
| 城镇居民恩格尔系数 | 0.936 | 0.064 | 2.477 |
| 农村居民恩格尔系数 | 0.925 | 0.075 | 2.924 |
| 泰尔指数 | 0.909 | 0.091 | 3.562 |
| 基尼系数 | 0.863 | 0.137 | 5.325 |
| 城镇登记失业率（%） | 0.901 | 0.099 | 3.858 |

图 4-12 以直方图形式展示了指标的重要度排序，最重要的是地方财政文化体育与传媒支出，最不重要的是城镇居民恩格尔系数。

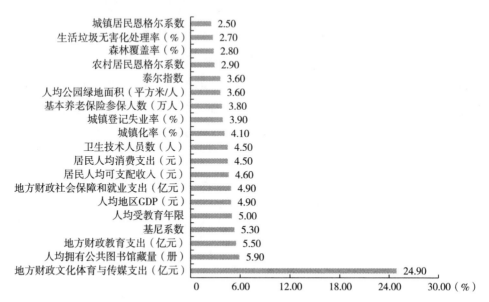

**图 4-12 全国共同富裕指标重要度排序直方图**

### 2. 全国共同富裕水平测度结果

根据各指标权重测算，得到如表 4-11 所示的综合得分结果，即全国共同富裕水平测度结果。

**表 4-11 全国共同富裕水平测算结果**

| 年份 | 2012 | 2013 | 2014 | 2015 | 2016 | 2017 | 2018 | 2019 | 2020 | 2021 |
|---|---|---|---|---|---|---|---|---|---|---|
| 测算结果 | 0.0145 | 0.1213 | 0.1807 | 0.2932 | 0.3593 | 0.4407 | 0.5062 | 0.6329 | 0.5936 | 0.9294 |

共同富裕的三个层面富裕度、共享度以及可持续性的具体得分结果如表 4-12 所示：

**表 4-12 富裕度、共享度及可持续性具体得分**

| 年份 | 富裕度 | 共享度 | 可持续性 |
|---|---|---|---|
| 2012 | 0.009 | 0.039 | 0.000 |

续表

| 年份 | 富裕度 | 共享度 | 可持续性 |
|------|--------|--------|----------|
| 2013 | 0.090 | 0.143 | 0.297 |
| 2014 | 0.148 | 0.187 | 0.412 |
| 2015 | 0.262 | 0.306 | 0.498 |
| 2016 | 0.315 | 0.395 | 0.600 |
| 2017 | 0.383 | 0.523 | 0.668 |
| 2018 | 0.408 | 0.656 | 0.867 |
| 2019 | 0.534 | 0.819 | 0.909 |
| 2020 | 0.487 | 0.758 | 0.982 |
| 2021 | 0.928 | 0.906 | 1.000 |

3. 共同富裕测算结果分析

我国共同富裕水平测度结果如图4-13所示，结果显示2012~2021年我国共同富裕水平增长的趋势。2019~2020年略有降低趋势，原因可能是受疫情影响，全国经济形势低迷，贫富差距变大。总体来说，我国的共同富裕程度逐年上升。

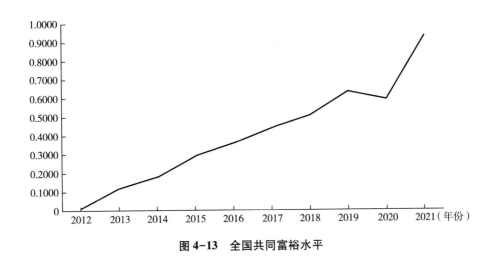

图4-13  全国共同富裕水平

我国的富裕度、共享度及可持续性变化趋势如图4-14所示，结果显示2012~2021年我国这三个方面总体呈现递增的趋势。其中共享度和富裕度在2019~2020年略有降低趋势，原因可能是受疫情影响，全国经济形势低迷。

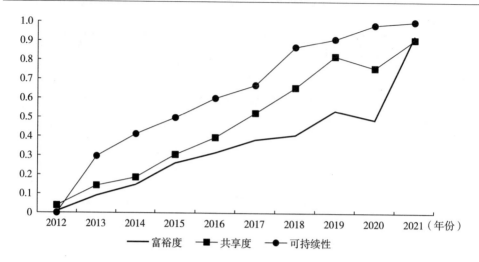

**图4-14 2012~2021年富裕度、共享度及可持续性变化趋势**

4. TOPSIS 法计算欧氏距离和贴近度

TOPSIS 法利用原始数据的信息，精确地反映各评价方案之间的差距。首先计算各评价指标的正负理想解，具体结果如表4-13所示。

**表4-13 全国共同富裕评价指标正负理想解①**

| 指标 | 正理想解 | 负理想解 |
|---|---|---|
| 人均地区 GDP（元） | 1 | 0 |
| 居民人均可支配收入（元） | 0.999 | 0 |
| 居民人均消费支出（元） | 0.999 | 0 |
| 城镇居民恩格尔系数 | 0.999 | 0 |
| 农村居民恩格尔系数 | 0.999 | 0 |
| 地方财政文化体育与传媒支出（亿元） | 1 | 0 |
| 人均受教育年限 | 0.999 | 0 |
| 人均拥有公共图书馆藏量（册） | 0.999 | 0 |

① 居民人均可支配收入（元）、居民人均消费支出（元）、人均受教育年限、人均拥有公共图书馆藏量（册）、地方财政教育支出（亿元）、基本养老保险参保人数（万人）、人均公园绿地面积（平方米/人）、森林覆盖率（%）、生活垃圾无害化处理率（%）、城镇居民恩格尔系数的负理想距离分别为 0.00000001、0.00000001、0.00011789、0.00029394、0.00000001、0.00000002、0.00003831、0.00003846、0.00000662、0.00002273。

续表

| 指标 | 正理想解 | 负理想解 |
|---|---|---|
| 城镇化率（%） | 0.999 | 0.001 |
| 卫生技术人员数（人） | 1 | 0 |
| 地方财政教育支出（亿元） | 0.999 | 0 |
| 地方财政社会保障和就业支出（亿元） | 1 | 0 |
| 基本养老保险参保人数（万人） | 0.999 | 0 |
| 人均公园绿地面积（平方米/人） | 0.999 | 0 |
| 森林覆盖率（%） | 0.999 | 0 |
| 生活垃圾无害化处理率（%） | 0.999 | 0 |

　　其次计算 2012~2021 年全国共同富裕水平的欧氏距离和相对贴近度，具体结果如表 4-14 所示。

表 4-14　2012~2021 年全国共同富裕水平欧氏距离和相对贴近度

| 年份 | 正理想解距离 D+ | 负理想解距离 D- | 相对贴近度 C | 排序 |
|---|---|---|---|---|
| 2012 | 0.98600415 | 0.0492765 | 0.04759724 | 10 |
| 2013 | 0.88659237 | 0.17190154 | 0.16240202 | 9 |
| 2014 | 0.83217645 | 0.23289729 | 0.21866776 | 8 |
| 2015 | 0.74318627 | 0.37140636 | 0.33322162 | 7 |
| 2016 | 0.67853606 | 0.42263793 | 0.38380667 | 6 |
| 2017 | 0.61518425 | 0.50957233 | 0.45305121 | 5 |
| 2018 | 0.59462215 | 0.60550523 | 0.50453414 | 4 |
| 2019 | 0.505968 | 0.72200309 | 0.58796424 | 2 |
| 2020 | 0.55218031 | 0.7013097 | 0.55948567 | 3 |
| 2021 | 0.16313458 | 0.94068829 | 0.85220946 | 1 |

**5. 评价结果及分析**

　　由图 4-15 可知，2012~2021 年全国共同富裕水平相对贴近度大体呈上升趋势，这与全国共同富裕水平测度结果吻合，相对贴近度越大，共同富裕水平越高，即 2012 年共同富裕水平最低，2021 年共同富裕水平最高。

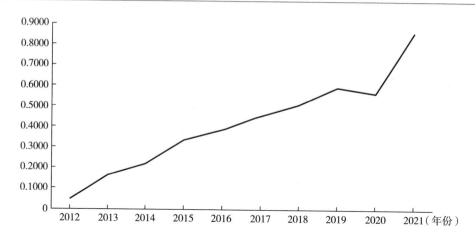

**图 4-15　2012～2021 年全国共同富裕水平相对贴近度变化趋势**


### （六）省级共同富裕水平测度

#### 1. 熵权法权重计算

权重分析用于对各变量的权重（重要性）进行计算：人均地区 GDP（元）的权重为 7.280%、居民人均可支配收入（元）的权重为 6.559%、居民人均消费支出（元）的权重为 4.940%、城镇居民恩格尔系数的权重为 2.722%、农村居民恩格尔系数的权重为 4.925%、地方财政文化体育与传媒支出（亿元）的权重为 7.486%、人均受教育年限的权重为 0.968%、人均拥有公共图书馆藏量（册）的权重为 10.473%、卫生技术人员数（人）的权重为 6.986%、地方财政教育支出（亿元）的权重为 7.302%、地方财政社会保障和就业支出（亿元）的权重为 6.435%、基本养老保险参保人数（万人）的权重为 10.889%、人均公园绿地面积（平方米/人）的权重为 2.226%、森林覆盖率（%）的权重为 6.856%、生活垃圾无害化处理率（%）的权重为 0.577%、泰尔指数的权重为 1.667%、城镇化率的权重为 3.424%、基尼系数的权重为 5.021%、城镇登记失业率（%）的权重为 3.263%，其中指标权重最大为基本养老保险参保人数（万人）10.889%，最小为生活垃圾无害化处理率（%）0.577%（见表 4-15）。

表4-15　省级共同富裕各指标权重

| 指标 | 信息熵值 e | 信息效用值 d | 权重（%） |
|---|---|---|---|
| 人均地区 GDP（元） | 0.958 | 0.042 | 7.280 |
| 居民人均可支配收入（元） | 0.963 | 0.037 | 6.559 |
| 居民人均消费支出（元） | 0.972 | 0.028 | 4.940 |
| 城镇居民恩格尔系数 | 0.984 | 0.016 | 2.722 |
| 农村居民恩格尔系数 | 0.972 | 0.028 | 4.925 |
| 地方财政文化体育与传媒支出（亿元） | 0.957 | 0.043 | 7.486 |
| 人均受教育年限 | 0.994 | 0.006 | 0.968 |
| 人均拥有公共图书馆藏量（册） | 0.940 | 0.060 | 10.473 |
| 卫生技术人员数（人） | 0.960 | 0.040 | 6.986 |
| 地方财政教育支出（亿元） | 0.958 | 0.042 | 7.302 |
| 地方财政社会保障和就业支出（亿元） | 0.963 | 0.037 | 6.435 |
| 基本养老保险参保人数（万人） | 0.938 | 0.062 | 10.889 |
| 人均公园绿地面积（平方米/人） | 0.987 | 0.013 | 2.226 |
| 森林覆盖率（%） | 0.961 | 0.039 | 6.856 |
| 生活垃圾无害化处理率（%） | 0.997 | 0.003 | 0.577 |
| 泰尔指数 | 0.990 | 0.010 | 1.667 |
| 城镇化率 | 0.980 | 0.020 | 3.424 |
| 基尼系数 | 0.971 | 0.029 | 5.021 |
| 城镇登记失业率（%） | 0.981 | 0.019 | 3.263 |

图4-16以直方图形式展示了指标的重要度排序，最重要的是基本养老保险参保人数，最不重要的是生活垃圾无害化处理率。

2. 省级共同富裕三个维度及总水平测算结果

省级层面三个维度测算结果及省级共同富裕水平测算结果见附录7~附录10。

3. 测算结果分析

（1）省级共同富裕三个维度测算结果分析。富裕度（见图4-17）：东部地区富裕度总体高于中西部和东北地区，这是因为东部地区在地理位置、产业结构、技术创新以及资源等方面均优于中西部和东北地区，这使得东部地区拥有较高的经济发展水平。

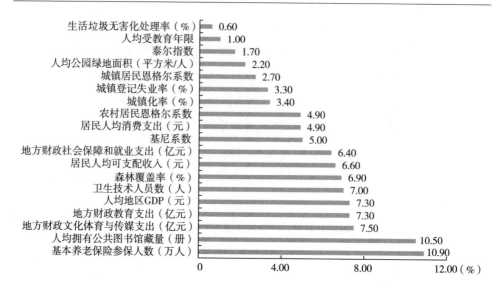

**图4-16 省级共同富裕指标重要度排序直方图**

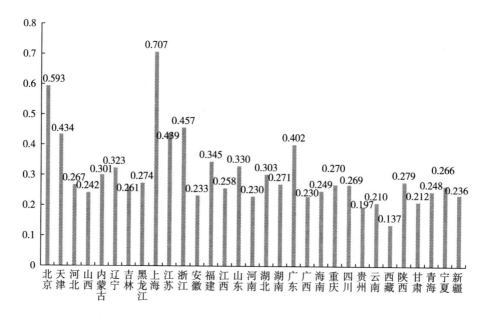

**图4-17 2012~2021年省级富裕度均值水平比较**

共享度（见图4-18）：总体来看，中部和东部地区的共享度优于西部和东北地区，这是因为中部和东部地区在中国经济发展中扮演着重要角色，政府为了促进其经济发展,加大了对中部和东部地区的支持力度,其中包括对公共服务领域的投入。政策支持为中部和东部地区提供了充足的资金和政策保障,使得公共服务水平得到了提升。

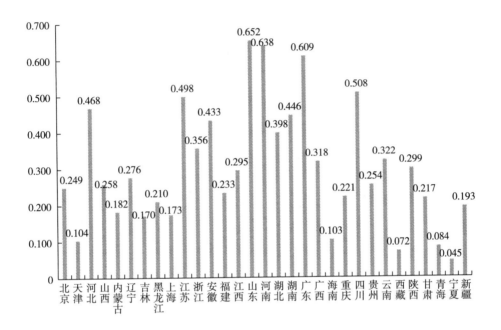

**图4-18 2012~2021年省级共享度均值水平比较**

可持续性(见图4-19):总体来看,除了西藏、青海以及新疆等个别省份可持续性水平较低,其他省份大部分处于较高水平。这是因为:第一,中国政府高度重视可持续发展,将其纳入了国家战略和五年规划中。各级政府也加强了在环境保护、资源节约、生态建设等方面的投入,推动了各领域可持续性的提升。第二,随着科技的不断进步,新技术、新材料、新工艺等不断涌现,各领域的资源利用效率和环境质量得到不断提升。第三,各级政府也加强了对环境资源的保护和管理,限制了过度开采和污染排放,促进了资源的可持续利用和环境的改善。第四,公众对可持续发展的认识和意识逐渐提高,逐步形成了保护环境、节约资源的公德心理和社会风尚。这也推动了各领域可持续性发展的提升。第五,中国积极参与全球可持续发展的合作和交流,与其他国家共享经验和技术,推动了可持续发展的全球化。同时，国际合作也为中国的可持续发展提供了重要的机会和平台。

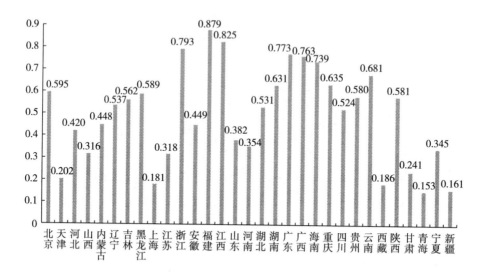

图 4-19　2012~2021 年省级可持续性均值水平比较

综上所述，在富裕度、共享度以及可持续性三个方面，总体来看中部和东部地区领先于西部和东北地区，这与我国共同富裕水平在各区域的具体情况相吻合。

（2）省级层面共同富裕水平纵向比较。计算出 2012~2021 年 31 个省份共同富裕水平的均值，观察可以发现，广东的共同富裕水平处于（0.5，0.6）范围内，处于第一行列，由此可知广东省的共同富裕水平较高；北京、上海、江苏、浙江、山东的共同富裕水平处于（0.4，0.5）范围内，处于第二行列，这些省的共同富裕水平较为一般；河北、辽宁、安徽、福建、江西、河南、湖北、湖南、广西、四川、云南、陕西的共同富裕水平处于（0.3，0.4）范围内，处于第三行列；天津、山西、内蒙古、吉林、黑龙江、海南、重庆、贵州、甘肃、新疆的共同富裕水平处于（0.2，0.3）的范围内，处于第四行列；西藏、青海、宁夏的共同富裕水平处于（0.1，0.2）的范围内，处于第五行列（见图 4-20）。

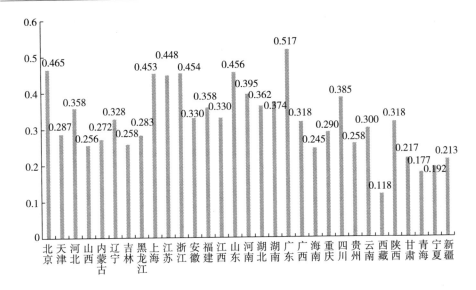

图 4-20　2012~2021 年省级共同富裕均值水平比较

　　由表 4-16 可以看出，在经济发展迅速的广东、北京、上海、江苏、浙江、山东等地，其共同富裕水平也较高；在经济比较落后的地区，如西藏、宁夏、青海，其共同富裕水平也较低。总体来说，共同富裕水平东部地区优于中西部地区。

表 4-16　31 个省共同富裕水平对比

| 省份分类 | 范围 | 所属行列 | 共同富裕水平等级 |
| --- | --- | --- | --- |
| 广东 | (0.5, 0.6) | 第一行列 | 高 |
| 北京、上海、江苏、浙江、山东 | (0.4, 0.5) | 第二行列 | 较高 |
| 河北、辽宁、安徽、福建、江西、河南、湖北、湖南、广西、四川、云南、陕西 | (0.3, 0.4) | 第三行列 | 一般 |
| 天津、山西、内蒙古、吉林、黑龙江、海南、重庆、贵州、甘肃、新疆 | (0.2, 0.3) | 第四行列 | 较低 |
| 西藏、青海、宁夏 | (0.1, 0.2) | 第五行列 | 低 |

　　（3）省级层面共同富裕水平横向比较。由图 4-21 可知，西藏在 2012~2021

年共同富裕水平总体呈缓慢上升趋势，其中 2014～2015 年略有下降，且低于全国水平。广东在 2012～2019 年共同富裕水平迅速上升，且在 2019 年高于全国水平，在 2019～2020 年略有下降，之后迅速上升且远高于全国水平。

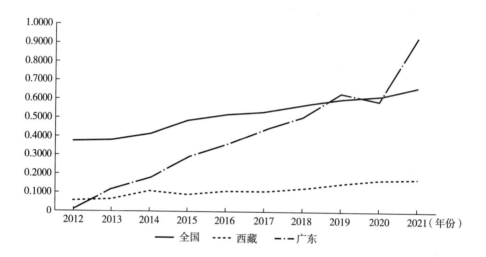

**图 4-21　广东、西藏以及全国共同富裕发展水平对比**

近年来，广东的城乡居民收入差距逐步缩小，统筹城乡发展的成果显著。广东作为我国的经济大省、人口大省，始终积极探索缩小城乡收入、财富分配、区域发展差距以及共同富裕的新途径，在全国处于领先地位。

广东正以"百千万工程"为牵引，指导粤东、粤西和粤北对珠三角的有序转移。以县域为主要载体，大力推动新型城镇化，加速构建现代农村产业系统，发展新型农村集体经济，扎实推进"美丽乡村"行动，提高发展的平衡性、协调性和包容性，迈向共同繁荣。

4. TOPSIS 法计算欧氏距离和贴近度

TOPSIS 法利用原始数据的信息，精确地反映各评价方案之间的差距。首先，计算各评价指标的正负理想解，具体结果如表 4-17 所示。

其次，计算全国共同富裕水平 2012～2021 年的欧氏距离和相对贴近度，具体结果见附录 11。

表 4-17 省级共同富裕评价指标正负理想解①

| 指标 | 正理想解 | 负理想解 |
|---|---|---|
| 人均地区 GDP（元） | 1 | 0 |
| 居民人均可支配收入（元） | 1 | 0 |
| 居民人均消费支出（元） | 1 | 0 |
| 城镇居民恩格尔系数 | 0.999 | 0 |
| 农村居民恩格尔系数 | 0.999 | 0 |
| 地方财政文化体育与传媒支出（亿元） | 0.999 | 0 |
| 人均受教育年限 | 0.999 | 0 |
| 人均拥有公共图书馆藏量（册） | 0.999 | 0 |
| 城镇化率（%） | 0.999 | 0 |
| 卫生技术人员数（人） | 1 | 0 |
| 地方财政教育支出（亿元） | 0.999 | 0 |
| 地方财政社会保障和就业支出（亿元） | 0.999 | 0 |
| 基本养老保险参保人数（万人） | 0.999 | 0 |
| 人均公园绿地面积（平方米/人） | 0.999 | 0 |
| 森林覆盖率（%） | 0.999 | 0 |
| 生活垃圾无害化处理率（%） | 0.999 | 0 |

### 5. 评价结果及分析

欧氏距离及相对贴近度结果显示，31 个省份的共同富裕水平相对贴近度值，贵州、云南、甘肃、新疆、西藏、青海等省份的排名总体靠后，广东、浙江、江苏、山东等省份的排名总体靠前，这与之前 31 个省份的共同富裕水平测度结果吻合，相对贴近度值越大，共同富裕水平越高。

东部地区的共同富裕水平总体高于中西部和东北地区。这是因为：

第一，经济发展不平衡。中国改革开放以来，东部地区率先开放经济，吸引了大量外资和技术，形成了比较完善的工业体系和现代服务业体系。相比之下，中西部和东北地区起步较晚，经济基础薄弱，发展不平衡导致了共同富裕水平的

---

① 人均拥有公共图书馆藏量（册）、城镇化率（%）、地方财政教育支出（亿元）、地方财政社会保障和就业支出（亿元）、基本养老保险参保人数（万人）、人均公园绿地面积（平方米/人）、森林覆盖率（%）、生活垃圾无害化处理率（%）分别为 0.00003226、0.00014982、0.00000003、0.00000005、0.00000002、0.00000658、0.00000159、0.000001。

差异。

第二，资源禀赋差异。东部地区相对拥有更丰富的自然资源、优越的地理位置和气候条件，这为当地经济的快速发展提供了有利条件。而中西部和东北地区的资源禀赋相对较弱，发展面临一定的制约。

第三，政策扶持力度不均。为缩小地区间的发展差距，中国政府实施了一系列扶持中西部地区发展的政策，但由于历史遗留问题和地区差异，这些扶持措施在效果上存在一定的差异，导致了地区间共同富裕水平的差异。

第四，人口流动与城乡差距。长期以来，东部地区吸引了大量农民工和人口涌入，形成了相对较高的城镇化水平和更多的就业机会，而中西部和东北地区的农村人口相对较多，城乡差距较大，也造成了地区间共同富裕水平的差异。

综上所述，东部地区的共同富裕水平相对较高主要是由于经济发展、资源禀赋、政策扶持和人口流动等多方面因素造成的。为了缩小地区间的差距，中国政府正在采取一系列措施，鼓励中西部地区加快发展，促进共同富裕水平的均衡提升。

# 五、本章小结

立足于金融科技与共同富裕的内涵及发展现状，选取"互联网基础"、"金融规模"、"经济基础"、"信息技术创新"四个二级指标构建金融科技发展水平评价指标体系；选取"富裕度"、"共享度"、"可持续性"三个二级指标构建共同富裕水平评价指标体系。运用熵权TOPSIS法，对2012~2021年全国及省级层面的金融科技水平、共同富裕水平分别进行测算。结果表明：①金融科技发展水平呈现不断增长趋势，权重最大的指标为"金融业城镇单位就业人员"；"互联网基础"、"金融规模"、"经济基础"、"信息技术创新"四个二级指标虽略有波动，但整体呈现递增趋势，2021年，信息技术创新水平及经济基础居第一、第二位。②省级金融科技水平存在差异性，东部地区高于中西部地区；"互联网基础"发展较好的省份为福建、广东和上海；"金融规模"发展较好的省份为广东、北京和江苏；"经济基础"发展较好的省份为广东、江苏和浙江；"信息技术创新"发展较好的省份为广东、江苏和北京。③共同富裕水平呈现不断增长趋势，权重最大的指标为"地方财政文化体育与传媒支出"；"富裕度"、"共享度"虽略有波动，但整体呈现递增趋势，"可持续性"则逐年上升。④省级共同富裕水平存在差异性，东部地区优于中西部地区。"富裕度"得分较高的是上海、北京和浙江；"共享度"得分较高的是山东、河南和广东；"可持续性"得分较高的是福建、江西和浙江。

# 第五章　金融科技促进经济高质量发展助力共同富裕

做大做好"蛋糕"即促进经济增长，是共同富裕的基础。因此，本章从金融科技影响经济增长及收入不平等入手，检验金融科技对共同富裕的影响效应。

## 一、金融科技促进经济增长助力共同富裕

自从戈德·史密斯开始关注金融与经济增长的关系，金融发展对经济增长的积极作用的证据便越来越充分。一是金融发展有助于提升融通资金的效率，优化资源配置；二是高效的金融中介体系有助于促进企业技术创新和公司治理；三是成熟开放的金融市场有助于经济发展过程中风险的分散。

### （一）文献综述与研究假设

关于金融发展与经济增长的关系问题，20世纪50~70年代，外国学者最先提出金融深化论和与之对应的金融抑制论。金融深化论认为，完善的金融体制是经济发展的有利条件，它能够将剩余的储蓄资金有效地引导到生产投资上，进而促进经济发展；更重要的是，金融发展必须根植在稳定的外部经济环境的沃土中，外部经济环境的稳定与变化会影响金融发展。例如，宏观经济政策、国际贸易环境、地缘政治风险等因素都会对金融市场和金融机构的运行产生影响。稳定

的外部经济环境有利于金融市场的健康发展，而变化和不确定性可能导致金融市场波动，影响金融机构的运营和风险管理。现有文献中，庄雷和王烨（2019）利用蚂蚁金服案例及相关数据验证了金融科技创新通过消费与投资的优化升级带动实体经济的发展，研究结果表明金融科技创新对实体经济发展是一把双刃剑，重点在于政府如何平衡金融科技对实体经济发展的作用。另外，张林（2016）利用1999~2013 年中国 30 个省份的面板数据，分别建立静态和动态空间面板模型，就金融发展与科技创新对实体经济增长的影响进行实证检验，结果表明，中国实体经济增长存在显著的正向空间相关性和异质性；金融发展和科技创新在短期和长期内均对实体经济增长具有显著的促进作用，但金融发展与科技创新的融合对实体经济增长的作用不显著，表明金融发展与科技创新之间融合互动不足，没有实现协调发展。随着金融科技的飞速发展，金融科技对经济增长的影响不仅受到政府的重视，而且受到学者的广泛关注。田新民等（2020）的研究结果表明，金融科技的发展会促进经济增长并通过提升金融资源配置效率影响经济增长。唐琳等（2020）认为，金融科技能提升技术进步从而提高全要素生产率，并从整体上显著促进经济增长。据此，本文提出假设 5-1。

假设 5-1：金融科技对经济增长有显著的正向促进作用。

另外，金融科技影响经济增长的路径具有多元化特质。相关学者认为，技术迭代、刺激消费、鼓励投资等都是金融科技促进经济增长的有效途径。具体地，金融产品与服务在金融科技先进的技术投入背景下不断推陈出新，大大提高了经济增长效率。例如，杨伟中等（2020）构建内生增长 DSGE 模型，分析金融资源配置、技术进步和经济增长之间的关系，研究结果表明金融科技可以通过改变生产要素投入规模和技术进步率两种途径影响经济增长。唐松等（2022）针对金融科技创新水平提升对经济增长的影响及其作用机制进行了研究，研究结果表明，金融科技的发展会促进经济增长并通过提升金融资源配置效率、技术投入的规模等影响经济增长。据此，本文提出假设 5-2。

假设 5-2：金融科技对经济增长的影响作用存在基于技术投入的中介效应。

同时，技术投入的中介效应在不同区域发挥作用的程度不一，比如，学者揭红兰（2020）采用省级面板数据分析了科技金融对区域经济发展的影响以及传导机制，研究发现科技创新所起到的中介作用存在区域异质性。据此，本文提出假设5-3。

假设5-3：技术投入的中介效应具有区域异质性。

金融科技能够推动经济增长。首先，金融科技能整合金融资源，优化金融资源配置，加速金融资源时空聚集，并更快速地流动，从而产生规模经济效应，推动经济增长。从现有文献来看，金融科技创新对资本配置效率的提高具有显著的正向作用。李延凯（2011）和张庆君（2020）认为，金融科技对资本配置效率的提高是推动实体经济增长的关键；陈德余（2018）和徐越倩（2021）的研究结果表明，金融科技能促进社会产业结构的进步，同时使社会生产提质增效，并通过多方面途径促进实体经济增长。进一步分析，在我国强调经济高质量发展的背景下，经济增长是多维度的，不仅仅代表GDP的提升，更反映在贫富差距的缩小、全要素生产率的提升以及社会福祉的增长，由此推动共同富裕水平的提升。并且，习近平总书记也曾指出，经济发展创造财富是共同富裕实现的基本前提。据此，本文提出假设5-4。

假设5-4：金融科技能够通过经济增长正向赋能共同富裕。

## （二）模型构建

首先构建以下基准模型（5-1），检验金融科技对经济增长的直接影响：

$$Eco_{i,t} = \alpha_0 + \alpha_1 FT_{i,t} + \alpha_u Controls + \varepsilon_{i,t} \tag{5-1}$$

其中，$Eco_{i,t}$ 代表地区 $i$ 在 $t$ 时期的经济增长水平，$FT_{i,t}$ 代表地区 $i$ 在 $t$ 时期的金融科技水平，$Controls$ 为控制变量，$\alpha_1$ 为核心待估参数，$\varepsilon_{i,t}$ 是随机扰动项。

其次，构建估计金融科技对技术投入影响模型（5-2），以及在基准模型中加入中介变量后的模型（5-3）。

$$RD_{i,t} = \beta_0 + \beta_1 FT_{i,t} + \beta_u Controls + \varepsilon_{i,t} \tag{5-2}$$

$$Eco_{i,t} = \gamma_0 + \gamma_1 FT_{i,t} + \gamma_2 RD_{i,t} + \gamma_u Controls + \varepsilon_{i,t} \tag{5-3}$$

其中，借鉴付会敏等（2022）的做法，将地区的技术投入（RD）作为中介变量，研究金融科技对经济增长水平的影响。因此，$RD_{i,t}$ 代表地区 $i$ 在 $t$ 时期的技术投入水平，$\beta_1$ 代表金融科技对中介变量技术投入水平 RD 的影响。具体检验步骤如下：首先，金融科技指数 FT 对经济发展水平 Eco 进行回归，如式（5-1）所示；其次，金融科技指数 FT 对技术投入水平 RD 进行回归，如式（5-2）所示；

最后，金融科技指数 *FT* 与中介变量技术投入水平 *RD* 对经济增长水平 *Eco* 进行回归。若 $\alpha_1$、$\beta_1$、$\gamma_2$ 显著，$\gamma_1$ 不显著，则说明具有完全中介效应；若 $\alpha_1$、$\beta_1$、$\gamma_1$、$\gamma_2$ 显著且 $\gamma_1$ 小于 $\beta_1$，则说明具有部分中介效应，即金融科技可以通过提高技术投入来促进经济增长。

### （三）变量定义

#### 1. 被解释变量

作为衡量经济实力的一个关键指标，国内生产总值被广泛运用于经验研究中。参照金飞（2021）的研究，采用人均地区生产总值衡量不同地区的经济增长。由于该指标与其他变量的数量级差异较大，为了方便研究，本书将该指标进行取对数处理。

#### 2. 核心解释变量

采用前文构建的金融科技指数进行衡量。首先利用熵权法计算权重，再根据各指标权重测算结果，得到综合得分，即31个省份金融科技水平测度结果。

#### 3. 中介变量

本书采用 R&D 经费占 GDP 的比重表示技术投入水平。技术投入可以提高生产效率。通过引入先进的生产技术和设备，企业可以提高生产过程的效率和产出质量。高效的生产过程可以减少资源浪费、降低生产成本，并提高产品和服务的竞争力，从而促进经济增长。

#### 4. 控制变量

为克服遗漏变量造成的影响，借鉴鲁钊阳等（2021）的方法，选取的控制变量，一是政府干预水平，记为 Gov，用该地区的一般公共预算支出占地区生产总值的比重来衡量，该值越高，说明该地区政府干预水平越高；二是人力资本水平，记为 HC，用该地区的普通高等在校学生数占年末人口数的比重衡量，该值越高，说明该地区人力资本水平越高；三是对外开放程度，记为 Open，用该地区的货物进出口总额乘以美元对人民币汇率再除以该地区的生产总值来衡量，该值越大，说明该地区的对外开放程度越高；四是金融发展指数，记为 FD，用金融机构的存贷款余额占 GDP 的比例来衡量，该值越大，说明该地区金融发展水平越高；五是城镇化水平，记为 Urban，用该地区的城镇人口占年

末人口数的比重来衡量，该值越高，说明该地区城镇化水平越高。变量定义及
测度方法如表 5-1 所示。

表 5-1　变量定义及测度方法

| 变量 | 符号 | 变量定义 | 变量测度方法 |
|---|---|---|---|
| 因变量 | Eco | 经济增长 | 人均地区生产总值取对数 |
| 自变量 | FT | 金融科技 | 金融科技 |
| 中介变量 | RD | 技术投入 | R&D 经费占 GDP 的比重 |
| 控制变量 | Gov | 政府干预 | 一般公共预算支出占地区生产总值的比重 |
| | HC | 人力资本 | 普通高等在校学生数占年末人口数的比重 |
| | Open | 对外开放 | 进出口总额占地区生产总值的比重 |
| | FD | 金融发展指数 | 金融机构的存贷款余额占 GDP 的比例 |
| | Urban | 城镇化水平 | 城镇人口占年末人口数的比重 |

## （四）数据来源及说明

本节以 2012~2021 年中国除港澳台地区外的 31 个省份为研究样本，实证分
析金融科技、技术投入与经济增长三者之间的内在关系。其中，金融科技水平为
前文测度所得，首先利用熵权法计算权重，再根据各指标权重测算结果，得到综
合得分结果，即 31 个省份金融科技水平测度结果；技术投入根据各省研究与试
验发展（R&D）经费内部支出占各地区 GDP 比重计算而得，其中，各省份研究
与试验发展（R&D）经费内部支出来自《中国科技统计年鉴》以及各省份统计
年鉴，各地区 GDP 来自国家统计局；经济增长数据用人均地区生产总值来衡量，
其数据来自国家统计局以及《中国统计年鉴》；政府干预水平、人力资本水平、
对外开放水平、金融发展水平和城镇化水平等控制变量的测度数据均来自国家统
计局以及《中国统计年鉴》。表 5-2 为各变量的描述性统计结果。

表 5-2　描述性统计结果

| 变量 | 样本量 | 平均值 | 标准差 | 最小值 | 最大值 |
|---|---|---|---|---|---|
| Eco | 310 | 10.90000 | 0.43100 | 9.88900 | 12.12000 |

续表

| 变量 | 样本量 | 平均值 | 标准差 | 最小值 | 最大值 |
|------|--------|--------|--------|--------|--------|
| FT | 310 | 0.10300 | 0.09380 | 0.00302 | 0.60100 |
| RD | 310 | 0.01690 | 0.01160 | 0.00193 | 0.06530 |
| Gov | 310 | 0.28000 | 0.19200 | 0.10700 | 1.33400 |
| Urban | 310 | 0.59300 | 0.12800 | 0.22900 | 0.89600 |
| Open | 310 | 0.25400 | 0.27500 | 0.00757 | 1.44100 |
| HC | 310 | 0.02040 | 0.00571 | 0.00852 | 0.04250 |
| FD | 310 | 3.49800 | 1.12900 | 1.78400 | 7.57800 |

从表 5-2 中可以看出，核心解释变量金融科技指数（FT）最大值为 0.601，最小值为 0.00302，标准差为 0.0938。另外，被解释变量经济增长（Eco）取对数后最大值为 12.12，最小值为 9.889，标准差为 0.431。研发投入（RD）最大值为 0.0653，最小值为 0.00193，标准差为 0.0116，最大值为最小值的 34 倍，说明样本期间不同省份的研发投入相差悬殊。不仅如此，政府干预水平、对外开放水平、人力资本水平、金融发展水平同样也存在着明显的区域性差异。此外，人力资本水平（HC）的最大值为 0.0425，最小值为 0.00852，标准差为 0.00571，人力资本水平相对来说发展比较均衡。

**（五）实证分析**

1. 基准回归分析

表 5-3 分别报告了最小二乘法、固定效应模型（FE）、随机效应模型（RE）对模型（5-1）进行估计后的结果，金融科技的系数均在 1% 的显著性水平上为正，说明金融科技对经济增长有显著的正向影响。豪斯曼（Hausman）检验结果表示拒绝随机效应模型，故重点关注列（3）、列（4）的回归结果。表 5-3 中列（4）表明，在加入控制变量之后，金融科技的估计系数依旧为正，在 1% 的统计水平下显著，即金融科技水平每提高 1 个单位，经济增长水平将提高 0.602%。因此，假设 5-1 得证。

表5-3　金融科技对经济增长的影响

| 变量 | OLS | | FE | | RE | |
|---|---|---|---|---|---|---|
| | (1) Eco | (2) Eco | (3) Eco | (4) Eco | (5) Eco | (6) Eco |
| FT | 3.128*** | 1.444*** | 2.885*** | 0.602*** | 2.913*** | 0.864*** |
| | (16.32) | (10.73) | (15.12) | (5.11) | (15.96) | (6.57) |
| RD | | 7.966*** | | 2.021 | | 2.346 |
| | | (4.41) | | (0.71) | | (0.89) |
| Gov | | 1.018*** | | -1.337*** | | -0.217 |
| | | (10.69) | | (-8.58) | | (-1.57) |
| Urban | | 3.451*** | | 4.199*** | | 3.818*** |
| | | (21.07) | | (19.98) | | (17.33) |
| Open | | -0.259*** | | -0.671*** | | -0.574*** |
| | | (-4.33) | | (-9.78) | | (-8.80) |
| HC | | 1.307 | | 1.092 | | 1.350 |
| | | (0.56) | | (0.34) | | (0.45) |
| FD | | -0.122*** | | -0.033* | | -0.044** |
| | | (-7.40) | | (-1.80) | | (-2.24) |
| 常数项 | 10.577*** | 8.752*** | 10.602*** | 8.950*** | 10.599*** | 8.839*** |
| | (396.16) | (122.17) | (487.73) | (111.07) | (195.38) | (101.33) |
| $R^2$ | 0.464 | 0.883 | 0.451 | 0.902 | | |
| N | 310 | 310 | 310 | 310 | 310 | 310 |

注：*、**、***分别表示在10%、5%、1%的统计水平下显著，括号里的数值为标准误。下同。

在控制变量中，政府干预水平（Gov）的系数为负，且在1%的统计水平下显著，说明随着政府干预的增加，对经济增长存在抑制效应。原因在于：第一，过度调控。政府在经济中过度干预和调控可能导致创新和市场竞争受到限制。如果政府过于介入市场，限制了企业的自主决策权和市场选择权，可能会阻碍企业的创新能力和竞争力，从而抑制经济增长。第二，资源分配不均。政府干预可能导致资源分配不均，造成资源浪费和低效率。政府干预往往会涉及特定行业或企业的支持或优惠政策，这可能导致资源过度集中在某些领域，而其他有潜力的领域则得不到足够的支持。这种资源分配不均可能导致经济的失衡和低效率，从而抑制整体经济增长。第三，市场扭曲。政府干预可能扭曲市场机制，导致价格歪曲和资源错配。政府的干预往往会通过价格管制、补贴和限制等手段来影响市场运作，这可能导致价格失真和资源配置的扭曲。市场机制的扭曲可能阻碍资源的有效配置和企业的正常运作，从而抑制经济增长。第四，制度不完善。政府干预可能反映了制度环境的不完善。

城镇化水平（Urban）的系数为正，且通过了1%的显著性水平检验，说明城镇化水平的提升促进了经济增长。这是因为：第一，促进劳动力转移和就业机会的增加。随着城镇化的推进，农村劳动力逐渐向城市迁移，城市劳动力供给增加，同时城市化也带来了更多的就业机会，这有利于缓解农村人口过剩和城市失业的问题，促进经济的发展。第二，提升生产率和劳动力素质。城市化可以促进人口流动和交流，带来不同领域、不同经验的人才会聚，这有利于提升生产力和创新能力，提高劳动力素质和技能水平，从而推动经济的发展。第三，促进资源配置效率。城市化可以促进资源的集中配置和优化利用，提高经济效益和资源利用效率，从而推动经济增长。第四，市场规模扩大。城市化可以促进市场规模的扩大，从而带来更多的商业机会和投资机会，推动经济增长。

对外开放水平（Open）的系数符号为负，且通过了1%的显著性水平检验，说明区域对外开放水平的提升阻碍了其经济的增长。原因可能包括：第一，贸易不平衡。在对外开放的过程中，如果一个国家的贸易逆差过大，即进口远大于出口，可能会对国内产业造成冲击。这种情况下，国内产业面临竞争压力，可能会导致一些行业的萧条甚至关闭，从而抑制经济增长。第二，外资控制。在对外开放的过程中，如果外国企业或资本主导了国内市场，而本土企业难以与之竞争，可能会导致国内企业利润下降、就业机会减少等问题，从而对经济增长产生一定的抑制作用。第三，不良竞争。对外开放可能会引入国际市场上的不良竞争，如倾销、偷窃知识产权等行为，这些行为可能对国内企业产生不公平竞争，从而抑制经济增长。

首先，虽然人力资本水平（HC）的系数符号为正，但是在1%的水平下并不具有显著性，其对经济增长没有明显影响，这是因为人力资本水平对经济增长的影响可能在短期内不太明显。培养高素质的人力资本需要时间和投资，包括提供优质的教育和培训机会。这些投资通常需要一定的时间才能产生显著的效果。因此，在短期内，人力资本水平的提高可能不会立即反映在经济增长上。其次，人力资本水平对经济增长的影响也受到其他因素的制约。除了人力资本水平，经济增长还受到市场规模、技术进步、制度环境等多个因素的影响。如果一个国家的市场规模较小或者制度环境不利于创新和企业发展，那么即使人力资本水平较高，也可能无法充分发挥其对经济增长的潜在作用。此外，人力资本水平的影响也可能受到经济结构的制约。不同行业和部门对人力资本的需求程度不同，如果一个国家的经济结构偏向劳动密集型产业，那么人力资本水平的提高可能对经济增长的贡献相对较小。最后，人力资本水平对经济增长的影响也可能受到技术进步的冲击。随着科技的不断进步和应用，一些传统的人力资本可能会逐渐被取代，从而减弱了人力资本对经济增长的影响。人力资本水平对经济增长的影响并非一成不变，它受到多种因素的制约。虽然人力资本水平在理论上可以促进经济增长，但实际影响的大小和速度可能因国家特定的情况而异。

金融发展指数（FD）的系数为负，但是没有通过 1% 的显著性水平检验，其对经济增长的抑制没有明显影响，这是因为：第一，直接融资的增加。随着经济发展和金融市场的完善，直接融资（如股权融资、债券融资）在企业融资中的比重可能增加。直接融资可以提供更多的资金来源和融资渠道，减少了对银行贷款的依赖，因此，存贷款余额占 GDP 比例变化不一定会对经济增长产生明显影响。第二，金融体系效率的提高。金融体系的发展和改革可能提高了金融机构的效率，使得同样规模的存贷款能够支持更多的经济活动。因此，即使存贷款余额占 GDP 比例发生变化，金融机构仍然能够提供足够的融资支持，对经济增长没有明显影响。

2. 中介效应分析

根据上文的理论分析，通过模型（5-2）和模型（5-3）来验证技术投入的中介作用，金融科技理论会通过激励技术投入促进经济增长。构建中介效应模型来检验技术投入的中介作用，估计结果如表 5-4 所示。表 5-4 中列（1）结果显示，金融科技的估计系数是 0.632，在 1% 的检验水平下显著，这证实了金融科技发展水平有助于地区经济发展水平提高的理论分析；列（2）结果表明金融科技的系数为 0.015，同样在 1% 的统计水平下显著，验证了发展金融科技同样有助于激励技术投入；列（3）将金融科技与技术投入两者同时放入模型中进行回归，其估计系数分别为 0.602 和 2.021，但是技术投入系数不显著，因此，利用 Bootstrap 法进行进一步检验，结果显示，经过偏差矫正的置信区间均不包含 0，表明直接效应和间接效应均存在，技术投入的中介效应为部分中介效应，占总效应的比例为4.8%。也就是说，金融科技想要促进经济增长，除直接影响外，还可以通过技术投入实现。这是因为技术投入是金融科技发展的基础，只有通过技术投入，不断提升金融科技的创新能力和应用水平，才能更好地促进经济增长。综上，假设5-2得证。

表5-4　金融科技影响经济增长作用机制的检验结果

| 变量 | Eco | RD | Eco |
| --- | --- | --- | --- |
| | （1） | （2） | （3） |
| FT | 0.632*** | 0.015*** | 0.602*** |
| | （5.76） | （6.42） | （5.11） |
| RD | | | 2.021 |
| | | | （0.71） |
| Gov | -1.334*** | 0.002 | -1.337*** |
| | （-8.57） | （0.47） | （-8.58） |
| Urban | 4.223*** | 0.012*** | 4.199*** |
| | （20.36） | （2.63） | （19.98） |
| Open | -0.672*** | -0.001 | -0.671*** |
| | （-9.81） | （-0.44） | （-9.78） |
| HC | 1.644 | 0.273*** | 1.092 |
| | （0.53） | （4.15） | （0.34） |
| FD | -0.032* | 0.000 | -0.033* |
| | （-1.78） | （0.36） | （-1.80） |
| 常数项 | 8.955*** | 0.002 | 8.950*** |
| | （111.54） | （1.25） | （111.07） |
| FE | YES | YES | YES |
| $R^2$ | 0.902 | 0.581 | 0.902 |
| N | 310 | 310 | 310 |

3. 异质性分析

由于我国各地区资源禀赋存在巨大差异，因此金融科技的影响效应可能存在区域异质性，本书依据国家统计局的经济带划分标准，将按东部、中部、西部和东北地区四大区域分别进行回归，具体如表5-5所示。

表5-5　分地区回归结果

| 变量 | 东部 Eco | 东部 RD | 东部 Eco | 中部 Eco | 中部 RD | 中部 Eco | 西部 Eco | 西部 RD | 西部 Eco | 东北部 Eco | 东北部 RD | 东北部 Eco |
|---|---|---|---|---|---|---|---|---|---|---|---|---|
| FT | 0.432*** | 0.008** | 0.316** | 0.294 | 0.050*** | 0.640 | 3.283*** | 0.035*** | 2.823*** | -4.353 | 0.271*** | -1.227 |
|  | (3.19) | (2.37) | (2.40) | (0.39) | (3.24) | (0.94) | (4.79) | (2.94) | (4.19) | (-0.96) | (3.11) | (-0.22) |
| RD |  |  | 14.402*** |  |  | 6.971 |  |  | -12.972** |  |  | -11.526 |
|  |  |  | (3.53) |  |  | (1.09) |  |  | (-2.40) |  |  | (-1.02) |
| Gov | -2.347*** | 0.009 | -2.478*** | -3.227*** | -0.007 | -3.276*** | -0.834*** | -0.002 | -0.812*** | -1.707*** | 0.013 | -1.561*** |
|  | (-5.55) | (0.86) | (-6.22) | (-6.47) | (-0.63) | (-6.58) | (-4.77) | (-0.53) | (-4.54) | (-3.42) | (1.32) | (-3.00) |
| Urban | 4.201*** | 0.009 | 4.079*** | 5.981*** | -0.023 | 5.819*** | 3.278*** | 0.016** | 3.071*** | 5.953* | -0.186*** | 3.804 |
|  | (10.92) | (0.88) | (11.25) | (7.78) | (-1.37) | (7.70) | (8.62) | (2.35) | (8.11) | (1.97) | (-3.20) | (1.03) |
| Open | -0.817*** | -0.003 | -0.778*** | -0.614 | 0.037*** | -0.357 | -0.722*** | -0.002 | -0.693*** | -1.504** | 0.035*** | -1.098 |
|  | (-10.09) | (-1.35) | (-10.12) | (-1.04) | (3.00) | (-0.65) | (-3.76) | (-0.63) | (-3.54) | (-2.70) | (3.28) | (-1.61) |
| HC | 1.657 | 0.532*** | -6.005 | -12.194 | 0.234 | -10.564 | 4.500 | -0.015 | 4.692 | 15.414 | 0.910*** | 25.900 |
|  | (0.26) | (3.38) | (-0.96) | (-1.73) | (1.50) | (-1.53) | (1.03) | (-0.18) | (1.05) | (1.31) | (4.01) | (1.66) |
| FD | -0.044 | 0.001 | -0.057* | -0.062 | 0.003** | -0.043 | -0.009 | -0.001** | 0.002 | -0.130 | 0.002 | -0.111 |
|  | (-1.34) | (1.08) | (-1.83) | (-1.21) | (2.44) | (-0.90) | (-0.40) | (-2.13) | (0.10) | (-1.39) | (0.94) | (-1.16) |
| 常数项 | 9.279*** | 0.004 | 9.227*** | 8.519*** | 0.009 | 8.581*** | 9.322*** | 0.005 | 9.260*** | 8.084*** | 0.077*** | 8.973*** |
|  | (48.21) | (0.75) | (50.94) | (33.18) | (1.58) | (34.21) | (63.81) | (1.80) | (62.93) | (6.04) | (2.99) | (5.62) |
| 观测值 | 100 | 100 | 100 | 60 | 60 | 60 | 120 | 120 | 120 | 30 | 30 | 30 |
| $R^2$ | 0.904 | 0.629 | 0.916 | 0.973 | 0.851 | 0.972 | 0.935 | 0.588 | 0.932 | 0.664 | 0.807 | 0.680 |
| 固定效应 | YES | YES | YES | YES | YES | YES | YES | YES | YES | YES | YES | YES |

表5-5给出了异质性检验的回归结果。可以看出，金融科技在东部经济发达地区和西部经济欠发达地区都对经济增长与技术投入存在显著的促进作用。

在此基础之上，本书构建似无相关模型（SUEST）来检验组间系数的差异，估计结果如表5-6所示。其中，金融科技对东部地区与西部地区经济增长影响的估计系数差异（p=0.00）、对中部地区与西部地区经济增长影响的估计系数差异（p=0.00）均在1%的统计水平下显著，表明金融科技在东部（0.432）和西部地区（2.823）对经济增长的促进作用较强，在东北地区则不显著。这是因为：第一，地域优势。东部地区是中国经济发展的重要区域，这些地区具有较为完善的金融体系、人才资源和市场需求，为金融科技的发展提供了良好的条件。第二，人口红利。东部地区人口众多，且消费水平逐步提高，这为金融科技的发展提供了广阔的市场空间。同时，这些地区的人口结构也更年轻化，更加接受新技术和新服务，使得金融科技在促进经济增长方面的应用更容易被接受和普及。第三，产业转型升级。随着国家"十三五"规划的实施，东部地区正在进行产业转型升级，推动传统产业向智能制造、数字化服务等新兴领域转型。金融科技的发展可以为这些新兴领域提供支持，促进产业升级，因此能够更好地促进经济增长。总之，东部地区在人口红利、产业转型升级等方面具备较大优势，这些因素使得金融科技在这些地区对经济增长作用明显。西部地区由于金融科技发展基础薄弱，加之政策引导更多金融资源向西部倾斜，金融科技作为科技驱动的金融创新，其快速发展能够大力推动西部地区经济增长。

表5-6　组间系数差异的检验结果

| 地区 | Eco | RD |
| --- | --- | --- |
| 东部—中部 | 0.00 | 5.45** |
| | (0.9772) | (0.0196) |
| 东部—西部 | 34.66*** | 3.28* |
| | (0.0000) | (0.0702) |
| 东部—东北 | 0.24 | 15.26*** |
| | (0.6263) | (0.0001) |
| 中部—西部 | 11.03*** | 0.39 |
| | (0.0009) | (0.5311) |

续表

| 地区 | Eco | RD |
|------|-----|-----|
| 中部—东北 | 0.22 | 10.19*** |
| | (0.6403) | (0.0014) |
| 西部—东北 | 1.98 | 11.74*** |
| | (0.1592) | (0.0006) |

西部地区金融科技对经济增长的效用比其他地区明显，这是因为：第一，区域经济发展差异。相比于东部沿海地区，西部地区经济发展水平相对较低，基础设施建设和产业结构相对薄弱。这种差异导致了西部地区在金融科技应用方面的起点较低，需要更多的努力来迎头赶上。第二，金融服务覆盖不足。由于西部地区经济基础相对薄弱，因此金融服务的普及程度相对较低。第三，金融科技创新推动不足。西部地区对于新技术、新模式的应用还不够灵活。总之，西部地区在基础设施建设、人才培养、信息安全等方面都比较薄弱，且金融科技发展缓慢。因此，金融科技的持续推进会显著提高经济发展水平。

金融科技影响技术投入的估计系数在东部与其他各区域之间的差异均显著。具体地，对中部地区在5%的统计水平下显著（0.02）、西部地区在10%的统计水平下显著（0.07）、东北部地区在1%的统计水平下显著（0）。在中部地区对东北部地区之间的差异在1%的统计水平下显著（0）；在西部地区对东北部地区之间的差异在1%的统计水平下显著（0）。

（1）东部与中部之间的估计系数差异显著。金融科技在中部地区对技术投入的促进作用较强（0.05），在东部地区的促进作用较弱（0.008）。这是因为：第一，市场需求。中部地区相对于东部地区在金融服务方面存在较大的市场空白，由于东部地区经济发达，金融服务已相对完善，而中部地区的金融服务相对滞后，市场需求更加迫切，这种市场需求的差异推动了中部地区对科技创新的促进作用。第二，成本优势。相对于东部地区的高昂生活成本和人力资源成本，中部地区的成本较低。这使得中部地区在金融科技领域有一定的竞争优势，吸引了更多的企业和创新项目选择在中部地区进行。

（2）东部与西部之间的估计系数差异显著。金融科技在西部地区对技术投入的促进作用较强（0.035），在东部地区的促进作用较弱（0.008）。这是因为：第一，政策支持。为了促进西部地区经济发展和区域协调发展，政府通常会出台一系列支持政策，包括金融科技领域的扶持政策，这些政策可以提供资金支持、税收优惠等方面的支持，从而促进科技创新。第二，区域特色。西部地区有其独特的区域特色和资源优势，如丰富的自然资源、农业、旅游等。金融科技可以结合这些特色和优势，推动相关行业的技术转型和创新发展，优化了金融科技促进技术投入的环境。

（3）东部与东北部地区之间的估计系数差异显著。金融科技在东北部地区对技术投入的促进作用较强（0.271），在东部地区的促进作用较弱（0.008）。这是因为：第一，经济转型需求。东北部地区曾经是中国的重要工业基地，但随着经济结构调整和产业转型，东北部地区面临着经济转型的压力。金融科技作为一种创新型的金融服务方式，可以帮助东北部地区推动产业升级和经济转型，带动较多的创新项目落地，促进科技创新，从而吸引更多的企业和机构加大对东北地区的技术投入。第二，区域特色。东北部地区拥有独特的产业特色，如能源、重工业等。金融科技可以结合这些特色和优势，进行科技创新。

（4）中部和西部地区与东北部地区之间的估计系数差异显著。金融科技在东北部地区对技术投入的促进作用较强（0.271），在中部地区（0.05）和西部地区的促进作用较弱（0.035）。这是因为相较于中西部地区，东北地区曾经是中国的重要工业基地，拥有雄厚的制造业和重工业基础。这为金融科技的发展提供了丰富的应用场景和合作机会。金融科技可以结合制造业需求，从而推动工业互联网、供应链金融等技术创新，进而提高产业效率和质量。至此，假设5-3得证。

进一步考虑不同区域的中介效应，技术投入对西部地区和东部地区的中介效应较大，分别为16.29%和26.85%。其原因是：第一，地理位置和基础设施。东部地区拥有更便利的交通和物流条件，这为科技创新的推广和应用提供了便利。而且东部地区的发达基础设施网络，如高速公路、铁路、航空港等，也为科技创新的研发和商业化提供了支持，相应的金融科技通过技术投入（科技创新）对经济增长的影响就更明显。第二，经济发展水平和产业链完整度。东部地区经济发展水平更高，产业链更加完整。这意味着东部地区在科技创新中能够更好地融入全球价值链，吸引更多的技术投入，推动科技创新的快速发展。同时，东部地区的产业链完整度也为科技创新提供了更广泛的应用场景和市场需求。第三，政府在东部地区建设了一系列科技创新园区和高新技术产业开发区，提供了更多的政策优惠和资金支持，吸引了大量科技创新企业和项目落地，为金融科技通过技术投入促进经济增长提供了优势。金融科技发展对西部地区经济增长的促进作用较大，然而技术投入回归系数为负，表明西部地区金融科技通过加大技术投入在一定程度上降低了经济增长，出现效应被遮掩的情况。可能的原因是，技术投入所带来的成本支出超过了对于经济增长的贡献。因此，应加大对于西部地区的技术倾斜及相关补贴，减少西部地区技术投入的自负部分，充分发挥金融科技对经济增长的促进作用。另外，在中部和东北部地区，技术投入作为金融科技促进经济增长的中介机制目前还没有体现出来。可能的原因是，中部和东北部地区经济发展相对平稳，其产业结构对于金融发展的依赖度不是特别大，技术投入在改善金融环境的同时，也会增加成本支出，双向作用之下可能导致金融科技通过技术投入对经济增长的影响并不显著。

4. 稳健性检验

为了验证上述实证结果的可靠性，本书采用最小二乘虚拟变量法（LSDV）、剔除直辖市以及系统 GMM 方法进行稳健性检验，具体模型如式（5-4）所示。回归结果如表 5-7、表 5-8 所示。

表 5-7　稳健性检验结果

| 检验方法 | LSDV | | 剔除直辖市 | |
|---|---|---|---|---|
| 变量 | Eco | RD | Eco | RD |
| | (1) | (2) | (3) | (4) |
| FT | 0.441*** | 0.010*** | 0.522*** | 0.015*** |
| | (3.74) | (4.19) | (4.37) | (6.59) |
| 常数项 | 9.246*** | 0.018*** | 8.818*** | -0.001 |
| | (55.04) | (5.30) | (107.28) | (-0.56) |
| 控制变量 | YES | YES | YES | YES |
| $R^2$ | 0.979 | 0.988 | 0.909 | 0.626 |
| N | 310 | 310 | 270 | 270 |

表 5-8　固定效应模型回归与系统 GMM 回归结果对比

| 变量 | （1）固定效应模型 | | （2）系统 GMM 模型 | |
|---|---|---|---|---|
| | Eco | RD | Eco | RD |
| L. Eco | | | 0.378***  (0.136) | |
| L. RD | | | | 0.420***  (0.091) |
| FT | 0.632***  (5.76) | 0.015***  (6.42) | 0.167**  (0.068) | 0.006*  (0.003) |
| 控制变量 | YES | YES | YES | YES |
| AR2 | | | 0.610 | 0.263 |
| Hansen | | | 0.725 | 0.638 |
| N | 310 | 310 | 248 | 248 |

$$Eco_{i,t}=\omega_0+\omega_1 Eco_{i,t-1}+\omega_2 FT_{i,t}+\omega_u Controls+\varepsilon_{i,t} \qquad (5-4)$$

由表 5-7 可知，在利用虚拟变量法（LSDV）与剔除直辖市进行回归后，核心解释变量的显著性与估计系数均与前文基本一致；由表 5-8 可知，Hansen 检验的统计量 p 值均>10%，AR（2）统计量的 p 值大于 0.1，由此判定，系统 GMM 模型的设定是合理的。同时，金融科技对经济增长、技术投入的估计系数，也与基准回归的实证结果基本一致，表明研究结果是稳健的。另外，系统 GMM 的回归结果表明，L. Eco 与 L. RD 的一阶滞后项在 1% 的统计水平上显著，说明经济增长与技术投入存在一定的路径依赖，即当期的经济增长与技术投入水平会被过去的经济增长与技术投入水平影响。

5. 机制检验

既然金融科技可显著驱动地区经济稳步增长，那么，其对共同富裕是否同样具有影响呢？由前文理论传导机制可知：金融科技既能直接促进地区经济增长，也能通过促进技术投入间接地促进地区经济增长。接下来，构建如式（5-5）所示模型，进一步探讨金融科技、经济增长与共同富裕之间的关系，从而探索金融科技影响地区实体经济增长再促进共同富裕水平的传递链条是否存在。

$$Cmw_{i,t}=\epsilon_0+\epsilon_2 FT_{i,t}+\epsilon_u Controls+\varepsilon_{i,t} \qquad (5-5)$$

$$Cmw_{i,t}=I_0+I_1 Eco_{i,t}+I_2 FT_{i,t}+I_u Controls+\varepsilon_{i,t} \qquad (5-6)$$

利用固定效应模型估计式（5-5）和式（5-6），回归结果如表5-9所示。首先不加入经济增长变量（Eco）进行回归，结果如表5-9的列（1）所示。金融科技对共同富裕的影响为正且在1%的显著性水平上显著。这说明金融科技能直接促进共同富裕水平的提高，且金融科技指数每提升1个单位，共同富裕水平能提高0.368个单位。其次，在模型（5-5）中加入经济增长变量（Eco），再次进行固定效应回归，结果如表5-9的列（2）所示。经济增长变量也能显著促进共同富裕水平的提高，且在加入经济增长变量后，金融科技变量依旧显著，但系数从列（1）的0.368变为列（2）的0.323，说明经济增长在金融科技促进共同富裕水平的提高中发挥了部分中介的作用，假设5-4得证，即金融科技在促进经济增长的过程中能发挥"做大蛋糕"的作用，"金融科技—经济增长—共同富裕"的传导链条是存在的。

表5-9　金融科技、经济增长、共同富裕的机制检验

| 变量 | （1） | （2） |
|---|---|---|
| | Cmw | Cmw |
| Eco | | 0.071*** |
| | | (3.69) |
| FT | 0.368*** | 0.323*** |
| | (10.32) | (8.75) |
| Gov | 0.049 | 0.143** |
| | (0.96) | (2.57) |
| Urban | 0.682*** | 0.383*** |
| | (10.13) | (3.66) |
| Open | −0.135*** | −0.088*** |
| | (−6.09) | (−3.48) |
| HC | 3.560*** | 3.444*** |
| | (3.53) | (3.50) |
| FD | −0.004 | −0.002 |
| | (−0.72) | (−0.33) |
| 常数项 | −0.156*** | −0.791*** |
| | (−6.00) | (−4.55) |
| 观测值 | 310 | 310 |
| $R^2$ | 0.845 | 0.853 |
| 固定效应 | YES | YES |

### （六）研究结论

本节基于我国 31 个省份的面板数据，实证分析了金融科技、技术投入、经济增长三者之间的联系，研究发现：

第一，金融科技的发展能够有效促进地区经济增长。

第二，金融科技的发展能够推动技术投入水平的提高，技术投入是金融科技推动经济增长过程中的重要传导路径，技术投入在金融科技促进经济增长的过程中发挥了部分中介的作用。

第三，金融科技对技术投入和经济增长的作用存在明显的区域性差异。金融科技对东部和西部地区的经济增长具有显著的促进作用，尤其是对西部地区，但对中部和东北部地区经济增长的促进作用不明显。

第四，金融科技对全国各地区的技术投入的促进效用都显著为正，尤其是对东北部地区。

第五，技术投入的中介效用在东部和西部地区较大，在东北和中部地区较小。另外，政府干预的增加和对外开放水平的提高，均对区域经济增长产生抑制效应，城镇化水平对经济增长具有积极的推动作用，人力资本水平和金融发展指数对经济增长则没有显著的影响。

第六，经济增长在金融科技促进共同富裕水平的提高中发挥了部分中介作用，金融科技在促进经济增长的过程中能发挥"做大蛋糕"的作用，"金融科技—经济增长—共同富裕"的传导链条存在。

# 二、金融科技缩小收入不平等助力共同富裕

### （一）文献综述与研究假设

早有学者研究金融科技与收入不平等关系，外国学者在 20 世纪 50 年代就提出了著名的"库兹涅茨曲线"，即尽管人均收入差异在经济增长早期会增大，但

当国民经济持续增长后这一问题就能得以逐渐改变。

从现有文献来看，尹振涛等（2021）认为对于乡村、农村等相对比较落后地区来说，传统金融业在以效率为导向下，"嫌贫爱富"的思想可在金融科技的发展下得到有效缓解，能有效扩大对长尾群体的金融服务范围，提高农村地区的金融覆盖率。钟文等（2023）运用面板数据模型分析了数字经济发展对城乡收入差距的非线性影响，研究表明，数字经济发展与城乡收入差距之间存在倒 U 型关系；陈蕾等（2023）运用双固定模型分析数字金融缩小城乡收入差距的降斥效应和增收效应，从实证结果看，数字金融通过促进农村创业而缩小城乡收入差距。惠献波（2023）基于 2006~2020 年中国 280 个城市的面板数据，选用多期 DID 方法实证检验了科技金融政策对共同富裕的影响效果及作用机理。研究发现，科技金融能够显著促进共同富裕的实现，机制检验表明，产业转型升级是科技金融政策促进共同富裕实现的有效路径。赵丹玉等（2023）在测算各省城乡多维差距水平基础上，实证分析数字普惠金融对城乡多维差距的作用，并考察农业全要素生产率的中介效应。结果表明，数字普惠金融对城乡差距各维度均具有显著缩减作用，作用水平由高到低依次为公共服务差距、基础设施差距、居民生活差距、产业经济差距。综上，金融科技可以提供更便捷、低成本的金融服务，使更多的人群能够获得金融服务，包括贷款、支付、投资等。通过普及金融科技，可以帮助边缘群体获得更多的金融资源，缩小金融服务的不平等现象。此外，金融科技的发展可以促进金融产品和服务的创新，为不同收入群体提供更多元化、个性化的金融产品。通过创新金融产品，可以更好地满足不同收入群体的需求，促进更多人参与金融市场，从而缩小收入差距。据此，本书提出如下假设：

假设 5-5：金融科技发展能够有效缩小城乡收入差距。

金融体系运作与任何商业体系运作一样，需要稳定的资金输入，而同时利润最大化也是金融机构所秉持的理念，因此，金融产品和服务与日常商品一样，是需要付出对价来购买的，但有时乡村金融消费品消费者由于信息不对称、信用评级缺失等原因，往往比城市金融消费品消费者付出更多的对价去享受同质的金融产品或服务，由此陷入城乡金融隔离的恶性循环。数字普惠金融能缓解这种现象的出现。张建波（2018）认为，通常情况下，金融基础设施建设不完善和资源配置不均衡的地区金融科技发展水平也不高，从而陷入城乡收入差距逐步拉大的旋涡。尹应凯（2020）提到，农村地区获得金融服务的门槛变低，农村居民能够更便捷地获得信贷、支付、转账、理财等金融服务。此外，梁双陆等（2018）提到在数字普惠金融发展良好时，减少了农村金融服务的操作和交易成本，降低了农户的学习成本，更易于通过互联网等工具参与金融活动，从而助力城乡收入差距的缩小。据此，本书提出如下假设：

假设5-6：金融科技发展缩小城乡收入差距的作用在数字金融普惠水平发展不同的地区会呈现非线性。

尹志超等（2020）提到发展必须以共同富裕这个终极目标为导向。王小华等（2021）指出推动金融产品、服务的普惠化，也是金融机构履行社会责任、推动社会走向共同富裕的重要体现，更是金融业在后疫情时代经济形势疲软的背景下寻求新的发展机遇、深化金融体制改革、实现金融发展红利惠及全民、更好支持实体经济发展的重大战略机遇。"十四五"规划提出要立足数字时代，全面推进数字中国建设，将数字经济作为推动经济高质量发展的新动力。金融科技作为数字经济的重要组成部分，其迅速发展对创业、消费、收入都产生了巨大的影响，其在"三农"领域的逐步应用，也成为缩小城乡收入差距，从公平维度促进我国经济增长的重要推手。与此同时，金融科技通过优化农村金融资源配置，提高农业生产效率，降低生产成本，既可以提高农民收入也可以创造更多就业机会（汪海燕等，2021），使农村居民收入的增长具有可持续性。据此，本书提出如下假设：

假设5-7：金融科技能够通过缩小城乡收入差距正向赋能共同富裕。

**（二）模型构建**

首先，构建模型（5-7），运用固定效应模型检验金融科技对城乡收入差距的直接影响：

$$Gap_{i,t} = \alpha_0 + \alpha_1 FT_{i,t} + \varphi_i + \delta_t + \varepsilon_{i,t} \tag{5-7}$$

其中，$Gap_{i,t}$ 代表地区 $i$ 在 $t$ 时期的城乡收入差距水平，$FT_{i,t}$ 代表地区 $i$ 在 $t$ 时期的金融科技水平，$\varphi_i$ 表示地区固定，$\delta_t$ 表示时间固定，$\alpha_1$ 为金融科技对城乡收入差距的影响，$\varepsilon_{i,t}$ 是随机扰动项。

其次，加入控制变量 Controls，构建估计金融科技对城乡收入差距的影响模型（5-8）。

$$Gap_{i,t}=\beta_0+\beta_1 FT_{i,t}+\beta_u Controls+\varphi_i+\delta_t+\varepsilon_{i,t} \qquad (5-8)$$

同时，由于数字普惠金融在缓解城乡收入差距，促进共同富裕方面具有特殊作用，因此引入数字普惠金融发展水平作为门槛变量，运用门槛效应模型探究金融科技在数字普惠金融的影响下对缓解城乡收入差距方面的影响，构造如式（5-9）所示模型：

$$Gap_{i,t}=\gamma_0+\gamma_1 FT_{i,t}*I(Index_{i,t}\leq q_1)+\gamma_2 FT_{i,t}*I(q_1<Index_{i,t}<q_2)+\cdots+\gamma_n FT_{i,t}*$$
$$I(Index_{i,t}>q_n)+\gamma_i Controls+\varepsilon_{i,t} \qquad (5-9)$$

式（5-9）中，数字普惠金融指数 $Index_{i,t}$ 为门槛变量，当其符合特定条件时取 1，否则取 0，$\gamma_0$ 为常数项，$\gamma_1$，$\cdots$，$\gamma_n$ 为核心解释变量系数，$\gamma_i$ 为控制变量系数，$\varepsilon_{i,t}$ 为随机误差项。

### （三）变量定义

1. 被解释变量

现有文献中基本采用基尼系数或泰尔指数来衡量城乡收入差距。但基尼系数度量的是总体收入差距，难以体现城乡二元经济结构下的收入差距，其指标难以进行分析，更重要的是其对群体差距的影响反应剧烈，可能会出现误差。泰尔指数更加强调收入分配差距，与本书研究内容相契合，同时该指标还可以对收入差距变动幅度进行分解，便于全面分析城乡收入差距的变化情况。综上所述，本书采用泰尔指数（Theil）来测算城乡收入差距。

$$Theil_{i,t}=\sum_{j=1}^{2}\left(\frac{I_{ij,t}}{I_{ij}}\right)Ln\left[\left(\frac{I_{ij,t}}{P_{ij,t}}\right)\Big/\left(\frac{I_{i,t}}{P_{i,t}}\right)\right] \qquad (5-10)$$

其中，$j$ 取 1 和 2 分别表示城镇地区和农村地区，$I_{ij,t}$ 表示地区 $i$ 在 $t$ 年度城镇或者农村居民的人均可支配收入。由于官方统计口径的变化，2012 年各地区的"农村人均可支配收入"用"农村人均纯收入"代替。$I_{i,t}$ 表示地区 $i$ 在 $t$ 年度的总收入，$P_{ij,t}$ 表示地区 $i$ 在 $t$ 年度城镇总人口或农村总人口。

2. 核心解释变量

采用前文构建的金融科技指数进行衡量。该指数具有权威性，首先利用熵权法计算权重，再根据各指标权重测算结果，得到综合得分结果，即 31 个省份金融科技水平测度结果。

3. 控制变量

为克服遗漏变量造成的影响，借鉴鲁钊阳等（2021）的方法，选取的控制变量，一是政府干预水平，记为 Gov，用该地区的一般公共预算支出占地区 GDP 的比重来衡量，该值越高，说明该地区政府干预水平越高；二是对外开放程度，记为 Open，用该地区的货物进出口总额乘以美元对人民币汇率再除以该地区的生产总值来衡量，该值越大，说明该地区的对外开放程度越高；三是金融发展指数，记为 FD，用该地区的各类金融机构的存贷款余额占 GDP 的比例来衡量，该值越大，说明该地区金融发展水平越高；四是人口密度，记为 Pop，用该地区的年末总常住人口除以地区土地面积来衡量，单位是人/平方千米，该值越大，说明该地区的人口密度越高；五是工业化程度，记为 Str，用该地区的工业增加值占地区 GDP 的比重来衡量，该值越大，说明该地区工业化程度越高。变量定义及测度方法如表 5-10 所示。

表 5-10　变量定义及测度方法

| 变量 | 符号 | 变量定义 | 变量测度方法 |
| --- | --- | --- | --- |
| 因变量 | Gap | 城乡收入差距 | 泰尔指数 |
| 自变量 | FT | 金融科技 | 前文构造而得 |
| 门槛变量 | Index | 数字普惠金融 | 北京大学公布的数字普惠金融指数 |
| 控制变量 | Gov | 政府干预 | 一般公共预算支出占地区生产总值的比重 |
| | Pop | 人口密度 | 年末总常住人口/地区土地面积 |
| | Open | 对外开放 | 进出口总额占地区生产总值的比重 |
| | FD | 金融发展指数 | 金融机构的存贷款余额占 GDP 的比例 |
| | Str | 工业化 | 工业增加值/地区生产总值 |

（四）数据来源及说明

本节以 2012~2021 年中国除港澳台地区外的 31 个省份为研究样本，实证分析金融科技与城乡收入差距之间的内在关系。其中，金融科技水平为前文测度所得，首先，利用熵权法计算权重，根据各指标权重测算结果，得到综合得分结果，即 31 个省份金融科技水平测度结果。其次，门槛变量数字普惠金融指数

（Index）来自北京大学公布的数字普惠金融指数。城乡收入差距用泰尔指数来衡量，其计算公式如式（5-10）所示，用于计算的原始数据来自《中国统计年鉴》、国家统计局以及各省统计年鉴。政府干预水平、人口密度、金融发展水平等控制变量的测度数据来自《中国统计年鉴》、各省统计年鉴以及国家统计局公布的数据。表5-11为各变量的描述性统计结果。

表 5-11　描述性统计结果

| 变量 | 样本量 | 平均值 | 标准差 | 最小值 | 最大值 |
|---|---|---|---|---|---|
| Gap | 310 | 0.0890 | 0.0405 | 0.0178 | 0.222 |
| FT | 310 | 0.103 | 0.0938 | 0.00302 | 0.601 |
| Index | 310 | 0.250 | 0.0879 | 0.0615 | 0.459 |
| Gov | 310 | 0.280 | 0.192 | 0.107 | 1.334 |
| Str | 310 | 0.309 | 0.0885 | 0.0716 | 0.523 |
| Open | 310 | 0.254 | 0.275 | 0.00757 | 1.441 |
| FD | 310 | 3.498 | 1.129 | 1.784 | 7.578 |
| Pop | 310 | 459.9 | 701.4 | 2.565 | 3,926 |

从表5-11中可以看出，核心解释变量金融科技指数（FT）最大值为0.601，最小值为0.00302，标准差为0.0938，最大值为最小值的199倍，说明样本期间不同省份的金融科技水平相差悬殊。另外，核心被解释变量城乡收入差距（Gap）的最大值为0.222，最小值为0.0178，标准差为0.0405。不仅如此，政府干预水平、人口密度水平、金融发展水平同样也存在着明显的区域性差异。此外，门槛变量数字普惠金融指数除以1000后最大值为0.459，最小值为0.0615，标准差为0.0879，数字普惠金融水平相对来说发展比较均衡。

**（五）实证分析**

1. 基准回归分析

表5-12分别报告了最小二乘法、固定效应模型（FE）、随机效应模型（RE）对模型（5-8）进行估计后的结果。其中，列（1）是被解释变量Gap与核心解释变量FT的回归结果；列（2）是在列（1）所示模型的基础上增加控制变量后的OLS回归结果。同理，列（3）和列（4）是运用固定效应模型FE进行

回归的实证结果；列（5）和列（6）是运用随机效应模型 RE 进行回归的实证结果。结果显示，金融科技发展水平在 5% 的显著性水平下为负，表明城乡收入差距可以在金融科技的影响下显著缩小，假设 5-5 得证。金融科技发展推动了农村、乡村地区金融服务的数字化应用，打破地理壁垒，升级金融服务模式，使金融服务在农村地区逐步推广普及。通过观察其他控制变量的回归结果，其显著性与系数也与现有研究结果大体相同。经济开放程度提高，意味着全球的优秀产品、技术走进乡村，为农村带来更多的新理念、新技术，从而有利于农户将其转化为生产力，进而缩小城乡收入差距。金融发展指数越高，能够提供更多的信贷需求，以促进企业的生产经营和个人的消费需求，进而缩小城乡收入差距。人口密度、政府干预水平与工业化程度的系数为正，但并未通过显著性检验，这一现象产生的原因可能与本书的数据选择与统计方法有关。综上所述，本节假设 5-5 得证。

表 5-12　金融科技对城乡收入差距的影响

| 变量 | OLS | | FE | | RE | |
|---|---|---|---|---|---|---|
| | （1）Gap | （2）Gap | （3）Gap | （4）Gap | （5）Gap | （6）Gap |
| FT | -0.188*** | -0.063** | -0.128*** | -0.074** | -0.136*** | -0.071*** |
| | (-8.46) | (-2.56) | (-5.53) | (-2.44) | (-6.15) | (-2.82) |
| Gov | | 0.078*** | | 0.066 | | 0.077*** |
| | | (5.77) | | (1.55) | | (2.91) |
| Pop | | -0.000* | | 0.000 | | 0.000 |
| | | (-1.95) | | (0.27) | | (0.32) |
| Open | | -0.019 | | -0.044** | | -0.032** |
| | | (-1.55) | | (-2.14) | | (-2.23) |
| Str | | 0.083*** | | 0.041 | | 0.040 |
| | | (2.94) | | (1.02) | | (1.18) |
| FD | | -0.009*** | | -0.022*** | | -0.018*** |
| | | (-3.27) | | (-4.74) | | (-4.93) |
| 常数项 | 0.108*** | 0.087*** | 0.102*** | 0.136** | 0.103*** | 0.132*** |
| | (35.09) | (5.79) | (38.70) | (1.98) | (16.61) | (6.94) |
| $R^2$ | 0.189 | 0.414 | 0.099 | 0.209 | | |
| N | 310 | 310 | 310 | 310 | 310 | 310 |

注：*、**、***分别表示在 10%、5%、1% 的统计水平下显著，括号里的数值为标准误。下同。

2. 门槛效应分析

为检验假设5-6，将数字普惠金融的值划分为多个区间，采用门槛效应检验在不同区间内数字普惠金融对金融科技缩小城乡收入差距的影响（见表1-13）。运用 Bootstrap 自抽样法对面板门槛的存在进行检验，通过反复抽样 900 次之后，得出检验结果。由图5-1可知，数字普惠金融对缩小城乡收入差距的门槛效应在1%的显著性水平下通过了单门槛检验，却未通过双重门槛检验，因此后续选择单门槛模型进行分析。

表 5-13　数字普惠金融的门槛效应检验

| 数字普惠金融 | | |
|---|---|---|
| 变量模型 | F 统计量 | p 值 |
| 单一门槛 | 36.00 | 0.000 |
| 双重门槛 | 16.87 | 0.260 |
| 门槛数 | 单一门槛 | |
| 门槛值 | 0.3875 | |

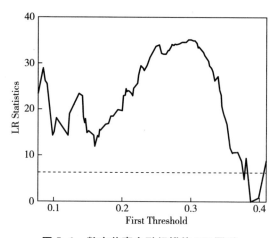

图 5-1　数字普惠金融门槛值 LR 图形

数字普惠金融的门槛效应会对金融科技缩小城乡收入差距造成影响，表 5-14 中列示了金融科技的系数，当数字普惠金融指数小于门槛值 0.3875 时，金融科技的系数为-0.1988，并在 1% 的显著性水平下显著，与前文基准回归结果相符，即金融科技发展能有效缩小城乡收入差距。而当数字普惠金融指数大于门槛值0.3875 时，金融科技的系数由 -0.1988 变为 -0.0737，且在 5% 的显著性水平下显著，这说明在数字普惠金融发展的调节下，当金融科技指数超过阈值后，金融科技对缩小城乡收入差距的重要性减弱，如要进一步缩小城乡收入差距，需要寻求新动能，或达到金融科技与数字普惠金融协同发展的平衡点，使得金融科技对缩小城乡收入差距的边际效应由负转正，是我国实现共同富裕的重要保证。至此，本节假设 5-6 得证。

表 5-14　门槛回归结果

| 变量 | 被解释变量：Gap |
|---|---|
| FT（Adj≤q1） | -0.1988*** |
| | (0.0361) |
| FT（Adj>q1） | -0.0737** |
| | (0.0289) |
| Gov | 0.104** |
| | (2.55) |
| Open | -0.039** |
| | (-2.05) |
| Pop | 0.000 |
| | (0.42) |
| Str | -0.007 |
| | (-0.18) |
| FD | -0.023*** |
| | (-5.32) |
| 常数项 | 0.148** |
| | (2.28) |
| N | 31 |
| 固定效应 | YES |
| 调整 $R^2$ | 0.293 |

目前，只有广东和福建高于 0.3785 的水平，推动这些省份金融科技发展，

显著促进了共同富裕。而我国大部分地区的金融科技指数低于 0.3875 的水平，数字普惠金融发展水平使得金融科技对共同富裕的促进作用正在变大，正处于金融科技推动共同富裕水平的黄金时期。所以，要促进共同富裕的实现，必须加快金融科技的发展步伐，同时促进数字普惠金融发展水平的提升，从而实现金融科技与共同富裕的共振。

3. 内生性问题

将城乡收入差距（Gap）滞后一期作为解释变量，采用系统 GMM 法进行回归，以解决内生性问题。虽然在基准回归中采用的个体固定效应控制了省级层面的影响要素，杜绝了因遗漏变量可能会导致的内生性问题，但双向因果所引起的内生性问题尚需解决，鉴于此，采用系统 GMM 模型控制内生性问题，在基准回归模型的基础上加入城乡收入差距（Gap）的一阶滞后项，构造如式（5-11）所示的动态面板模型：

$$Gap_{i,t} = \omega_0 + \omega_1 Gap_{i,t-1} + \omega_2 FT_{i,t} + \omega_u Controls + \varepsilon_{i,t} \tag{5-11}$$

表 5-15 将系统 GMM 回归结果与前文使用固定效应模型回归的结果进行对比可知，Hansen 检验的统计量 p 值均大于 10%，无法拒绝原假设，即本节所采用的工具变量都是有效的；AR2 统计量的 p 值大于 0.1，表明扰动差分项在 10% 的统计水平下无法拒绝原假设，即不存在二阶自相关的情况，由此系统 GMM 模型的设定是合理的。金融科技对缩小城乡收入差距的估计系数，与基准回归的实证结果基本一致，表明研究结果是稳健的。说明在缓解潜在内生性后，结论依然成立，即金融科技能够显著缩小城乡收入差距与前文结论相符。另外，系统 GMM 的回归结果还显示，城乡收入差距与城乡收入差距的一阶滞后项在 1% 的统计水平下显著，在一定程度上说明城乡收入差距水平存在一定的路径依赖，即过去的收入差距会影响当期的城乡收入差距水平。

表 5-15　固定效应模型回归与系统 GMM 回归结果对比

| 变量 | （1）固定效应模型 | （2）系统 GMM 模型 |
|---|---|---|
| | Gap | Gap |
| L. Gap | | 0.378*** |
| | | (0.136) |

续表

| 变量 | （1）固定效应模型 | （2）系统 GMM 模型 |
|---|---|---|
| | Gap | Gap |
| FT | −0.074** | −0.109** |
| | (−2.44) | (0.052) |
| 控制变量 | YES | YES |
| AR2 | | 0.231 |
| Hansen | | 0.692 |
| N | 310 | 248 |

4. 稳健性检验

为验证以上回归的结果是否具有可靠性，本节将从以下两方面对上述回归结果进行稳健性检验：①替换核心解释变量金融科技（FT）。由于金融科技是数字普惠金融发展的核心动力，且早有学者将数字普惠金融指数用于衡量地区金融科技发展水平。因此本节将核心解释变量金融科技用北京大学公布的数字普惠金融指数进行替代，再进行上述回归。为控制所使用数据的单位差距，将数字普惠金融指数除以 1000 后进行回归。在用数字普惠金融指数替换上文构建的金融科技发展指标进行回归后，金融科技发展系数依然在 1% 的显著性水平下为负，为−0.201，与前文结果一致。②剔除特殊样本。由于在现实情况下，直辖市的数字化发展水平往往快于其他地区，而城乡收入差距与其他地区相比却并未有何特殊之处，因此，上述回归可能存在反向因果的问题。因此，剔除四个直辖市的数据再进行上述回归，结果表明金融科技发展系数依然在 1% 的显著性水平下为负，为−0.104，与前文回归结果一致，如表 5-16 所示。

表 5-16　稳健性检验

| 变量 | （1）替换核心解释变量 | （2）剔除直辖市回归 |
|---|---|---|
| | Gap | Gap |
| FT | | −0.104*** |
| | | (−2.68) |
| Index | −0.201*** | |
| | (−12.93) | |

续表

| 变量 | (1) 替换核心解释变量 | (2) 剔除直辖市回归 |
|---|---|---|
| | Gap | Gap |
| Gov | 0.015 | 0.087* |
| | (0.44) | (1.90) |
| Open | -0.031* | -0.027 |
| | (-1.91) | (-0.85) |
| Pop | 0.000** | 0.000 |
| | (2.38) | (0.21) |
| Str | -0.025 | 0.012 |
| | (-0.75) | (0.27) |
| FD | 0.003 | -0.024*** |
| | (0.82) | (-4.91) |
| 常数项 | 0.033 | 0.150** |
| | (0.62) | (2.43) |
| 观测值 | 310 | 270 |
| $R^2$ | 0.498 | 0.250 |
| 固定效应 | YES | YES |

综上所述，本部分结论稳健性较好。

5. 机制分析

从前述章节可得，"金融科技—地区经济稳步增长—共同富裕"的传导链条存在，由本节内容可知，金融科技也能显著缩小地区城乡收入差距。那么，"金融科技—缩小地区城乡收入差距—共同富裕"的传导链条是否也存在呢？接下来，构建如式（5-12）所示的模型，更进一步探讨金融科技、经济增长与共同富裕之间的关系，从而探索金融科技影响地区实体经济增长再促进共同富裕水平的传递链条是否存在。

$$Cmw_{i,t} = \epsilon_0 + \epsilon_2 FT_{i,t} + \epsilon_u Controls + \varepsilon_{i,t} \tag{5-12}$$

$$Cmw_{i,t} = I_0 + I_1 Gap_{i,t} + I_2 FT_{i,t} + I_u Controls + \varepsilon_{i,t} \tag{5-13}$$

利用固定效应模型估计式（5-12）和式（5-13），回归结果如表5-17所示。首先不加入城乡收入差距（Gap）进行回归，结果如表5-17的列（1）所示，金融科技对共同富裕的影响为正且在1%的统计水平下显著。这说明金融科技能直接促进共同富裕水平的提高，且金融科技指数每提升1个单位，共同富裕水平能提高0.552个单位。其次在模型（5-12）中加入城乡收入差距（Gap）。最后进行固定效应回归，结果如表5-17的列（2）所示。城乡收入差距变量能显著抑制共同富裕水平的提高，这与前文理论分析与逻辑相符，且在加入城乡收入差距变量后，金融科技变量依旧显著，但系数从列（1）的0.552变为列（2）的0.484，说明城乡收入差距（Gap）在金融科技促进共同富裕水平的提高中发挥了部分中介的作用，假设5-7得证，即金融科技在缩小城乡收入差距的过程中能发挥"切好蛋糕"的作用，"金融科技—缩小地区城乡收入差距—共同富裕"的传导链条存在。

表5-17 金融科技、城乡收入差距、共同富裕的机制检验

| 变量 | （1） | （2） |
|---|---|---|
| | Cmw | Cmw |
| FT | 0.552*** | 0.484*** |
| | (10.22) | (10.35) |
| Gap | | -0.917*** |
| | | (-10.01) |
| Gov | -0.087 | -0.027 |
| | (-1.17) | (-0.42) |
| Open | 0.021 | -0.019 |
| | (0.58) | (-0.61) |
| Pop | 0.000** | 0.000** |
| | (2.00) | (2.50) |
| Str | -0.165** | -0.127** |
| | (-2.29) | (-2.06) |
| FD | 0.048*** | 0.028*** |
| | (5.97) | (3.94) |
| 常数项 | -0.040 | 0.084 |
| | (-0.33) | (0.81) |
| 观测值 | 310 | 310 |

| 变量 | （1） | （2） |
|---|---|---|
| | Cmw | Cmw |
| $R^2$ | 0.666 | 0.756 |
| 固定效应 | YES | YES |

## （六）研究结论

第一，金融科技发展可以增加农村居民收入，进而缩小城乡收入差距，即两者呈现负相关关系。第二，数字普惠金融发展水平的高低也会影响金融科技发展对城乡收入差距的影响效果，即金融科技发展缩小城乡收入差距的作用在数字普惠金融影响下会呈现非线性。第三，金融科技能够通过缩小城乡收入差距正向赋能共同富裕。

# 三、本章小结

本章基于金融科技与共同富裕的水平测度，从做大"蛋糕"和分好"蛋糕"两个方面，运用面板模型，探究金融科技对经济增长、收入不平等的影响效应。结果显示：①金融科技能够促进地区经济增长，且技术投入在此路径中起到中介的作用，该作用在东部和西部地区较大。②金融科技对地区经济增长的影响存在明显区域性差异。③金融科技对缩小城乡收入差距具有显著作用，这种作用在数字普惠金融影响下呈现非线性。

# 第六章　金融科技赋能共同富裕的实证分析

基于上章金融科技对共同富裕两个方面——经济增长和收入不平等的分效应的研究，本章重点测算金融科技对共同富裕的总效应，考量其影响的区域异质性。

## 一、金融科技赋能共同富裕的理论机制

金融科技能通过资金融通、投资和创新、风险管理、资本市场发展与金融创新促进经济增长，值得注意的是，经济增长是共同富裕的一个重要维度。金融的可持续效应表明，金融机构可以通过资金融通、风险管理和投资决策等方式，优化金融资源配置，使金融资源倾向环保、教育等普惠性产业，并同时给予中小微企业、农户等长尾群体更多金融支持，这无疑能促进城乡收入差距的缩小，促进社会公平。

### （一）经济增长效应

金融科技能通过更好地服务实体经济达到促进经济增长的作用。实体经济和虚拟经济两者具有紧密的联系，实体经济是虚拟经济存在和发展的基础，虚拟经济为实体经济提供动力支持。金融就属于虚拟经济，其良性发展和合理运行，能

优化社会闲散资源的分配，推动实体经济的繁荣。但同时，虚拟经济也是一把双刃剑，如果放任其过度膨胀则会带来经济泡沫，造成实体经济发展空间被侵占而虚拟经济部门快速增长，导致经济出现"脱实向虚"的问题。因此，处理好实体经济和虚拟经济之间的关系是实现经济高质量发展的重要一环。一方面，金融科技能够降低企业的融资成本。长期以来，我国的金融系统存在经营效率较低、创新能力不足和直接融资比例较低等问题，金融供给难以满足实体经济发展的旺盛需求。金融科技依托大数据、互联网等数字技术，不受地理位置限制，同时具有低成本优势，通过建立第三方信用平台、公开企业信用信息等方式，提高信息透明度，打破资金供需双方信息不对称，实现信贷资金更有效配置，进而降低融资成本，更好地服务实体经济，夯实共同富裕的物质基础。另一方面，数字经济与金融创新相结合，为实体经济中广大中小微企业（特别是缺乏资本和抵押品的创新科技型企业）提供了更多融资渠道和融资方式（孙玉环等，2021），拓宽了价值增殖过程中的融资效率，降低了中小微企业融资成本和融资难度，优化金融资源的配置效率。中小微企业在增加就业岗位、提升居民收入和维护社会稳定中扮演着重要的角色。推动金融科技与实体经济的有效衔接，加大对中小微企业的金融支持力度，既是促进经济增长的有力推手，也是实现共同富裕过程中的重要环节。

**（二）公平效应**

金融科技的公平效应主要体现在缩小收入差距方面。收入差距拉大是不平衡、不充分发展的重要表现，也是实现共同富裕需要解决的关键问题。金融科技的发展有助于缩小居民收入差距，可以通过提升低收入者收入、增加就业岗位以及降低家庭发生贫困和脆弱性的概率，促进共同富裕。第一，金融科技能够提升低收入者收入。由于低收入者财产较少，其收入主要来源于工资性收入、经营性收入和转移性收入。金融科技通过数字征信、云计算等技术有效支持了小微企业融资，带动了低收入群体工资性收入的提升（纪明等，2022）。数字金融能够创新金融产品供给，为中小经营者购买生产资料、提升生产技术提供金融帮助，助力生产行为的改善，提升生产效率，从而增加低收入群体经营性收入。另外，金融科技凭借技术优势，能够优化财政资金的利用效率，提升覆盖面和准确性，使财政转移支付惠及更多低收入人群。第二，金融科技能够增加就业岗位。就业的质量和充分程度是高质量发展的重要表现。中小微企业是吸纳社会就业的主体，金融科技为中小微企业解决融资难、融资贵的问题提供了新的解决之道，有助于中小微企业打破融资约束，进一步创新发展，提供更多优质就业岗位。金融科技将长尾群体纳入服务体系，满足了低收入人群和农村经营主体的融资需求，减少了资金约束等客观条件的掣肘，激发其创业热情。特别是在农村地区，返乡创业、家庭式创业等农村居民创业方式，增加了农村留守老弱贫困劳动力的就业机会，对缩小城乡收入差距产生积极作用。第三，金融科技能够降低家庭发生贫困和脆弱性的概率。全面脱贫攻坚战的胜利不是扶贫工作的终点，失业、疾病、自然灾害等外部冲击会增加家庭的脆弱性，导致"返贫""致贫"的现象出现，进一步拉大收入差距。金融扶贫是扶贫工作的重要环节，然而传统金融覆盖面窄和交易成本高等问题限制了金融功能的发挥，家庭更多依靠自身应对外部冲击事件，发生贫困和脆弱性的概率增大（尹志超和张栋浩，2021）。金融支持可以降低低收入者的不确定性，提升其消费意愿和抵抗风险的能力。金融科技为游走在贫困边缘的家庭提供公平可负担的金融服务，通过正规贷款、商业保险、农业担保等方式，提高了家庭风险管理能力，进而缓解家庭贫困及脆弱性问题，推进巩固拓展脱贫攻坚成果同乡村振兴有效衔接。

### （三）可持续效应

金融可持续效应是指金融系统在推动经济增长的同时，也能够促进社会、环境和治理方面的可持续发展。金融可持续效应体现在以下几个方面：

#### 1. 社会影响

金融机构可以通过资金融通、风险管理和投资决策等方式，支持社会公益事业和可持续发展目标。例如，金融机构可以提供贷款和投资支持给环保项目、教育和医疗领域，以及社会弱势群体，推动社会公平和包容性增长。钟凯等（2023）系统考察了金融科技对商业银行绿色信贷的影响，研究发现：商业银行的金融科技水平越高，绿色信贷业务规模越大，金融资源会更偏向绿色产业，促进环保节能领域发展；周伯乐等（2023）基于中国30个省份2007~2019年面板数据及门槛回归模型，实证考察了科技金融对绿色技术创新影响的异质门槛效应。结果发现：科技金融显著促进了绿色技术创新，且该促进作用主要集中在环保、教育与医疗领域。

2. 环境影响

金融机构可以通过引导资金流向环保产业、清洁能源和低碳技术等领域，促进绿色经济的发展。金融机构还可以通过环境、社会和治理（ESG）评估和指标，对企业的环境责任和可持续经营进行评估和监督，推动企业实施可持续发展战略。熊子怡等（2023）利用 2011～2021 年中国城市面板数据，实证考察了金融科技发展与区域碳减排之间的因果关系及其作用机理。研究发现，金融科技能够显著抑制区域碳排放；林永生等（2023）以"科技和金融结合试点"为准自然实验，构建双重差分模型来评估科技金融对企业污染排放的因果效应，并深入分析其作用机制及城市、行业、企业性质方面的异质性。研究发现，科技和金融结合试点的实施显著降低了企业污染排放，分别使二氧化硫排放量和工业废水排放量下降 6.1% 和 6.6%。

3. 治理影响

金融机构在自身治理方面的改善，能够提高其透明度、问责制度和风险管理能力，从而增强金融系统的稳定性和可持续性。同时，金融机构也可以通过对企业的治理结构和实践进行评估和引导，促进企业的良好治理和道德经营。何小钢等（2023）以 2010～2021 年 227 家商业银行为样本，实证研究了数字化转型对银行风险承担的影响效应与渠道。研究发现，商业银行数字化转型对风险承担的影响呈现先升后降的倒 U 型关系，运营成本和收入结构是导致这种非线性影响效应的重要因素。文钟艺等（2022）运用系统 GMM 估计方法，实证检验金融科技发展带来的商业银行机构风险承担演化效应。研究发现，金融科技发展整体上提升了商业银行风险承担水平。因此，为了实现金融可持续效应，需要金融机构、政府和社会各方共同努力。金融机构应加强内部管理和风险管理，提高对可持续发展的认识和重视，并将其纳入业务决策和投资考量中。政府可以制定相关政策和法规，鼓励金融机构参与可持续投资，提供激励措施和规范指导。社会各界也可以通过倡导和支持金融可持续发展，推动金融机构更好地履行社会责任，促进可持续发展目标的实现。

# 二、金融科技赋能共同富裕的实证检验

## （一）文献综述及研究假设

共同富裕是通过全体人民群众的共同奋斗，实现生活水平的提升，提升精神自信和自强，建立宜居宜业、社会和谐、公共服务范围普及普惠的社会（陈丽君等，2021）。该理念具有鲜明的时代特征和中国特色，为全体人民实现共同富裕提供了有力的保障。通过推动人的全面发展，促进社会的全面进步，让每个人都能够分享到改革开放的成就，获得更加幸福的生活。在这一过程中，共同富裕的三个核心特征是发展性、共享性以及可持续性。首先，共同富裕具有发展性，其主要通过全要素生产率来反映。唐松等（2019）的研究结果表明，金融机构通过建立先进的金融基础设施和开发新的金融业务，能显著提高区域的全要素生产率，从而促进本地区经济增长。巴曙松等（2021）认为金融科技的发展有助于缓解金融规模过度扩张对实体经济增长的负面影响，要以技术进步来引导实体经济的健康发展。于凤芹等（2021）通过构建动态面板模型研究得出，商业银行发展金融科技，将有利于盈利能力的提升，利用金融科技的优势，不断提高金融科技应用的效率，以此来推动经济的不断增长。其次，共同富裕具有共享性。共享性意味着不同收入群体享有优质服务的公平权利。孟娜娜等（2020）认为金融科技存在显著的技术溢出渠道，使得先进技术溢出到其他产业，从而不断地促进其他产业的创新与发展，也大幅提高了商业银行的效能。胡滨等（2020）认为金融科技在多个领域全面渗透。由此可以得出金融科技发展提升整个相关领域的信息化水平和基础设施建设，从而使各个群体享有优质的服务。最后，共同富裕具有可持续性。金融科技的发展能使金融发展的红利惠及全民，该过程能通过人均 GDP 的增长以及城乡收入差距的缩小来反映，这些变化将有助于促进社会的协调与适应，从而实现长期的利益，促进人民的共同富裕。根据美国国家经济合作与社会保障部（FSB）的定义，金融科技是一系列以科技为驱动力的金融创新，它们能够为企业带来全新的商业模式、应用、流程以及产品。技术作为最活跃的生产要素，具有极大的可持续性。薛莹等（2020）认为通过发展金融科技，不断增强金融科技的运用能力，能够更好地配置资源、促进创新，从而推动经济的高质量和可持续发展。汪宜香等（2020）采用多维度指标构建经济高质量发展指数，发现适当的金融科技水平能够提高经济发展质量。综上所述，金融科技能分别通过发展性、共享性、可持续性三个维度促进共同富裕，这与上文的理论分析结果一致，因此，本书提出假设6-1：

假设6-1：金融科技发展能够有效促进共同富裕。

数字普惠金融不仅可以减少贫困，而且是金融科技助力实现共同富裕的重要途径。已有大量文献研究分析了数字普惠金融发展对减少贫困的效果，例如黄倩等（2019）利用省级面板数据进行研究分析，认为数字普惠金融发展总体上有助于减少贫困。韩亮亮等（2022）利用我国30个省份的面板数据研究得出，数字普惠金融水平的提升对于实现共同富裕具有促进作用。陆岷峰等（2019）认为金融科技对数字普惠金融发展进行全新定义，促进了金融的覆盖面和获得感。郭丽虹等（2021）基于普惠金融视角，认为金融科技发展提升了银行发放普惠贷款的意愿。胡滨等（2020）认为金融科技对普惠金融领域产生了颠覆性作用，金融科技在支付清算等方面拓展出多种金融服务应用场景。综上所述，金融科技的发展为推动数字化普惠金融提供了强大的动力，同时数字普惠金融通过促进金融的覆盖面、使用率缩小城乡收入差距，促进共同富裕的实现。因此，本书提出假设6-2：

假设6-2：在金融科技促进共同富裕水平提高的过程中，数字普惠金融发挥了中介作用。

由前文指标测算结果可得，我国金融科技水平和共同富裕水平呈现显著的区域差异。林木西等（2022）的研究结果表明，绿色金融对中国经济高质量发展的影响存在区域异质性，其对中西部地区高质量发展的促进作用明显高于东部地区。崔婕等（2023）利用中国2013~2020年31个省份的面板数据就金融科技对共同富裕的影响效应、机制、区域异质性进行实证分析，研究结果表明，金融科技对共同富裕的影响存在明显的区域异质性，东部地区金融科技对共同富裕的影响明显强于中西部地区。金融科技本质上是传统金融业与数字技术手段相结合，其本身就具有明显的异质性。同理，共同富裕的三个维度中，富裕度也存在显著的地区差异。综上所述，金融科技发展对共同富裕影响应该也存在区域异质性。因此，本书提出假设6-3：

假设6-3：金融科技发展对共同富裕的影响存在显著的区域异质性。

金融科技对共同富裕的作用可能存在明显的非线性。首先，在信息化和数字化进程中，一些较落后的地区、群体或个人能从刚开始的数字普及化浪潮中分得好处，利用互联网等手段快速提升个人的收入水平，但由于知识储备、技术手段等因素的影响，收入水平无法持续性增长，后期会出现边际效用递减的趋势。其次，金融科技的应用和普及并非线性扩展，受到地区、社会群体、个人能力等因素的影响，导致对金融科技的获取和应用存在明显差异，使得共同富裕的效果呈现非线性。再次，金融科技的创新可能对不同社会群体的经济活动产生不同程度的影响，而这种影响可能呈现出非线性的特征，对于一些人群可能带来更大的经济效益，而对于另一些人群则可能产生较小的影响，从而难以达到边际效应的持续增长。最后，金融科技的发展受到监管政策和法律法规的影响。监管初期，政府以效率为导向，金融科技对共同富裕的正向边际效用持续增长，而随着金融科技的增长带来的贫富差距拉大等问题，政府会加大监管力度，从而降低金融科技对共同富裕的正向边际效用。另外，数字普惠金融作为金融科技发展的产物，其水平的提高也会对共同富裕产生积极影响。数字普惠金融利用技术手段，例如移动支付、电子银行等，可以降低金融交易的成本，包括手续费、时间成本等，从而提高金融资源的配置效率；数字普惠金融可以覆盖更广泛的人群和地区，包括农村、偏远地区和低收入群体，使更多的人能够获得金融服务，提高资金的有效利用率。综上所述，金融科技对共同富裕的正向边际效用可能呈现先升后降的倒U型趋势，而数字普惠金融能调节该趋势，改善金融科技对共同富裕的正向边际效用。因此，本书提出假设6-4：

假设6-4：金融科技对共同富裕存在非线性效应且呈现边际效应递减趋势，但金融科技对共同富裕的影响随数字普惠金融的提升其促进作用也愈强。

**（二）数据选择**

本章采用熵权TOPSIS法构建了2012~2021年中国31个省份的年度共同富裕

发展指数，指标的数据来源于国家统计局等。为衡量各省金融科技发展水平，按照一定方法构造金融科技指数，相关的数据源自国家统计局等。数字普惠金融指数出自北京大学数字普惠金融指数。其他相关的宏观经济数据主要来自国家统计局、国泰安数据库和 EPS 数据库。

## （三）模型设定

构建如下基本模型，检验假设 6-1，如式（6-1）、式（6-2）、式（6-3）所示：

$$Cmw_{i,t} = \alpha_0 + \alpha_1 FT_{i,t} + \alpha_u Controls + \varepsilon_{i,t} \tag{6-1}$$

$$Cmw_{i,t} = \beta_0 + \beta_1 FT_{i,t} + \delta_t + \varepsilon_{i,t} \tag{6-2}$$

$$Cmw_{i,t} = \gamma_0 + \gamma_1 FT_{i,t} + \gamma_2 \sum Controls + \delta_t + \varepsilon_{i,t} \tag{6-3}$$

$Cmw_{i,t}$ 为省份 $i$ 在 $t$ 年运用熵值 TOPSIS 法构建的共同富裕指数，$FT_{i,t}$ 为省份 $i$ 在 $t$ 年的金融科技指数，$\varepsilon_{i,t}$ 表示随机扰动项，$\alpha_0$、$\alpha_1$ 为待估计的参数，$\delta_t$ 为时间固定效应，$\sum Controls$ 为控制变量集合。

$$Index_{i,t} = \theta_0 + \theta_1 FT_{i,t} + \theta_2 \sum Controls + \delta_t + \varepsilon_{i,t} \tag{6-4}$$

$$Cmw_{i,t} = \mu_0 + \mu_1 FT_{i,t} + \mu_2 Index_{i,t} + \mu_3 \sum Controls + \delta_t + \varepsilon_{i,t} \tag{6-5}$$

$Index_{i,t}$ 为省份 $i$ 在 $t$ 年份的数字普惠金融指数，$\theta_1$，$\theta_2$，$\mu_1$，$\mu_2$，$\mu_3$ 为待估参数。

## （四）变量定义

### 1. 被解释变量

被解释变量采用前文利用熵权 TOPSIS 法构建的 2012~2021 年中国 31 个省份的年度共同富裕发展指数（Cmw）来衡量。

### 2. 核心解释变量

采用前文构建的金融科技指数（FT）进行衡量。该指数具有权威性，首先利用熵权法计算权重，再根据各指标权重测算结果，得到综合得分结果，即 31 个省份金融科技水平测度结果。

3. 中介变量

引入北京大学公布的2012~2021年数字普惠金融指数（Index）来度量我国31个省份的数字普惠金融发展水平，同时作为中介变量。表6-1显示出数字普惠金融发展概况，2012~2021年数字普惠金融发展指数呈现出平稳递增的态势，从数字普惠金融指数平均值来看，由0.100增长到0.373；与此同时，各省份之间的数字普惠金融水平差距在不断缩小，倍差值由2.45缩小至1.39。

表6-1　数字普惠金融发展情况

| 年份 | 样本量 | 平均值 | 标准差 | 最小值 | 最大值 |
|---|---|---|---|---|---|
| 2012 | 31 | 0.100 | 0.022 | 0.062 | 0.151 |
| 2013 | 31 | 0.155 | 0.026 | 0.115 | 0.222 |
| 2014 | 31 | 0.180 | 0.024 | 0.144 | 0.240 |
| 2015 | 31 | 0.220 | 0.023 | 0.186 | 0.278 |
| 2016 | 31 | 0.230 | 0.021 | 0.200 | 0.286 |
| 2017 | 31 | 0.272 | 0.024 | 0.240 | 0.337 |
| 2018 | 31 | 0.300 | 0.030 | 0.263 | 0.378 |
| 2019 | 31 | 0.324 | 0.033 | 0.283 | 0.410 |
| 2020 | 31 | 0.341 | 0.035 | 0.298 | 0.432 |
| 2021 | 31 | 0.373 | 0.033 | 0.330 | 0.459 |

4. 控制变量

为克服遗漏变量造成的影响，借鉴鲁钊阳等（2021）的方法，选取的控制变量如下：一是政府干预水平，记为 Gov，用该地区的一般公共预算支出占地区生产总值的比重来衡量，该值越高，说明该地区政府干预水平越高；二是人力资本水平，记为 HC，用该地区的普通高等在校学生数占年末人口数的比重衡量，该值越高，说明该地区人力资本水平越高；三是对外开放程度，记为 Open，用该地区的货物进出口总额乘以美元对人民币汇率再除以该地区的生产总值来衡量，该值越大，说明该地区的对外开放程度越高；四是金融发展指数，记为 FD，用金融机构的存贷款余额占 GDP 的比例来衡量，该值越大，说明该地区金融发展水平越高；五是城镇化水平，记为 Urban，用该地区的城镇人口占年末人口数的比重来衡量，该值越高，说明该地区城镇化水平越高。变量定义及测度方法如表 6-2 所示。

表6-2　变量定义及测度方法

| 变量 | 符号 | 变量定义 | 变量测度方法 |
|---|---|---|---|
| 因变量 | Cmw | 共同富裕 | 运用熵权 TOPSIS 法构建而得 |
| 自变量 | FT | 金融科技 | 运用熵权 TOPSIS 法构建而得 |
| 中介变量 | Index | 数字普惠金融 | 北京大学数字普惠金融指数 |
| 控制变量 | Gov | 政府干预 | 一般公共预算支出占地区生产总值的比重 |
| | HC | 人力资本 | 普通高等在校学生数占年末人口数的比重 |
| | Open | 对外开放 | 进出口总额占地区生产总值的比重 |
| | FD | 金融发展指数 | 金融机构的存贷款余额占 GDP 的比例 |
| | Urban | 城镇化水平 | 城镇人口占年末人口数的比重 |

5. 数据说明和描述性统计

以 2012~2021 年中国除港澳台地区外的 31 个省份为研究样本，实证分析金融科技、数字普惠金融与共同富裕三者之间的内在关系。其中，共同富裕水平、金融科技水平均为前文测度所得，首先利用熵权法计算权重，再根据各指标权重测算结果，得到综合得分结果，即 31 个省份共同富裕水平、金融科技水平的测度结果；数字普惠金融指数为北京大学数字金融研究中心研发的数据。政府干预水平、人力资本水平、对外开放水平、金融发展水平和城镇化水平等控制变量的测度数据均来自《中国统计年鉴》以及各省统计年鉴。表 6-3 为各变量的描述性统计结果。

表6-3　各变量的描述性统计

| 变量 | 样本量 | 均值 | 标准差 | 最小值 | 最大值 |
|---|---|---|---|---|---|
| Cmw | 310 | 0.323 | 0.108 | 0.059 | 0.665 |
| FT | 310 | 0.103 | 0.094 | 0.003 | 0.601 |
| Index | 310 | 0.250 | 0.088 | 0.062 | 0.459 |

续表

| 变量 | 样本量 | 均值 | 标准差 | 最小值 | 最大值 |
|------|--------|------|--------|--------|--------|
| Gov | 310 | 0.280 | 0.192 | 0.107 | 1.334 |
| Urban | 310 | 0.593 | 0.128 | 0.229 | 0.896 |
| open | 310 | 0.254 | 0.275 | 0.008 | 1.441 |
| HC | 310 | 0.020 | 0.006 | 0.009 | 0.0425 |
| FD | 310 | 3.498 | 1.129 | 1.784 | 7.578 |

## （五）实证分析

### 1. 基准回归

表6-4 提供基准回归的结果。引入共同富裕的滞后项 L. Cmw，使用系统 GMM 法进行估计。L. Cmw 在 1% 的置信水平下显著为正，即说明各省份的共同富裕水平会受到前期水平的影响。对于核心解释变量金融科技发展水平来说，列（1）是不加控制变量但时间固定的系统 GMM 模型，金融科技与共同富裕在 1% 的置信水平下显著为正，且此结果通过 AR2 及 Hansen 检验，说明金融科技发展水平越高，越有利于共同富裕水平的提高；列（2）是加入控制变量后的回归结果，金融科技与共同富裕在 5% 的置信水平下显著为正，且此结果通过 AR2 及 Hansen 检验，在加入控制变量之后，核心解释变量 FT 系数依旧显著为正。

表6-4　金融科技影响共同富裕的基准回归结果

| 变量 | (1) | (2) |
|------|-----|-----|
| | $Cmw_{i,t}$ | $Cmw_{i,t}$ |
| L. Cmw | 0.334*** | 0.400*** |
| | (0.081) | (0.088) |
| FT | 0.160** | 0.224** |
| | (0.081) | (0.093) |
| Gov | | 0.085* |
| | | (0.048) |
| Urban | | 0.534*** |
| | | (0.126) |

续表

| 变量 | （1）Cmw$_{i,t}$ | （2）Cmw$_{i,t}$ |
|---|---|---|
| Open | | −0.180*** （0.064） |
| HC | | 3.472* （2.066） |
| FD | | −0.037*** |
| 时间固定 | YES | NO |
| Numberofid | 31 | 31 |
| AR1 | 0.000 | 0.000 |
| AR2 | 0.240 | 0.313 |
| Hansen | 0.994 | 0.998 |
| N | 248 | 248 |

注：*、**和***分别表示在10%、5%、1%的统计水平下显著，括号内为标准误。下同。

对于控制变量而言，在列（2）当中，政府干预对于共同富裕在10%的置信水平下显著为正，说明政府干预程度越高，越有利于共同富裕的实现。这是因为：政府在经济领域的干预可以弥补市场失灵、调节收入分配、提高社会福利等方面的不足。首先，市场存在着信息不对称、垄断、外部性等问题，这些问题会导致市场无法有效分配资源，从而影响到社会的公平和效率。政府可以通过监管、税收、补贴等手段来调整市场失灵，提高社会福利水平，促进共同富裕。其次，收入分配不均也是影响共同富裕的重要因素之一。政府可以通过税收、社会保障、最低工资等措施来调节收入分配，减少贫富差距，促进共同富裕。此外，政府还可以通过教育、医疗、住房等公共服务的提供，降低低收入人群的生活成本，提高他们的生活品质，从而实现共同富裕。

对外开放水平对于共同富裕在1%的置信水平下显著为负，说明对外开放水平越高，越不利于共同富裕的实现，这可能是因为：首先，对外开放可能导致资源流失。当国家过度依赖外部市场和外资时，可能会导致本国产业的衰退和资源的外流，进而导致一部分人失去工作机会，影响到他们的收入和生活水平，从而阻碍了共同富裕的实现。其次，对外开放可能加剧贫富差距。在全球化的背景

·126·

下，跨国公司和国际资本流动增加，这可能导致富人更容易获得更多的经济机会和利益，而弱势群体可能无法分享到同样的机会和利益。这将进一步加剧社会的不平等现象，阻碍了共同富裕的实现。最后，对外开放也可能导致环境问题。为了吸引外资和外商投资，一些地方可能会放松环境保护标准，导致环境污染和资源破坏。这将对人民的健康和生活质量产生负面影响，进一步阻碍了共同富裕的实现。

城镇化水平对于共同富裕在1%的置信水平下显著为正，说明城镇化水平越高，越有利于共同富裕的实现。这是由于：

第一，就业机会增加。城镇化过程中，人口从农村转移到城市，这会带来大量的就业机会。城市相对于农村，拥有更多的产业，能够提供更多的工作岗位。通过就业机会的增加，人们可以获得更稳定、更高收入的工作，进而提高生活水平，实现共同富裕。

第二，产业结构升级。城市集聚了更多的经济资源和创新要素，有利于推动产业结构的升级和优化。城市中的企业更容易获取到技术、资本和市场等资源，从而提高竞争力和创新能力。这将带动整个经济的发展，为人们提供更多的发展机会，促进共同富裕。

第三，公共服务提升。城市相对于农村，拥有更完善的基础设施和公共服务体系。例如，教育、医疗、交通等方面的服务更加便捷和高效。这些公共服务的提升，可以降低低收入人群的生活成本，提高他们的生活品质，从而实现共同富裕。

第四，知识和技能的传播。城市中的教育机会更多，知识和技能的传播更加广泛。人们可以通过接受更好的教育和培训，提高自身素质和能力，增加就业机会和收入水平。这有助于缩小贫富差距，推动共同富裕的实现。

人力资本对于共同富裕在10%的置信水平下显著为正，说明人力资本越大，越有利于共同富裕的实现。这是因为：一是就业机会增加。人力资本的提升可以提高个体的就业能力和竞争力。拥有更多的知识和技能，人们更容易找到稳定、高薪的工作机会，从而增加收入和改善生活水平。同时，人力资本的提升也有助于创造新的就业机会，推动经济增长和共同富裕。二是经济增长与创新能力。人力资本是促进经济增长和创新的重要驱动力之一。具备较高的知识和技能的人才能够推动科技进步、技术创新和产业升级，提高生产效率和质量，促进经济的可持续发展。这将为整个社会创造更多的财富，为共同富裕奠定基础。三是贫困缓解与社会公平。人力资本的提升有助于缓解贫困问题和促进社会公平。通过教育和培训的机会，弱势群体有机会获取到更多的知识和技能，提高脱贫能力和就业机会。这将有利于减少贫困人口数量，缩小贫富差距，实现共同富裕。

金融发展指数对于共同富裕在1%的置信水平下显著为负，说明金融发展指数越高，越不利于共同富裕的实现。这是因为：一是金融不平等加剧。金融发展不平衡可能导致金融资源的集中和不公平分配。在金融体系不完善的情况下，少数富裕阶层或特定行业可能更容易获得金融支持和优势，而较为弱势的群体则面临金融障碍和排斥。这会加剧贫富差距，阻碍共同富裕的实现。二是金融风险扩大。在金融发展过程中，如果监管不力或金融市场存在漏洞，可能导致金融风险的扩大。金融风险的爆发会对整个经济和社会造成严重影响，尤其是对弱势群体的冲击更为明显。这将加剧贫困和不平等现象，阻碍共同富裕的实现。三是资本市场偏好。如果资本市场过于发达，可能导致资本过度集中和投机行为增加。这会使得金融资源主要流向高收入人群或特定行业，而忽视了对于实体经济和弱势群体的支持。这种情况下，共同富裕很难实现，社会的贫富差距可能进一步扩大。四是金融泡沫和不稳定性。金融发展过程中，如果存在过度扩张和泡沫风险，可能导致金融市场的不稳定性增加。金融危机和经济衰退对整个社会造成的影响将更为严重，特别是对低收入人群的影响更为显著，这将阻碍共同富裕的实现。综上，假设6-1得证。

2. 中介传导效应分析

金融科技发展通过中介变量数字普惠金融对共同富裕的影响结果如表6-5所示。在表6-5中列（1）为在加入控制变量的情况下金融科技发展水平对共同富裕的影响，结果已在上述基准回归说明；列（2）为金融科技发展水平对中介变量数字普惠金融的影响，在1%的置信水平下显著为正；列（3）加入了数字普惠金融发展水平这一中介变量，金融科技发展水平对共同富裕的影响，在10%的置信水平下为正，列（3）中系数为0.218，相对于列（1）中的0.224有所下降，表明通过提升数字普惠金融发展水平，从而使得金融科技发展水平促进共同富裕的提升。在其他影响因素不变的情况下，金融科技指数每提高1个单位，共同富裕则提升0.218个单位，同时在中介变量作用下，促使共同富裕间接提升0.06个单位，总效应提高0.224个单位，金融科技所产生的间接效应在总效应中所占比例约为27%。综上，假设6-2得证。

表6-5　金融科技发展水平影响共同富裕作用机制的检验结果

| | (1) | (2) | (3) |
| --- | --- | --- | --- |
| | $Cmw1_{i,t}$ | $Index_{i,t}$ | $Cmw1_{i,t}$ |
| $Cmw1_{i,t-1}$ | 0.400*** | | 0.139 |
| | (0.088) | | (0.136) |
| $Index_{i,t}$ | | | 0.398*** |
| | | | (0.100) |
| FT | 0.224** | 0.429*** | 0.218* |
| | (0.093) | (0.120) | (0.123) |
| Gov | 0.085* | 0.026 | 0.024 |
| | (0.048) | (0.039) | (0.087) |
| Urban | 0.534*** | 1.517*** | 0.138 |
| | (0.126) | (0.133) | (0.118) |
| Open | −0.180*** | −0.261** | −0.132* |
| | (0.064) | (0.103) | (0.072) |
| HC | 3.472* | 3.669* | 0.962 |
| | (2.066) | (1.947) | (2.298) |
| FD | −0.037*** | −0.017** | −0.029*** |
| | (0.011) | (0.008) | (0.010) |
| AR2 | 0.313 | 0.178 | 0.991 |
| Hansen | 0.998 | 0.863 | 0.664 |
| N | 248 | 279 | 248 |

3. 金融科技对共同富裕的区域异质性

由于我国东部、中部、西部、东北部地区资源禀赋与经济发展水平存在着明显的差异，本书猜测我国的金融科技和共同富裕的发展水平同样具有较为明显的区域异质性。为验证上述猜想，本书依据国家统计局的经济带划分依据，将按东部、中部、西部和东北地区四大区域分别进行回归。

表6-6为分地区回归后的结果。从共同富裕角度来看，除了东北部地区，金融科技对共同富裕水平均存在显著的促进作用。在此基础上，构建似无相关模型

表6-6 分地区回归结果

| 变量 | 东部 Cmw | 东部 Index | 东部 Cmw | 中部 Cmw | 中部 Index | 中部 Cmw | 西部 Cmw | 西部 Index | 西部 Cmw | 东北部 Cmw | 东北部 Index | 东北部 Cmw |
|---|---|---|---|---|---|---|---|---|---|---|---|---|
| FT | 0.213*** (4.01) | 0.147** (2.32) | 0.148*** (3.16) | 0.572** (2.08) | 0.072 (0.36) | 0.533** (2.07) | 1.104*** (6.41) | 0.145 (0.83) | 1.055*** (6.46) | -0.872 (-0.64) | 2.460*** (3.26) | 0.778 (0.65) |
| Index | | | 0.447*** (5.73) | | | 0.546*** (2.89) | | | 0.335*** (3.64) | 0.671** (2.09) | | |
| Gov | 0.091 (0.55) | -0.021 (-0.11) | 0.100 (0.71) | -0.125 (-0.62) | -0.243* (-1.69) | 0.008 (0.04) | 0.010 (0.23) | 0.019 (0.40) | 0.004 (0.10) | 0.026 (0.17) | -0.313*** (-3.76) | -0.184 (-1.39) |
| Urban | 0.899*** (5.95) | 1.312*** (7.29) | 0.313* (1.90) | 0.807** (2.63) | 2.122*** (9.71) | -0.351 (-0.71) | 0.483*** (4.99) | 1.708*** (17.36) | -0.089 (-0.49) | -1.264 (-1.34) | 1.841*** (3.66) | -0.029 (-0.04) |
| Open | -0.208*** (-6.52) | -0.281*** (-7.40) | -0.082** (-2.36) | 0.377* (1.71) | 0.094 (0.59) | 0.326 (1.58) | -0.011 (-0.21) | 0.085* (1.66) | -0.039 (-0.81) | 0.354** (2.57) | -0.070 (-0.76) | 0.307** (2.09) |
| HC | 7.010*** (2.84) | 13.468*** (4.58) | 0.992 (0.42) | -0.546 (-0.20) | -4.867** (-2.44) | 2.110 (0.76) | 1.024 (0.90) | -0.179 (-0.15) | 1.084 (1.00) | 2.270 (0.79) | 0.111 (0.06) | 2.344 (0.75) |
| FD | -0.008 (-0.58) | -0.000 (-0.02) | -0.007 (-0.67) | -0.015 (-0.77) | 0.012 (0.85) | -0.022 (-1.18) | -0.005 (-0.80) | 0.003 (0.45) | -0.006 (-1.01) | 0.048* (2.02) | 0.020 (1.28) | 0.062** (2.49) |
| 常数项 | -0.295*** (-3.90) | -0.810*** (-8.99) | 0.067 (0.74) | -0.117 (-1.15) | -0.804*** (-11.08) | 0.322* (1.80) | -0.056 (-1.48) | -0.680*** (-17.78) | 0.172** (2.39) | 0.693 (1.46) | -1.071*** (-4.80) | -0.026 (-0.07) |
| 观测值 | 100 | 100 | 100 | 60 | 60 | 60 | 120 | 120 | 120 | 30 | 30 | 30 |
| R² | 0.866 | 0.894 | 0.904 | 0.906 | 0.982 | 0.921 | 0.895 | 0.966 | 0.908 | 0.907 | 0.988 | 0.887 |
| 固定效应 | YES | YES | YES | YES | YES | YES | YES | YES | YES | YES | YES | YES |

（SUEST）进一步检验组间系数的差异，估计结果如表6-7所示。其中，金融科技对东部地区与西部地区共同富裕影响的估计系数差异（p=0.00）在1%的统计水平下显著、对中部地区与西部地区共同富裕影响的估计系数差异（p=0.06）在10%的统计水平下显著，表明金融科技在东部地区（0.213）和中部地区（0.572）对共同富裕的促进作用一般，在西部地区（1.104）和东北部地区（0.778）金融科技对共同富裕的促进作用更加明显，这是因为：第一，金融科技缩小了地区间差距。西部地区和东北部地区的金融科技发展相对滞后，但在互联网和数字化领域却有很大的发展空间。通过金融科技的应用，可以快速建立起现代化的金融体系，提高金融服务的广度与深度，缓解地区间的金融发展不平衡、不充分问题，促进共同富裕。第二，金融科技降低了金融门槛。传统金融服务通常需要大量的人力、物力和财力投入，这对于西部地区和东北部地区的小微企业和个体经济来说是一种负担。而金融科技的应用可以降低金融服务的门槛，使得西部和东北部地区的小微企业和个体经济也能够享受到便捷的金融服务，增强其竞争力和发展潜力，从而实现共同富裕。第三，金融科技提高了金融服务的覆盖率。西部和东北部地区的人口分布比较分散，传统金融服务难以覆盖到所有的地区和人群。而金融科技可以通过互联网、移动支付等方式，将金融服务延伸到偏远地区和贫困地区，提高金融服务的覆盖率和普及率，促进共同富裕。第四，金融科技促进了产业升级和创新发展。西部和东北部地区的经济主要以传统产业为主，缺乏高科技和高附加值的产业支撑。而金融科技的应用可以促进产业升级和创新发展，提高西部和东北部地区经济的竞争力和发展水平，从而实现共同富裕。

表6-7 组间系数差异的检验结果

| 地区 | Cmw | Index |
|---|---|---|
| 东部—中部 | 2.34<br>（0.0786） | 1.00<br>（0.3174） |
| 东部—西部 | 0.65***<br>（0.4184） | 0.00<br>（0.9981） |
| 东部—东北 | 1.71<br>（0.1913） | 0.45***<br>（0.5034） |

续表

| 地区 | Cmw | Index |
|------|------|-------|
| 中部—西部 | 0.74 *<br>(0.3884) | 1.30<br>(0.2534) |
| 中部—东北 | 10.07 **<br>(0.0015) | 8.71 ***<br>(0.0032) |
| 西部—东北 | 8.63 *<br>(0.0033) | 0.60 ***<br>(0.4381) |

金融科技影响数字普惠金融发展水平的估计系数在东部与东北部地区之间的差异（p=0.00）、中部与东北部地区之间的差异（p=0.00）、在西部与东北部地区之间的差异（p=0.00）均在1%的统计水平下显著。可知金融科技在东北部地区对数字普惠金融发展水平的促进作用较强（2.460），在中部地区的促进作用较弱（0.072）。这是因为：第一，经济转型需求。东北部地区曾是中国的老工业基地，经济结构相对传统，面临着产业结构调整和经济转型的挑战。在这种背景下，金融科技可以为东北部地区提供更多元化、灵活性强的金融服务，满足企业和个人的融资、支付、理财等需求，推动经济转型和创新发展。第二，互联网普及程度。东北部地区的互联网普及程度对于中部地区来说相对较低，快速发展的金融科技能够通过运用先进的技术手段提供更加便捷的产品和服务，扩展服务覆盖面，大力推动数字普惠金融的发展。第三，政府支持和政策引导。相较于中部地区，东北部地区政府重视经济振兴和创新发展，积极推动金融科技的发展。政府通过出台相关政策、提供扶持措施等方式，鼓励金融科技企业在东北部地区设立分支机构、开展业务，促进普惠金融服务的发展。第四，金融服务需求。相对于中部地区，东北部地区的金融服务需求可能更为迫切。由于经济结构转型和老工业基地的特殊性，东北部地区可能存在更多中小微企业和个体户，他们对于融资、支付、结算等金融服务的需求较大。金融科技可以提供更便捷、高效的金融服务，满足这些需求，推动普惠金融的发展。综上，假设6-3得证。

4. 门槛效应回归

为验证假设6-4，将金融科技指数、数据普惠金融划分为多个区间，采用门槛效应检验在不同区间内金融科技对共同富裕的影响。运用Bootstrap自抽样法对面板门槛的存在进行检验，通过反复抽样 900 次之后，得出检验结果，如表 6-8 所示，金融科技对共同富裕的门槛效应在 5% 的显著性水平下通过了单一门槛检验，因此后续选择单一门槛模型进行分析。

表 6-8 金融科技与数字普惠金融的门槛效应检验

| 金融科技 | | | 数字普惠金融 | |
|---|---|---|---|---|
| 变量模型 | F 统计量 | p 值 | F 统计量 | p 值 |
| 单一门槛 | 44.30 | 0.0233 | 85.37 | 0.0000 |
| 双重门槛 | 14.71 | 0.4433 | 61.13 | 0.0000 |
| 三重门槛 | 13.35 | 0.9200 | 43.70 | 0.4967 |
| 门槛数 | | 单一门槛 | 双重门槛 | |
| 门槛值 q1 | | 0.2028 | 0.1180 | |
| q2 | | | 0.2402 | |

图 6-1、图 6-2 的门槛估计值与表 6-8 相符，金融科技对共同富裕的门槛值为 0.2028，数字普惠金融对共同富裕的门槛值为 0.2402 与 0.1180。数字普惠金融发展水平对共同富裕的门槛效应在 1% 的显著性水平下通过双重门槛检验，显示没有通过三重门槛检验，于是选择双重门槛模型进行后续的分析，由此确定各个门槛变量的门槛值，于是得到表 6-9 的回归结果。

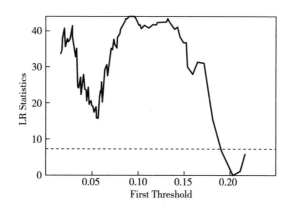

图 6-1 金融科技门槛值 LR 图形

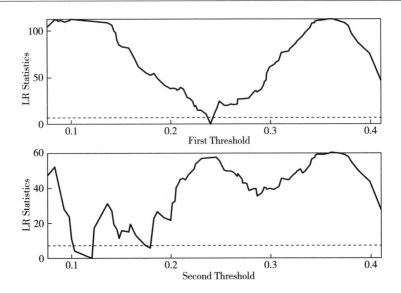

图 6-2　数字普惠金融门槛值 LR 图形

表 6-9　金融科技与数字普惠金融对共同富裕的门槛回归结果

| | 门槛变量 | |
| --- | --- | --- |
| | （1）FT | （2）Index |
| FT（Adj≤q1） | 1.2171*** | −1.159*** |
| | （0.0728） | （0.1911） |
| FT（q1<Adj<q2） | 0.8830*** | −0.0195 |
| | （0.0418） | （0.0865） |
| FT（q2≤Adj） | | 0.4993*** |
| | | （0.0457） |
| 常数项 | 0.2097*** | 0.2900*** |
| 控制变量 | NO | NO |
| N | 310 | 310 |

　　表 6-9 中列（1）为金融科技对共同富裕的门槛回归结果，结果显示，以金融科技作为门槛变量，当金融科技指数小于门槛值 0.2028 时，系数为 1.2171，

加快金融科技发展对共同富裕的提升作用较为明显，表明金融科技水平较低时，金融科技发展能更好地促进共同富裕的实现；而当金融科技指数大于门槛值0.2028，在1%的统计水平下显著，金融科技对共同富裕影响的系数为0.8830，显著低于1.2171，这说明金融科技指数超过阈值后，金融科技对共同富裕的重要性降低，强化金融科技适度有序发展，是保证共同富裕提升的重要内容。

金融科技对共同富裕存在非线性影响，其效果有可能受到数字普惠金融发展水平的调节，表6-9中列（2）为金融科技的系数，为-1.159，而当数字普惠金融指数处于0.1180与0.2402之间时，金融科技的系数变为-0.0195，但并不显著，可能的原因是当数字普惠金融指数位于此区间内时，数字普惠金融取代金融科技发挥了完全中介的作用，即使金融科技的系数不显著，但观其系数，仍表现出边际效应递增的趋势。当金融科技指数大于第二门槛0.2402时，金融科技的系数由负转正，且在1%的统计水平下显著，为0.4993，显著大于前两个系数，这就意味着在数字普惠金融的调节作用下，金融科技对共同富裕的影响具有边际效应递增的特征。这说明当数字普惠金融指数超过阈值后，金融科技对共同富裕的重要性更加凸显，加快金融科技的有序发展，促进数字普惠金融的发展，促进二者的协同有效发展，是我国实现共同富裕的重要保证。

目前，我国大部分中、西部省份的金融科技指数低于0.2028的水平，促进这些省份金融科技发展，会显著促进共同富裕；目前大部分省份数字普惠金融指数大于0.2402，数字普惠金融发展水平使得金融科技对共同富裕的促进作用变大，正处于金融科技推动共同富裕水平的黄金时期。所以，要促进共同富裕的实现，必须加快金融科技的发展步伐，同时促进数字普惠金融发展水平的提升，从而实现金融科技与共同富裕的共振。综上，假设6-4得证。

5. 稳健性检验

为了验证上述实证结果的可靠性，本书采用最小二乘虚拟变量法（LSDV）、剔除直辖市方法进行稳健性检验，回归结果如表6-10所示。

由表6-10可知，在利用虚拟变量法（LSDV）与剔除直辖市进行回归后，核心解释变量的显著性与估计系数均与前文基本一致，表明研究结果是稳健的。

表6-10　金融科技对共同富裕影响机制的稳健性检验

| 检验方法 | LSDV | | 剔除直辖市 | |
| --- | --- | --- | --- | --- |
| 变量 | Cmw | Cmw | Cmw | Cmw |
| | (1) | (2) | (3) | (4) |
| FT | 0.252*** | 0.205*** | 0.444** | 0.419** |
| | (7.35) | (5.83) | (0.188) | (0.193) |
| L. Cmw | | | 0.245 | 0.279 |
| | | | (0.229) | (0.197) |
| Index | | 0.862*** | | 0.214* |
| | | (4.20) | | (0.128) |
| Gov | −0.062 | 0.013 | | −0.088 |
| | (−1.24) | (0.24) | | (0.093) |
| Urban | −0.038 | 0.000 | | 0.200 |
| | (−0.37) | (0.00) | | (0.201) |
| open | −0.040* | −0.041* | | −0.026 |
| | (−1.77) | (−1.88) | | (0.064) |
| HC | 0.475 | 1.487 | | −0.595 |
| | (0.41) | (1.29) | | (2.006) |
| FD | −0.002 | −0.008 | | −0.008 |
| | (−0.34) | (−1.40) | | (0.006) |
| 常数项 | 0.270*** | 0.148*** | | |
| | (5.52) | (2.67) | | |
| AR2 | | | 0.553 | 0.558 |
| Hansen | | | 0.988 | 0.992 |
| N | 310 | 310 | 270 | 270 |

## 6. 进一步分析

为了进一步细化金融科技对共同富裕的影响，本部分将金融科技的四个二级指标（互联网基础、金融规模、经济基础以及信息技术创新）对共同富裕指标进行固定效应回归，同时将共同富裕指标分为富裕度、共享度、可持续性三个维度分别与金融科技水平进行回归。各指标定义如表6-11所示。

表6-11　各二级指标变量定义及测度方法

| 符号 | 变量定义 | 变量测度方法 |
|---|---|---|
| FT1 | 互联网基础水平 | 由各三级指标熵值法合成 |
| FT2 | 金融规模 | 由各三级指标熵值法合成 |
| FT3 | 经济基础 | 由各三级指标熵值法合成 |
| FT4 | 信息技术创新 | 由各三级指标熵值法合成 |
| Cmw1 | 富裕度 | 由各三级指标熵值法合成 |
| Cmw2 | 共享度 | 由各三级指标熵值法合成 |
| Cmw3 | 可持续性 | 由各三级指标熵值法合成 |

　　表6-12呈现了金融科技四个二级指标对共同富裕的回归结果。结果显示，互联网基础水平（FT1）、金融规模（FT2）、经济基础（FT3）、信息技术创新（FT4）对共同富裕的回归结果都在1%的显著性水平上为正。观其系数，经济基础（FT3）对共同富裕的促进效果最强，经济基础每提升1个单位，共同富裕水平能提升0.488个单位；其次是金融规模（FT2），金融规模每提升1个单位，共同富裕水平能提升0.439个单位。进一步分析，合成经济基础的三级指标主要为经济增长方面的指标，如城镇人均可支配收入、国内生产总值等；而合成金融规模的三级指标主要为金融业增加值、金融业城镇单位就业人员，由此说明，金融科技促进共同富裕水平提升的过程中，金融发展与经济增长的作用最大。表6-12中列（5）展示了将金融科技四个二级指标得分一同与共同富裕指数进行固定效应检验的回归结果，结果显示，金融科技四个二级指标中，只有经济基础（FT3）在1%的显著性水平上对共同富裕有正向促进作用，这更凸显了经济基础对共同富裕的重要促进作用，这也与上文系统GMM回归的结果相符，共同富裕水平与其滞后一阶项显著相关，即上一年的经济发展水平会显著影响本年的共同富裕水平；而信息技术创新（FT4）在10%的显著性水平上对共同富裕有反向抑制作用，其余二级指标则不显著，可能的原因是：①信息技术创新往往需要高度的数字化和技术能力，而贫困地区和弱势群体往往缺乏这些能力和资源。因此，信息技术的快速发展可能会加剧贫富差距，造成数字鸿沟的扩大，进而抑制共同富裕水平。②信息技术创新带来了新的工作和就业机会，但这些机会往往需要高技能和专业知识。对于缺乏相关技能的人群来说，他们可能无法适应新的工作需

求，导致技能失配和收入差距的加大。③信息技术创新通常需要大量的资本投入，包括研发、设备和基础设施等。这使得大型科技公司和资本集团能够更好地参与和受益于信息技术创新，而中小企业和个体经营者往往面临更大的竞争压力。这种资本集中现象可能导致收入分配不均，使共同富裕的实现受到阻碍。

表 6-12　金融科技四个二级指标对共同富裕的回归结果

| 变量 | (1)<br>Cmw | (2)<br>Cmw | (3)<br>Cmw | (4)<br>Cmw | (5)<br>Cmw |
|---|---|---|---|---|---|
| FT1 | 0.103 ***<br>(3.34) | | | | -0.004<br>(-0.21) |
| FT2 | | 0.439 ***<br>(17.40) | | | -0.005<br>(-0.08) |
| FT3 | | | 0.488 ***<br>(21.57) | | 0.563 ***<br>(8.61) |
| FT4 | | | | 0.319 ***<br>(14.27) | -0.063 *<br>(-1.65) |
| Gov | 0.002<br>(0.03) | 0.039<br>(0.96) | 0.077 **<br>(2.12) | 0.030<br>(0.67) | 0.080 **<br>(2.20) |
| Urban | 0.796 ***<br>(10.39) | 0.610 ***<br>(11.10) | 0.278 ***<br>(5.21) | 0.608 ***<br>(10.02) | 0.239 ***<br>(3.71) |
| Open | -0.212 ***<br>(-8.85) | -0.041 **<br>(-2.10) | -0.044 **<br>(-2.59) | -0.082 ***<br>(-3.94) | -0.047 ***<br>(-2.69) |
| HC | 4.471 ***<br>(3.85) | 2.366 ***<br>(2.87) | 2.476 ***<br>(3.42) | 4.421 ***<br>(4.96) | 2.245 ***<br>(3.00) |
| FD | 0.000<br>(0.01) | -0.009 *<br>(-1.90) | -0.005<br>(-1.24) | -0.002<br>(-0.37) | -0.005<br>(-1.25) |
| 常数项 | -0.193 ***<br>(-6.48) | -0.141 ***<br>(-6.64) | 0.005<br>(0.26) | -0.153 ***<br>(-6.60) | 0.027<br>(1.00) |
| N | 310 | 310 | 310 | 310 | 310 |
| R-squared | 0.793 | 0.898 | 0.920 | 0.877 | 0.921 |
| Numberofid | 31 | 31 | 31 | 31 | 31 |
| FE | YES | YES | YES | YES | YES |

表 6-13 呈现了金融科技对共同富裕三个维度的指标的回归结果。结果显示，富裕度（Cmw1）与共享度（Cmw2）均在 1% 的显著性水平上为正，表明金融科技能分别促进共同富裕中的富裕维度和共享维度，进一步地，组成富裕度维度的三级指标主要与经济增长有关，比如人均地区 GDP、居民人均消费支出等，表明金融科技能通过促进经济增长起到促进共同富裕的作用；组成共享度的维度主要与财政支出相关，比如教育支出、地方财政社会保障支出等，换句话说，金融科技具有促进公共服务增长的作用。众所周知，财政支出、公共服务对社会财富具有再分配的作用，具有普惠性、共享性，能够缩小城乡收入差距。因此，综上所述，金融科技能通过促进经济增长、缩小城乡收入差距推进共同富裕，这与前文理论分析的结果相符。值得注意的是，金融科技对可持续性（Cmw3）的回归结果却不显著，进一步地，组成可持续性的三级指标主要与环境保护与治理相关，金融科技系数不显著的原因可能是：①金融科技主要关注提高金融效率和便利性，通过数字化和自动化等技术手段改进金融服务和交易流程。虽然这些技术可以提高金融业务的效率和降低成本，但在环境治理方面的直接影响相对较小。②金融科技公司的主要目标是追求商业利益和市场份额的增长，而环境治理的目标是减少污染和资源消耗，实现可持续发展。这两者的目标并非总是一致的，金融科技公司可能更关注短期经济利益，而环境治理需要更长期的视角。然而，值得注意的是，金融科技对可持续性的影响系数为正，随着"双碳"战略的不断实施以及乡村振兴战略的持续推进，金融科技在可持续性发展方面发力空间较大。

表 6-13　金融科技四个二级指标对共同富裕的回归结果

| 变量 | (1) | (2) | (3) |
| --- | --- | --- | --- |
|  | Cmw1 | Cmw2 | Cmw3 |
| FT | 0.381*** | 0.448*** | 0.009 |
|  | (6.86) | (10.79) | (0.29) |
| Gov | 0.050 | 0.080 | −0.070 |
|  | (0.63) | (1.36) | (−1.58) |
| Urban | 0.791*** | 0.576*** | 0.512*** |
|  | (7.53) | (7.34) | (8.62) |

续表

| 变量 | (1)<br>Cmw1 | (2)<br>Cmw2 | (3)<br>Cmw3 |
|---|---|---|---|
| open | −0.230***<br>(−6.64) | 0.001<br>(0.03) | −0.147***<br>(−7.48) |
| HC | 2.839*<br>(1.81) | 4.490***<br>(3.83) | 3.855***<br>(4.33) |
| FD | −0.010<br>(−1.05) | 0.004<br>(0.58) | −0.006<br>(−1.21) |
| 常数项 | −0.183***<br>(−4.49) | −0.216***<br>(−7.11) | 0.191***<br>(8.31) |
| N | 310 | 310 | 310 |
| R-squared | 0.733 | 0.797 | 0.727 |
| Numberofid | 31 | 31 | 31 |
| FE | YES | YES | YES |

### （六）研究结论

本节实证分析了金融科技对共同富裕的影响效应，还分析了金融科技通过数字普惠金融这一中介变量对共同富裕的影响作用，金融科技发展能够提高数字普惠金融水平间接促进了共同富裕；将我国 31 个省份划分为东部、中部、西部、东北部地区进行实证分析，得出金融科技发展对共同富裕的影响存在明显的西部＞中部＞东部的区域异质性；利用面板门槛效应模型分析金融科技对共同富裕的影响，得出金融科技对共同富裕存在非线性边际效应递减，金融科技水平的不断提升对共同富裕的影响程度在降低，其影响受到数字普惠金融发展水平的调节；最后进行稳健性检验，利用最小二乘虚拟变量法（LSDV）和剔除直辖市数据进行回归，结果仍然显著。

值得注意的是，从金融科技与金融科技的四个二级指标与共同富裕以及共同富裕的三个维度进行回归的结果中可以看出，金融科技中经济增长维度与金融发展维度对共同富裕的促进作用最大，说明在金融科技促进共同富裕的过程中，金融科技更多的是手段，更需要关注金融业本身发展对共同富裕的促进作用。金融科技主要通过促进人均可支配收入增长与财政支出扩大来促进共同富裕，这也相对应经济增长与缩小城乡收入差距，在今后的政策制定中，应更注重通过促进经济增长与缩小收入差距两个维度入手，更好发挥金融科技对共同富裕的促进作用，同时更应大力发展绿色金融科技，促进金融科技在环境治理方面发挥积极作用。

# 三、本章小结

本章在厘清金融科技赋能共同富裕理论机制的基础上，运用系统 GMM 模型，考察金融科技赋能共同富裕的总效应。研究结果表明：①金融科技显著影响共同富裕水平，且存在明显的西部>中部>东部的区域异质性。②金融科技对共同富裕存在非线性边际效应递减，且受到数字普惠金融发展水平的调节。③金融科技二级指标中，经济基础与金融规模对共同富裕的促进作用最大。④金融科技显著影响"富裕度"和"共享度"指标，对"可持续性"的影响不显著。

# 第七章　金融科技赋能共同富裕的案例梳理

基于金融科技赋能共同富裕的机制、技术层面的定性、定量分析，有必要结合实践进一步梳理金融科技赋能共同富裕的现实操作，便于实现学术与现实相结合，提出有针对性、可落地的优化路径。

## 一、国内金融科技赋能共同富裕的探索与实践

随着金融科技的不断发展，其赋能共同富裕的实践成果也逐渐显现，尤其是在促进农村富裕、助力乡村振兴方面，银行、保险等机构充分发挥自身优势，形成了一批具有特色的实践案例。

### （一）雅安金融系统：借力金融科技，助力乡村振兴

1. 背景

建设国家现代农业园区，是促进中国农村绿色资源高效开发，促进农业一二三产业的一体化发展，实现农村全面振兴，推进农业农村现代化建设的一个重大措施。雅安市通过园区创新融合试点，建立联农扶农的利益联结机制，探索"产业集中带动+基地规模带动+企业带动"模式，让集体收入资金、土地流转租金、基地务工工资、入股分红股金等成为农户新的增收渠道，把传统农业逐步改造成

现代农业。在这一过程中，雅安市金融系统针对乡村振兴新形势、新要求，立足自身科技实力，打造新型数字金融业务。

2. 做法及成效

（1）优化数字金融服务。现代农业园区建设是雅安市全面推进乡村振兴的重大举措，雅安市金融系统充分发挥自身优势，不断优化信贷产品及服务，健全线上线下相融合的服务模式，将金融服务贯穿乡村振兴全过程。随着新型农业经营主体的快速发展，"公司+专业合作社+农户"经营模式的不断推广，农业经营主体的融资需求也迅速增长，而缺乏抵质押物的现实情况制约了传统金融服务的范围。雅安市多家金融机构通过与农业供应链核心企业合作，打通上下游企业以及农户间的信用传递，做好供应链金融，为农业生产经营主体提供高效便捷的金融服务。农行借助"惠农 e 贷"，不断加大线上自动授信业务力度，快速解决农户信贷需求；建行上线手机银行乡村专版，提供"裕农通"产品及服务；还有银行推出"乡村振兴贷"线上贷款产品，不断提升农村地区的普惠服务力度。2022 年，雅安市智慧菜市金融服务项目上线，通过数字化改造，基于金融科技形成"信息公示、产品溯源、价格检测、联网监督、智能监控"一体化的服务平台，通过数据分析，可以快速了解市场需求，指导农户生产，在不断提升便民水平的同时，可以有效实现助农增收。项目上线 1 年的时间，累计交易金额达3500 余万元，累计贷款 300 万元，金融服务程度不断提升。

（2）助力"数字乡村"建设。雅安市金融机构在不断优化金融产品及服务的同时，不断加大以金融科技赋能数字乡村建设的力度。农行雅安分行利用科技金融优势，推动农户信息建档工作，综合利用数据信息为农业经营主体提供差异化产品及服务。工行雅安分行通过打造"数字乡村"综合服务平台及"三资管理平台"，提供集金融、政务、村务等于一体的综合服务，助力农业农村现代化建设。

3. 启示

（1）关注供应链金融。农村产业链的构建及优化对于推动农村地区富裕至关重要。金融全面服务产业链能够高效实现资金的利用效率，金融科技借助数据资源能够破解农业生产经营者，尤其是个体经营者融资困难的难题，通过上下游产业链的衔接实现信用的传递及数据库的搭建，推动农业产业链强化。

（2）强化精准帮扶。集合多主体优势，打造集资金流、物流、商流于一体的综合服务项目，综合线上授信与线下审核，搭建多样化场景，为不同农业生产经营主体提供差异化的金融产品及服务。

### （二）北京农商银行：打造"浓情驿站"，创新农村金融服务

#### 1. 背景

有效的金融供给是保障乡村振兴全面推进，助力城乡共同富裕的关键。农村地区幅员辽阔，对于农村金融服务机构的覆盖面及数量要求相对较大，而农村金融服务网点覆盖率较低，致使当前农村金融供给不足。北京农商银行作为首都金融支农主力军，创新打造"浓情驿站"，于2023年10月8日在顺义区龙湾屯镇柳庄户村首家落成。

北京农商银行的市场定位是"立足城乡、服务三农、服务中小企业、服务百姓"，"浓情驿站"的落地有效实现了"基础金融不出村、综合金融不出镇"的服务体系，扩大了农村金融覆盖面，增加了"长尾群体"的金融供给。同时，金融服务融入乡村治理，能够提升服务效率及服务功能。

#### 2. 做法及成效

（1）聚合便民服务，打通农村金融服务"最后一公里"。"浓情驿站"是集金融、政务、党务、民生等于一体的综合服务平台。驿站采用银行自助服务机+辅导员的模式，除提供存取款、缴费充值等基本服务外，还与乡村治理深度融合，向农户讲解各种惠农金融政策，宣传各类金融防诈骗知识。驿站致力于打造便捷、高效、便民的民生服务环境，切实把金融资源分配到乡村重点领域，能够使农户足不出村即可满足日常基本金融服务需求，提升金融服务效率，优化农村金融服务体验感，有效实现了金融服务下沉的目标。

（2）加强环境建设，促进农村金融与乡村治理深度融合。北京农商银行认真贯彻党的二十大精神，切实落实北京监管局提出的"加强农村金融生态建设，促进农村金融融入乡村治理"的政策要求，在满足农村居民基本金融服务需求的基础上，把"浓情驿站"打造成一个联系群众和服务群众的平台，进而推动信息进村入户工程的实施。通过开展金融知识普及活动，提升农村居民的风险意识和金融素养，促进农村治理效率的提高，使得文明乡风的感染力、渗透力、辐射

力不断增强。同时，金融服务深入乡村，可以充分了解农村居民的服务需求，加强大数据支撑，以科技赋能农村信用体系建设，创新农村金融产品和服务。

（3）强化规划引领，不断拓展金融支农的广度和深度。在全面推进乡村振兴背景下，北京农商银行在国家和北京市实施乡村振兴战略规划的基础上，研究制定《北京农商银行"十四五"时期金融服务乡村振兴发展规划（2021－2025年）》，每年出台相关行动方案，明确金融助力乡村振兴的重点和关键环节。北京农商银行借助其创新推出的"凤凰助飞"乡村振兴融资服务品牌，大力投放乡村振兴领域贷款，助力乡村产业振兴。

北京农商银行借助数字化转型发展契机，创新推出"浓情驿站"，有效增强了线上金融产品和服务供给，提高了网点服务效能。"银农直联"场景的不断拓宽，能够加大金融产品和服务的创新力度，提升农村资金、资产和资源的管理效率。通过手机银行、人脸识别等技术，简化业务流程，扩大农村地区的金融服务覆盖面。

3. 启示

（1）加快推进金融服务下沉。借助普惠金融发展的契机和金融科技的优势，不断延伸农村金融服务触角，推进金融服务的深度下沉。通过扩大农村金融服务网点等线下资源，打造线上线下协同的农村金融服务体系，提升农村居民对金融产品和服务的获得感。

（2）推进农村金融与乡村治理的深度融合。在农村金融服务过程中，融入金融知识及涉农金融政策的宣传，提高农村居民对风险评估、投资收益等的正确理解，培养其对数字金融产品的使用习惯，助力农村居民信用评价体系的完善及数字普惠金融在农村的应用。

**（三）农行娄底分行：创新专项产品，服务农业经营主体**

1. 背景

金融产品与融资需求的期限错配不仅无法充分满足融资主体的资金需求，还有可能导致融资风险加大。为了更好地帮助农户秋收秋种，农行娄底分行根据农时，自每年10月开始启动"冬储行动"。"冬储行动"是农行娄底分行开展的专项助农行动，该行动根据农业生产规律，为农民在秋收秋种阶段的农田水利建设、种粮储藏等活动提供金融服务，支持农业生产经营规模的扩大。

为了更好地帮助秋冬播种，继续推动农村振兴工作，农行娄底支行在"三农"重点领域开展"冬储行动"，大力发展特色农业，加速数字农村建设，形成金融服务乡村振兴的样板，继续书写服务乡村振兴的新篇章。

2. 做法及成效

（1）建立农户信贷档案。农行娄底分行在农闲时节进村入户，对农户进行调查，了解农户的生产经营情况及融资需求，并为相关农户建立信贷档案，做好信用评级，缩短后续贷款流程和时间，便于农户及时获得贷款用于农业生产经营。

（2）创新推出专项产品。农行娄底分行创新推出"美丽乡村建设积分贷""农资贷"等专项产品，支持农业生产经营规模的扩大及其他涉农产业的发展。此外，农行娄底分行大力推广资金、资产、资源交易平台，进一步激活农村生产要素，助力农民增收。对于行动不便的群体，农行娄底分行提供上门金融服务，不断简化业务流程，充分满足不同群体的金融需求。

（3）举办惠农大讲堂。农行娄底分行组建专业团队包乡进村，通过举办惠农大讲堂的形式，向农户宣传惠农政策及基础金融知识，推广惠农e贷、富民贷等金融产品，使农户了解不同产品的特点，提高金融产品供需的适配度。

（4）加强银政合作。农行娄底分行不断加深与基层政府的合作，通过"银村党建结对共建"活动，深入了解当地农村金融产品及服务的需求，持续推出特色化金融服务，提高农村金融服务效率。

截至2023年11月底，农行娄底分行建立的信贷信息档案累计超过9万户，与年初的农户贷款相比增加10亿元，增速高达47%；乡村产业及建设方面的贷款与年初相比增加6亿元，为当地农业产业发展提供了强力的信贷支持。

3. 启示

（1）金融机构在实行助农行动时，可以与农情时令匹配，制定相应的行动方案，助力农业发展，服务乡村振兴，帮助农民增收致富。

（2）可以组建相应的深耕乡村专项团队，推广各项金融产品知识及相关金融政策，实现更好的助农。

### （四）邮储银行：优化升级金融服务，向特色产业提供融资服务

**1. 背景**

产业振兴是实现乡村振兴、助力共同富裕的基础。发展特色产业是全面推进乡村振兴的一条重要途径。当前，特色产业已经成为农民就业增收的重要渠道，是乡村产业发展的重要驱动力。"三农"、中小企业和城乡居民是邮储银行的主要服务群体。在乡村产业振兴持续推进过程中，邮储银行将关注重点逐渐转移至乡村特色产业，不断优化特色产业融资服务体系，满足特色产业的融资需求，全方位助力乡村产业振兴。

**2. 做法及成效**

（1）提供差异化金融产品。邮储银行深入实地，对乡村特色产业进行摸底调查，了解不同特色产业的生产特征及其对金融服务的需求，甄别现有金融产品与特色产业之间的不匹配性，为有需求的特色产业设计更具针对性的金融服务产品。灵活搭配产品要素，提供定制化专属产品，从总行提供产品向分行提出需求升级。同时，提供线上化、数字化、自动化相结合的产业贷服务，提高金融服务便捷性。截至 2023 年 6 月，邮储银行为分行累计设计了 300 多个特色产业金融产品、70 多个产业链核心企业金融产品，产业贷累计放出近 1000 亿元。以辽宁为例，针对当地特色的肉牛养殖行业，邮储银行辽宁分行采用"政府+银行+担保公司"模式，结合客户养殖数据，综合分析肉牛养殖行业的基本周期，了解客户的用款金额及期限，开发肉牛养殖贷特色产品，有效地满足了肉牛养殖户的融资需求，解决了大额贷款需要抵质押物的难题，促进当地肉牛养殖产业的发展，帮助肉牛养殖户创收增收，助力农村富裕。

（2）注重多部门协同合作。共同富裕涉及方面较多，农村生产经营情况复杂，对于金融产品和服务的需求多样。为准确把握农村特色产业金融需求，邮储银行与融资担保公司、农业产业链核心企业等加强合作，针对不同的产业及场景，联合开发差异化、个性化的金融产品和服务。同时，加强邮储银行内部的协同合作，推出信贷、支付结算、对公业务等综合化的金融服务。以黑龙江为例，邮储银行黑龙江分行与粮食产业链核心企业合作，以供应链平台的电子仓单作为上游购销经纪人贷款的质押物，共同推出"粮食电子仓单质押产业贷"。依托企

业粮食销售的结算系统，实时掌握贷款客户的生产经营情况。

（3）推动产业链金融自动化服务。邮储银行搭建"邮e链"涉农产业链金融服务平台，以该平台的相关数据作为"数据层"，以数字化驱动的风控系统作为"风控层"，以一系列涉农金融产品及服务作为"产品层"，以不同的交易场景作为"场景层"，形成农业产业链金融服务模式。在农业生产经营过程的各个场景引入金融服务，通过"数据层"的数据支撑，对相关场景数据进行分析，为不同场景提供更精准、匹配度更高的金融产品和服务，推动产业链金融自动化服务的运行，全面提高信贷审批效率，提升客户体验满意度。同时，利用大数据分析，将数据融入银行贷后管理流程，实时监测贷后情况，不断完善风控系统。以天津为例，邮储银行天津分行通过与水产饲料加工企业合作，将饲料产业数据引入金融服务平台，开发"水产饲料产业贷"，通过对企业提供数据的分析，不断优化风控系统，实现自动审批，满足客户线上申请贷款、还款等流程。

3. 启示

（1）聚焦产业兴旺的金融需求。推动金融资源与农村不同产业金融需求的精准对接，加速金融资源下沉乡村，推出支持地方特色产业发展的信贷产品。

（2）加强银企合作。强化银行与不同产业链核心企业之间的合作，运用大数据分析产业链客户群及生产经营特征，共同探讨开发针对不同产业场景的金融产品与服务，不断优化升级线上信贷产品，由金融产品与服务的纵向开发转向集群式的横向发展，为产业链提供全面的金融服务。

**（五）华夏银行：推出"数字+粮食银行"服务，开发产业数字金融业务**

1. 背景

在数字经济时代，商业银行面临的挑战日益加强。针对客户提供点对点金融服务，虽然可以满足客户自身的金融需求，但对于整个产业发展的促进作用有限。同时，产品同质化的问题也使得市场竞争不断增强。因此，需要不断延伸金融服务链条，充分挖掘不同场景的金融需求，提供产业数字金融服务，助力区域经济发展，实现城乡共同富裕。产业数字金融业务针对整个产业链提供综合化金融服务，不仅包括生产经营过程中的融资需求，还包括后续支付结算、投资管理等流程的金融服务需求。产业数字金融业务在提升业务办理效率的基础上，可以有效解决产业链中小微企业融资难的问题，增加上下游企业的连接，优化产业生态的发展。

2023 年，华夏银行与黑龙江象屿农业物产有限公司合作，推出"数字+粮食银行"的数字化产业融资项目。黑龙江是我国重要的产粮大省，但是在粮食收储过程中面临流通环节多、存储困难、资金需求大等问题。数字粮食银行服务可以有效解决上述问题。

2. 做法及成效

（1）搭建产业数字金融平台。华夏银行与企业对接合作，与企业实现数据信息的部分互联互通，该平台不仅可以开展信贷、支付结算等基础金融业务，还可以与企业数据联合设定不同场景，创新金融产品与服务。同时，该平台可为企业提供部分增值服务。

（2）革新关键技术。搭建平台之外，华夏银行对其数字授信技术、数字智能风控技术进行了革新。借助平台数据，华夏银行可对产业发展、客户情况进行评估，确定信用评级，实现授信、放款和支付业务的迅速完成。数字智能风控技术则可以实现交易监测、交易预警，确保交易安全进行。

（3）开展粮食仓单质押融资业务。华夏银行与象屿农业物产有限公司合作推出数字化个人粮食仓单质押融资业务，针对黑龙江地区的粮食经纪人，通过集成象屿农业生态数据与第三方权威数据，构建全链条的数据监控模式，实现 7×24 小时的"数字授信""线上贷款""智能贷后"等金融服务，满足粮食经纪人在收储过程中的融资需求，大大缩短供应链时间，降低流通成本。

2022 年，华夏银行产业数字金融业务新增融资类客户超 1500 户，大宗商品业务新增客户超 110 户，累计双边清算金额 1300 多亿元。在实现高效增加客户的同时，可以有效满足客户便捷化、低成本的融资需求。

3. 启示

（1）将农业、贸易和金融数字化相结合，建立农业产业数字金融系统。这对于金融支持农业产业数字化体系建设，支持在生态系统中扩展生产关系，推动农业技术提升和农业生产力发展具有重要意义。当前迫切需要解决的问题，一是加速建设农业互联网；二是以农业互联网为平台，推动农业产业数字化发展；三是将产业数字金融体系融入农业生态体系中，为农业产业发展提供全链条的金融服务。

（2）持续创新金融产品与服务。坚持乡村振兴需求引导，针对产业发展需求创新金融产品与服务，不断增加关键领域的信贷投放，加强金融科技投入，深入推进数字化变革，给用户提供数字化、智能化的金融服务。

**（六）农行郑州分行：加大惠农 e 贷投放，破解农户融资难题**

1. 背景

融资难是制约"三农"发展的主要瓶颈。农户融资约束对于其生产生活均会产生重要影响。2019 年，农行郑州分行推出线上信贷产品——惠农 e 贷，着力解决农民贷款难问题，满足普通农户和新型农业经营主体的差异化金融需求，全面支持农村的种植养殖、生产加工、商贸流通等一二三产业，促进乡村普惠金融发展。

2. 做法及成效

（1）覆盖农业生产各个环节。"惠农 e 贷"是农业银行一项针对农户的便利、高效的线上信贷业务，对各地县市粮食收购、粮食安全、畜牧养殖、乡村旅游、农资经销、农贸市场等各个领域提供了全方位的服务。

（2）实现全流程线上化。此产品实现了手机一次网上申请、网上取款、网上还款，农民足不出户就可以完成贷款，申请及操作相对简单；利用互联网、大数据、人工智能等技术手段，针对客户提出的贷款要求进行自动审批，批量化作业，提高审核效率；贷款操作实现线上化，为客户提供 7×24 小时的服务。符合条件的客户可办理纯信用无担保贷款，也可以选择抵押、保证担保，利率优惠、随借随还、循环使用，且实际使用贷款按日起息，不用款不计利息。

（3）持续优化产品服务。惠农 e 贷投放中，不断依据实际情况加以优化。农行郑州分行根据农时及时调整服务方式，积极与涉农部门联系，加大对重点园区、新型农业经营主体等的服务力度。针对农业经营主体建立走访机制，精准了解客户融资需求，提升金融服务的精准性。依据农业生产经营阶段，有针对性地加大相应环节的资金投放。

截至 2022 年 6 月，农行郑州分行累计投放惠农 e 贷贷款 40.5 亿元，支持客户超 3 万户，并持续加大信贷投放规模，满足农户融资需求。

3. 启示

（1）简化贷款流程。搭建涉农信贷电子化体系，推广线上授信，实施贷款还款全流程线上化操作，简化贷款流程。

（2）优化产品设计。针对"三农"客户的资产特点和需求特点，进行降低抵押担保、适当提升信贷比重、优化利率计算等服务。根据实际情况，不断升级产品及服务。

### （七）哈尔滨银行：推出"农闪贷"，全面构建"金融科技+惠农"新形态

1. 背景

随着互联网普及率的不断提高，人们对于网络工具的接受度普遍上升，对业务办理便捷性的要求也越来越高。哈尔滨银行是我国较早涉足农村金融市场的城市商业银行，自 2005 年开始开展农业信贷业务以来，一直在积极探索新型的农业信贷产品和服务方式。

2019 年，哈尔滨银行推出首个全线上智能化的普惠金融产品——"农闪贷"，推动"互联网+惠农"的新惠农金融服务，通过线上产品为农户构建"云"通道，为我国数字乡村建设、智慧农业发展和普惠金融发展贡献强大的金融动力。

2. 做法及成效

"农闪贷"是一种以客户为中心，以金融科技为核心的产品，在很大程度上提高了农民的使用体验。一是将"往返贷"升级成"居家贷"，让农户不必在家里和银行网点来回奔波，在家就能办理网上业务，享受"指尖信用"的良好体验；二是将"多日贷"转为"分秒贷"，农户无需等候数日，只要客户资料齐全，即可实现网上秒审、秒批、秒贷；三是将"人工贷"向"智能贷"转型，让贷款透明，让农户放心。"农闪贷"不仅解决了农户不便实地办理贷款的问题，还能做到"零接触"，满足了农户的金融需要，极大地提高了农户的金融服务体验。

（1）覆盖面广，为农村客户提供普惠服务。普惠业务覆盖了黑龙江省几乎全部的涉农客户和场景，以"全生命周期+全生命场景"为核心，以"农垦+乡村"为领域，以"普通农户+新型农业经营主体"为客群。在此基础上，促进传

统中小农户的规模经营与产业升级，有效拓展普惠金融的覆盖面和渗透率。

（2）"农闪贷"运用现代科技与大数据重组方式，构建"智能、高效、强风控"的普惠金融服务系统，对"线上自主申请，线上征信授权，模型审批，合同签约，提款还款"进行线上化操作，真正做到"秒审，秒批，秒贷"，提升惠农金融服务的便捷性。

（3）"农闪贷"额度大，期限长，用途多。产品在设计之初，充分考虑农户生产生活的各种场景，以更为灵活的服务方式满足用户的金融需求。通过"单户信用+线上循环"的组合便捷模式，可获得高达100万元的贷款额度，可在5年内循环使用、随借随还；同时，为客户提供"经营+消费"的投资理财相关服务。

哈尔滨银行推出的"农闪贷"，能够很好地适应农业生产经营主体的大额度和长时间的融资需求，通过创新的信贷方式，解决了农业生产经营主体抵押能力不足和融资能力不足的难题；与此同时，金融科技技术的应用也大大提高了农业生产经营主体获取金融服务的便利性和灵活性。"农闪贷"是哈尔滨银行在数字金融转型上的一次成功尝试，截至2023年6月，哈尔滨银行贷款资金投放超120亿元，贷款余额147亿元，较年初增加27亿元。其所提供的金融产品与服务在农垦市场区域的覆盖率达到58%，在区县、乡镇、村屯的覆盖率也超过50%。

3. 经验启示

（1）为农民提供的服务应贴近实际。结合农业生产经营特点及农户对于融资金额、期限的需求，推出切合农村实际的金融产品及服务，满足不同农户的金融需求。

（2）优化线上和线下相结合的方式。将网点员工的优势和数字化技术相结合，以人力为手段，解决线下信息收集和调研问题，以数字化的方式来提升效率和用户体验。

（3）大力推动普惠金融发展。围绕普惠金融下沉这一目标，不断提高支农贷款额度，扩大农村金融资源的配置范围，切实满足农户的金融需求。

**（八）恒丰银行济南分行：聚焦小微特色产业，链式金融助力产业发展**

1. 背景

小微特色产业具有一定的独特性，其生产经营模式呈现多样化特点，很难有统一的金融服务模式能够满足其融资需求。济宁市金乡县是大蒜之乡，针对这一特色产业集群，恒丰银行济南分行聚焦其融资需求问题，基于产业链综合服务理念，助力乡村产业振兴。

2. 做法及成效

（1）开展供应链融资服务创新。遵循"种植—收购—仓储—加工—贸易"的产业链，剖析不同环节的金融需求，将供应链金融深度融入产业链中，充分发挥金融科技优势，开展供应链融资服务，布局村庄网点，提高业务便捷性，打造银行支付结算、政策性担保风险、农产品动产仓单质押等一系列供应链金融服务，快速、高效、低成本地满足农户的金融需求。

（2）打造特色产业金融服务生态圈。恒丰银行济南支行积极推进"银行+政策性担保公司+农业核心企业"合作模式，以链式金融服务模式强化产业链发展，以线上线下相结合的服务方式，将金融服务融入产业链每个环节，延伸金融服务触角，为特色产业提供全链条金融服务，提高农村金融服务的融资效率。

截至2023年10月，恒丰银行济南支行已经向金乡县的大蒜产业链客户累计发放将近3亿元的贷款，覆盖客户群超过150户，涉农贷款余额超100亿元，对金乡县大蒜产业的高质量发展起到了强有力的支撑作用。

3. 启示

（1）开展链式金融服务。将金融服务创新融入农业产业链各个环节，围绕不同环节，持续创新金融产品及服务，加大农村信贷投放力度。

（2）强化银行与其他机构的合作。将单一金融产品供给向多元化输出转变，将涉农担保公司、农业企业等纳入金融产品及服务的设计框架中，构建农业产业链金融生态圈，共同研发适合不同产业发展需求的金融产品。

**（九）兴业银行：金融赋能科特派，助力乡村振兴**

1. 背景

科技特派员制度对于解决"三农"领域难题，助力农民增收，推进乡村振兴提供了重要的科技支撑。在人才支撑基础上，将金融融入科特派制度中，能够推动资金链、产业链、人才链的协同发力，共同推动乡村振兴，实现共同富裕。兴业银行探索"科特派＋金融"的融合模式，以金融助推科特派制度的持续完善。

2. 做法及成效

（1）将金融服务与科特派相融合。兴业银行邀请科特派共同组建科特派金融服务团队，提升其助力乡村振兴的科技能力与知识水平，使科特派参与到金融服务项目的评审中，共同解决福建省在推进乡村振兴进程中凸显的问题，研讨开发相应的金融解决方案，优化当地金融产品及服务体系。

（2）促使福建科特派金融服务进行数字化升级。整合福建省金融服务云平台及福建省科技特派员服务云平台，充分发挥两个平台在用户数据之间的优势，融合数据系统，开展二者之间的业务连接，促使平台的升级优化。同时，在金融服务云平台设置科特派金融服务专区，为科特派及其所服务的企业提供相适宜的金融产品及服务展示窗口，加速科技成果的转化应用。对于平台手机端，搭建科特派联系专区，打造融资申请、金融产品展示等模块，扩大科技成果推广覆盖面。

（3）提供系统化金融产品及服务。农业生产经营主体的异质性决定了金融需求的多样化。结合科特派制度，构建"科特派推荐+负面清单管理"机制，为科特派所服务的经营主体提供多维度、全环节的融资产品及服务。基于对产业的充分理解及深入研究，借助科技赋能，不断提升金融服务的效能，全面推进乡村振兴。

截至 2023 年 4 月，"科特派+金融"服务模式已为福建省内科特派服务的经营主体提供 100 亿元的融资金额，相关专项产品投放超 6 亿元。福建省内各分行基于各地实际情况，不断创新优化符合当地产业发展情况的科特派金融产品及服务。

3. 启示

（1）促进科特派制度与金融的深度融合，探索"科特派+金融"的服务模式，综合发挥二者的优势，加快科技成果的转化应用，实现助力乡村振兴，推动共同富裕的双驱动。

（2）整合科特派及银行金融服务平台数据资源。促进科特派与银行金融服务数据的互联互通，采用大数据分析，探究农户融资难点及需求，创新金融产品及服务。

（十）农行贵州省分行：推出"科特派推荐 e 贷"，探索"科技+金融"，助力乡村振兴

1. 背景

为高效发挥科特派服务触角深入农村基层的作用，使农村产业项目在融智的同时实现融资，提升服务效能。2022 年，贵州省科技厅与农行贵州省分行联合开展"科特派推荐 e 贷"业务，探索"科技+金融"，助力乡村振兴的新路径。该产品主要面向的群体是科特派服务的农户，对于有贷款意愿、有生产技能的农户以及创业致富带头人等有资金需求的群体，帮助其获得金融贷款，并进行产业生产经营，进而推动富民强村。

2. 做法及成效

（1）搭建推荐平台，畅通推荐渠道。科技部门发挥信息优势，推荐拟申请贷款农户。科特派结合服务地区的生产经营实际和农户的融资需求，向科技部门推荐申请贷款的农户名单。科技部门审核通过后将名单推荐给农行贵州省分行。

（2）建立信息档案，进行授信调查。农行贵州省分行以科技部门推荐名单为基础，进村入户对农户的生产经营情况、融资金额情况等进行调查，进而对农户进行贷款优先级分类，建立农户信息档案。

（3）提供线上服务，发放金融贷款。该产品从推荐审核、信息调查、发放贷款到贷后管理均实现线上操作，通过农行 App，申请贷款农户可在线上进行申请、获取贷款及操作还款，流程简单、操作便捷。

（4）体现普惠，享受优惠利率。科特派推荐的农户在一定范围内享受优惠贷款利率，财政实力较强的地区可以进行相应的利息补贴，使农户能够以较低成本、较快速度获得金融服务。

2022 年 1~9 月，"科特派推荐 e 贷"已发放 2667.7 万元贷款，惠及 210 户农户，有效满足了农户的融资需求。

3. 启示

（1）统筹科技、人才、金融资源，建立多方联动的工作机制，实现产业发展与资源之间的连接，满足农业产业发展不同阶段的资金需求。

（2）加大"科特派推荐 e 贷"产品的宣传力度，引导具有资金需求的农业

生产经营主体申请获得资金支持，促进"科技+金融"模式的应用。

### （十一）保险公司："科技+数据"赋能农业保险，优化保险承保理赔功能

1. 背景

目前，我国大部分省市着力推动保险公司加快科技转型进程，在助力乡村振兴方面，主要以农业保险科技为主。太平洋财产保险山西分公司通过融合"e农险"与多光谱无人机，研发出"慧飞"智能平台，建立了基于红外遥感NDVI技术的"多谱—生物指标人工智能理赔模型"，实现了农作物灾害损失的精准测算。四川省锦泰财险积极推进"科技农险助力乡村振兴"战略，研发微信农产品价格收集系统和质量保险区块链溯源综合平台，围绕地方产业生产经营的多样化农业保险需求，助力乡村振兴战略推进。中华财产保险河北分公司通过"3S"、人工智能和大数据等新兴科技，构建了"智慧农险"体系，实现了农业保险科技创新。人保财险江西分公司综合运用卫星遥感、无人机、地面信息采集、人工智能及远程可视化等新技术，为江西省农业保险提供科技支持，以适应当地农业生产多元化、智能化发展的需要，提升农产品风险管理能力，助力乡村振兴战略的实施。

除保险公司加快融入保险科技之外，部分地区开展多种形式、多部门之间的合作，实现科技赋能农业保险发展。吉林省安华农险通过与科研院校、科技公司等合作，积极运用遥感、计算机、物联网等新兴技术，打造"一安农"科技服务体系，形成集数字化、自动化、电子化、智能化于一体的农险新模式，提升吉林省农业保险保障与服务能力。北京市农村工作委员会与中国农科院开展技术合作，构建了全国首个农业保险集成服务平台，利用"3S"等技术，打造"农业保险一张图"功能，便于了解地区农业保险发展情况。科技在农业保险业务中的运用，可以在一定程度上缓解农业保险经营中的信息不对称，提升其运作效率和服务品质，使其更好地为农业生产提供安全保障，是落实乡村振兴战略的关键科技支撑。当前，农业保险科技应用主要包括利用遥感技术进行承保、估产等业务，利用区块链技术进行定损理赔，利用信息化技术进行承保和保单管理等。

2. 做法及成效

（1）"遥感技术+农业保险"相关案例。①广西壮族自治区宾阳县水稻验标

承保。2020 年，中国太平洋财产保险广西分公司在广西壮族自治区宾阳县开展了早稻（晚稻）保险业务。为向农户提供更加精准的保险服务，中国太平洋财产保险广西分公司采用遥感技术针对部分承保地区的早稻种植状况进行监测验标，旨在充分挖掘土地确权、土地调查、遥感影像等外部数据资源，实现精准承保。根据实际情况，遥感监测验标区域确定为广西壮族自治区宾阳县武陵镇、甘棠镇、黎塘镇和洋桥镇四个乡镇（郭凤茹等，2022）。

首先，在现有农户信息基础上，对数据进行标准化、信息筛选、匹配；其次对土地信息进行核实，建立地块信息库；最后，获得宾阳县四镇通过核实的土地地块分布情况。据统计，宾阳县武陵镇、甘棠镇、黎塘镇、洋桥镇共核实了92497 块土地，总面积62814 亩。在此基础上，利用亚米级高分辨率卫星遥感影像（验标范围为四镇核实后的地块区域）和中低分辨率卫星遥感影像（验标范围为四镇行政范围），分别对宾阳四镇种植地块作物信息进行识别，最终获得宾阳四镇核验地块中的水稻验标地块数量及面积（见表7-1）。通过进一步对卫星遥感影像进行精细化分类识别，并与地块信息验标结果相叠加，最终准确到村，获得承保中的早稻（晚稻）的区域分布，实现快速准确的核实工作，便于后续查勘定损理赔业务的便捷化操作。

表 7-1　水稻卫星遥感验标地块数量和面积结果

| 高分辨卫星遥感影像 | | 中低分辨率卫星遥感影像 | |
|---|---|---|---|
| 水稻地块数量 | 水稻地块面积 | 水稻地块数量 | 水稻地块面积 |
| 13762 个 | 8670 亩 | 23766 个 | 15036 亩 |

在传统农业保险模式下，保险公司需要对每个地块进行逐一核验，费时费力，且无法在短时间内完成，准确性也难以保障，不利于保险理赔工作的顺利开展，也无法为后续的理赔工作提供可用的数据基础。通过将遥感技术引入农险业务中，以科技赋能的方式，以地块数据驱动农险精准承保，通过地理信息坐标库的构建，将投保信息和地块信息进行精确的关联，有效降低农险过程中可能出现的虚假投保等道德风险，节省了大量的人力、物力，缩短了核验周期，提升了保险业的承保工作效率，进而促进农业保险高质量发展，助力乡村振兴战略的

实施。

②山东省嘉祥县大豆区域收入保险遥感估产。山东省济宁市嘉祥县在 2017 年被确定为全国五大优质大豆生产基地。为了保证大豆的生产安全，嘉祥县大力推行区域收入保险，按照"区域实际收入低于保障收入"作为赔付标准，其中区域实际收入＝区域实际价格×区域实际产量。针对当前玉米单产监测中存在的无法及时、客观地提供生产数据的问题，太平洋财险山东分公司与中国农业科学院信息所合作，利用哨兵 2 号卫星遥感提取大豆种植地块数据，计算作物生理参数及植被指数，结合卫星遥感数据和田间抽样测产数据，实现大豆单产估测（陈爱莲等，2020）。基于遥感估产的大豆区域收入保险实施路径如图 7-1 所示。

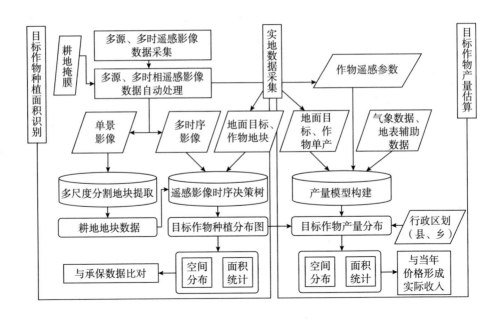

图 7-1 基于遥感估产的大豆区域收入保险实施路径

遥感技术在农业保险估产中的应用可分为三个环节。第一环节为农作物取样，一般在种植季节和收获季节各取样本，重点收集农作物的可辨识样本及长势、受灾程度；第二环节为农作物的遥感识别，主要包括图像的时序和波段选择、耕地掩膜和面向对象的图像分割技术等；第三环节为估产，在对农作物地块进行分类后，选择与其相关的生理指标，结合气象因子，构建估产模型，并根据前期长势的标注进行调整，得到最终的产量估算结果。总体来看，可以借助遥感这种大范围、全天候、客观可靠的技术来完成产量的实时估算，并将其应用于农业区域产量保险、区域收入保险等农业保险品种中，以科技优势保障农业保险创新险种的落地实施，为农户提供多样化风险保障，支撑农业发展，推进乡村振兴战略。

（2）"区块链技术+农业保险"相关案例。在养殖业中，家禽类由于个体小、抗风险能力差、死亡率高等特点，承保标的数量难以精准量化，而高频率的出险使得查勘成本较高。2018年9月，安华农险在山东省济宁市首次以"区块链技术+农业保险"的模式，推出商业性区块链肉鸭养殖保险，将智能理赔合约与区块链技术相结合，将龙头企业、养殖户统一纳入承保范围。龙头企业主要负责将养殖户进雏数的相关数据录入区块链系统，为承保提供数量依据；养殖户主要负责上报标的的死亡情况，并上传相关照片。肉鸭出栏被屠宰后，龙头企业及时上传屠宰数量数据，由区块链系统对双方所报数据进行实时比对，核实出险数量，进而进行赔付。

区块链系统作为一种信息储存方式，处于系统中的各方都可以知晓并验证对方信息的真实性。通过区块链技术，保险公司可以构建一个公开且不可篡改的数据系统，准确记录养殖场的实际情况，通过与养殖户提交的死亡标的物数量进行对比，可以形成良好的数据闭环，实现高效、精准的承保与理赔，提高养殖业保险的发展质量。

（3）"信息化技术+农业保险"相关案例。随着互联网和智能设备的广泛应用，农业保险的承保和理赔工作已经从现场填写保单、纸质出单等方式，转变为通过电脑终端，再到服务终端来完成。科技的整合为农业保险业务带来了巨大的便捷性，使得农业保险业务能够在移动环境中运行。这不仅能显著降低保险机构的人力资源成本和工作负担，还能提高农业保险服务的效率和质量。

2019年5月，北京地区全面启动政策性农业保险承保全流程电子化改革试点。从承保信息采集、标的查验、承保公示到保单签发、保单批改的整个承保流程均实现电子化。保险公司利用电子设备将农户相关投保信息直接录入系统，借助卫星遥感和地理信息技术等手段对标的进行查验，信息核对后，由全国农业保险信息管理平台生成并发送农业保险电子保单。信息化技术的采用，将传统纸质保单转化为电子保单，可以实现电子数据及资料的批量审查，节约人力、物力，实现各环节的可追溯，确保相关信息的真实完整。

推行"信息化+农业保险"，可以方便农业保险的各个环节。投保过程中，通过手机终端对农户基本信息进行采集，对标的地理位置进行测绘，对标的信息进行拍照上传，并对电子签名进行验证，实现保险业务在几个小时之内就能完成（李舒等，2016）。通过手机终端直接生成一份电子保单，并立即交付给农户，便于农民保管。在理赔过程中，对一些有良好信用的农民可以通过智能终端进行自主投保和自助理赔，极大地提升了农民对农业保险的参与度。此外，还可以提供诸如气象、价格等其他增值服务，提高投保农户的保险服务体验。良好的农业保险服务体验可以调动农户的投保热情，进而提升农险风险覆盖的深度和密度，促进乡村振兴战略目标的实现。

3. 启示

（1）加快科技赋能农业保险。保险科技在农业保险中的深入应用，能够有效提高保险效率，降低成本，而优化服务使保险更加普及，充分扩大了保险深度与保险密度。因此，要加快推动科技赋能农业保险高质量发展，在产品承保及运营过程中实现信息化，在服务农户层面上实现线上化和自助化。

（2）建设农业保险信息共享机制。通过科技赋能农业保险，构建农业保险数据库，逐步整合相关涉农数据资源，实现农业生产数据与农业保险数据之间的连接，推动农业保险数智化转型。

# 二、国外金融科技赋能共同富裕的经验与启示

在国际实践中，金融科技在助力农村发展及区域平衡发展方面发挥了重要作用。由于各国国情不同，金融科技赋能共同富裕的模式各具特色。本书选择乡村发展快速及金融科技先进的美国，资源禀赋及发展条件与我国具有相似性的日本、韩国，合作金融及农产品电子商务发展较好的德国，以及政府进行宏观经济管理的法国作为分析对象，梳理其金融科技赋能共同富裕的做法，以期为我国提

供经验借鉴。

### （一）国外金融科技发展情况

很多西方国家的传统金融和商业机构发展相当成熟，产业环节、信用体系和监管制度较为完备。随着数字化、智能化发展进程的不断加速，对金融科技的需求日益增长。全球金融科技发展规模正处于持续扩张时期，各国纷纷发布国家层面的金融科技发展战略，加大对金融科技的投入。国外发达国家，在金融科技的研究与应用方面走在了前列，尤其是在金融业的数字化转型、支付体系的升级与智能化、金融交易的去中心化、风险压力测试等方面均形成了独特的体系与技术方法。具体体现在以下几个方面：

第一，移动支付和数字货币。许多国家已经实现了移动支付的普及，人们可以使用手机完成购物、转账和其他交易。此外，一些国家还在积极推动数字货币的发展，以促进支付系统的创新和便利化。支付体系的升级与智能化极大地改变了人们的金融交易方式，给支付行业带来了巨大的变革。目前，美国已经推出了多种支付手段，使得交易更加便利和安全的同时，也能更好地对消费者行为、需求、背景进行监测与分析，为金融管理提供了重要的参考。

第二，互联网银行和虚拟银行。许多金融科技公司和初创企业正在利用互联网技术和大数据分析建立虚拟银行，提供在线开户、贷款、投资等服务，为消费者和中小型企业提供更便捷、高效的金融服务。

第三，区块链技术。区块链技术在金融领域得到广泛应用，包括跨境支付、智能合约、数字资产交易等。一些国家的金融机构也开始探索区块链技术在结算与清算、风险管理等方面的应用。

第四，人工智能和数字化转型。金融科技领域广泛应用人工智能和数字化转型，用于信用评分、风险管理、反欺诈检测等。这些技术的应用提高了金融机构的运营效率和客户体验。其中数字化转型是金融科技发展的基础，已经成为国外金融机构中的常态，在国外相关政策的支持下，国外金融机构的数字化转型加快，不仅包括传统的银行业务，还包括保险公司、证券公司和投资公司等一系列的金融机构。英国电子支付业务的兴起、美国人口普查局的在线问卷调查等，都是数字化转型的成功案例。

第五，交易的去中心化。交易的去中心化是金融科技的重要领域之一，使金融机构所需要承担的风险和责任减少，同时也为用户提供了更高的资金流动性。例如，比特币、以太坊等加密货币，就是去中心化交易的主要代表。

第六，金融科技监管。许多国家正在积极调整金融监管政策，以适应金融科技的发展。一方面鼓励创新，另一方面加强监管，保护消费者权益和维护金融系统稳定。

总之，国外金融科技的发展呈现出创新快速、应用广泛的趋势，为金融行业带来了巨大的变革和机遇。同时，在国外金融机构的政策支持下，金融科技已经在全球范围内取得了突破性的发展。

### （二）金融科技在国外农村发展的作用

随着现代化、城镇化和工业化进程的加快，农村衰败而城市进步的两极化格局已成为全球范围内的一种普遍现象，西方发达国家纷纷出台相应的政策，金融科技的发展更是为乡村振兴赋予新的动力。

金融科技在农村发展中发挥着至关重要的作用，主要体现在以下几个方面：

第一，金融包容性。金融科技可以帮助农村地区解决传统金融机构难以覆盖的问题。通过移动支付、数字货币、区块链等技术，农村居民可以更便利地进行支付和存取款，实现金融包容性。

第二，农业金融支持。金融科技可以提供更多元化、个性化的金融产品和服务，为农村居民提供贷款、保险、投资等方面的支持，促进农业生产的现代化和可持续发展。

第三，农产品流通。金融科技可以加强农产品的电子商务平台建设，促进农产品的线上销售和物流配送，拓展农产品的市场网络，提高农产品的附加值。

第四，农村金融管理。金融科技可以改进农村金融管理模式，提高金融监管的效率和透明度，减少金融风险，保障农村金融的稳健运行。

第五，农村金融素养。金融科技可以帮助提升农村居民的金融素养和技能，通过教育和培训，使他们更好地理解和运用金融工具，增强金融风险意识，提高财务管理能力。

**（三）国外金融科技赋能共同富裕应用案例**

1. 日本：物联网+金融，助力精品农业发展

日本振兴乡村的路径以造村运动为主线，遵循"一村一品"的理念，因地制宜地培育独具特色的乡村发展模式。造村运动开展后，日本农特产品在质量和效益上都实现了质的飞跃，农民收入大幅增长，2002 年人均收入甚至超过了美国，高达 2.7 万美元，因此带动了农村强大的购买力。通过长达 20 多年的发展，农村生产和生活基础设施与城市差距日益缩小，改变了日本城乡差距悬殊的社会问题。多年来，日本在全国建设区域农业改良推广中心培养了众多专门技术人才、改良普及员。在振兴乡村进程中，以日本农协金融系统为主体的合作性金融服务是农民主要的融资渠道。截至 2022 年，1 家农林中央金库、32 家信农联和 552 家基层农协共同构成了庞大的农协金融系统，其中基层农协吸纳农民存款收入超过 100 万亿日元，占存款性金融机构的 10%。农民不只是农协的客户，也可以参股基层农协。农协不仅仅是简单地为客户提供信贷支持，比起短期利润，它更注重农民金融服务的可得性，比起贷款的抵押物，它更注重与农业、农村、农民的协调发展。日本为了满足农业机械的金融需求，积极开展了融资租赁业务。在这一行动的深入推进阶段，日本政府以精品农业、智慧农业等"互联网+农业"的新模式和新业态为重点，大力发展农村电商。

2017 年，日本完成第三次农户网络信用认证，基于 90% 以上的农户均为基层农协会员的现实情况，构建"农户+消费者+社会服务"的线上对接系统，对于线上线下销售农产品的两种方式提供同等的政策补贴和税收优惠力度。值得注意的是，鉴于消费者权益保护的需求，线上交易系统中的相关数据并未被纳入信用体系构建，农户的相关生产经营数据也并未被采集。但是，基于物联网的农产品数据库则较为完善，通过数据库反馈，农户可以了解农产品的销售情况，及时调整下一年度的生产经营规模，并对相关技术予以改良。同时，政府和金融机构可以根据数据结果，及时调整农业补贴和农业信贷投放，引导农户的生产行为。随着农村电商的快速发展，以精品农业为核心的金融科技公司不断增多，通过搭建物联网可视平台，将农业生产过程可视化，联合物联网机构搭建产销对接情

境，进而促进农产品电商的不断创新，形成良性循环。

2. 德国：智能匹配+金融，促进数字农业发展

20 世纪 80 年代德国农村的发展，由于片面追求"功能"的运作，农村面临着一系列的社会问题，突出表现在：农村逐渐丧失了原有的乡土特征，农民的生活发生了翻天覆地的变化。对乡村进行科学的规划是德国农村现代化建设的一项重大基础工作，也是乡村振兴战略成功推行的前提。德国的乡村振兴之路，是一条注重事前规划的道路，也是一条贯彻城乡等值观念的道路，更是一条注重农村公共物品与公共服务的有效供给的道路。德国农村振兴，除上层法律保障外，基层民众的广泛参与也是其实现农村经济发展的重要前提。乡村经济秩序的建立强调以农村为中心，以其他多维度协调发展为目标的可持续发展模式。农业发展的主导作用主要表现为：一是农业在国民经济中所占比重不断增加，二是农业企业家的活路。这种经济秩序的建构强调了农村可持续发展必须依靠农业产业的发展，不能改变这个基础，在不断进行的农业创业中，保持数量与质量的优势。德国是通过两个途径来完成对农村经济秩序建设的。一是农业经营的运作模式由"小规模经济"向"大农村"转型，打破了"土地碎片化"与"低产出"的客观限制，使其在世界三大农业类型中获得了长足的发展；二是本土产品的品牌化，刺激了农民创业的积极性。另外，因为其地理位置的优势，让企业家能够通过创业来创建当地的品牌，充分发挥本地渠道的便捷性以及农产品的即时性消费等特征，从而提升了创业的成功率；并且通过为企业、科研机构等税收优惠，鼓励其到农村发展，增加就业机会。

德国作为世界农业大国之一，一直致力于农业数字化转型，农业生产自动化程度早已处于世界前列。大规模的农场都实现了现代化生产与管理，智能拖拉机通过 GPS 装置检测土壤质量，实现精准施肥；农民通过智能设备获知奶牛生理状况；机器人负责挤奶、清理排泄物等工作，代替了传统人工服务；农民可以通过智能终端获得关于养殖动物的大量数据，从而预测潜在风险，提高生产质量。近红外光谱技术、基于传感器的产量分析、互联网、养殖棚互联技术等科学技术赋能传统农业，德国农业农村现代化水平高速增长，实现了农业的可持续发展，是实现乡村振兴的重要举措。

德国乡村振兴战略的实施已经形成了政策引导、法律保障、市场协调、多方

参与的循环发展生态体系。通过立法的方式，把农民纳入农村共同体，并认可其是乡村振兴战略的主要参与者。这一做法旨在激发农民的主人翁精神，推动村民积极加入乡村建设的行列中，履行应尽的义务，享受应有的权利。不仅如此，德国的乡村振兴战略同时兼顾了城乡等值理念和乡村的本土化协调发展，吸引了更多来自城镇居民和专家学者的参与。金融科技为德国乡村的发展带来巨大机遇，2018 年金融科技领域吸纳了 11 亿元的投资总额，2020 年德国已成立 699 家金融科创企业，赋能乡村振兴。

德国政府在农业信息化建设方面投入较大，除免费为农业生产经营者及涉农服务业提供数字农业市场信息外，还以较低价格向农户出租智能设备。在农村基础网络建设方面，将智能手机、高速宽带、移动支付等业务均纳入其中。通过农户与数字农业平台之间的智能匹配，减少产销信息不对称造成的相关问题。对于线上平台交易的农产品执行严格的考核，考核不通过的农产品不能进行线上交易，同时限制生产和消费信贷额度。对于涉农金融服务，政府会引导金融业务非营利化，对农业贷款进行补贴和金融机构优惠。随着金融科技的快速发展，其与数字农业平台的合作不断增多，通过其专业的数据分析，预测农产品的产量和质量。对于市场前景相对较好的生产经营者，相关机构会提供资金支持和价格保障，以订单形式进行采收，促进农业数字化发展。

3. 韩国：电子商务+监管沙盒，探索金融数字治理

20 世纪 70 年代，为解决城乡收入差距悬殊、农民生活水平低下等问题，韩国开展了新村运动，以此促进乡村发展。新村运动采取政府支持和农民自主发展相结合的自主协同型模式。新运动初期，村民在政府援助的前提下，积极参与基础设施的建设中，改善居住环境、修建公路、建设养老院、提高人才质量、构建医保体系等一系列民生工程使农民生活质量得到显著提高。韩国政府大力推动农业生产方式改变，促进科技研发和推广农业机械在很大程度上减轻了农民负担、降低了生产成本、提高了生产效率，推进了传统农业的转型发展。同时，政府还在乡村进行了民族精神教育，增强了他们的文化创造力。

农业协同组合中央会是韩国农村金融的主要机构，兼具政策性、商业性和合作性金融业务。政策性业务主要集中于农产品收购、农业开发等，体现政府的政策导向；商业性业务主要为一般工商企业提供融资服务；合作性业务主要为农户

提供信贷业务。除农协外，商业银行也为农户提供金融产品与服务。韩国农协针对农村发展提供的产品涵盖了政策性贷款、商业贷款、保险等，旨在满足不同农户的差异化需求。韩国农协对于科技在金融服务中的应用予以高度重视，在保险和银行部门增设电子商务处，将农户、商场和消费者进行对接，同时，各项金融服务实现了网络化管理。

韩国金融科技虽然起步比较晚，但是发展的速度很快。韩国成立金融科技中心，对金融机构、科技公司、政府部门等资源进行整合，更好地支持金融科技的发展。金融科技在创新金融产品及服务的同时，引发了一些新型金融风险，对金融监管提出新的要求。2019 年，韩国政府正式启动金融监管沙盒机制，在两年期限内，入选机构在豁免部分监管条例的前提下创新金融产品及服务。监管沙盒模式的推行对于激励金融机构创新、有效防范金融风险起到了重要作用。

4. 美国：智能投顾+大数据，助力数字农业发展

20 世纪 80 年代开始，随着城市快速发展，乡村传统资源型产业逐渐萎缩，城乡经济发展差距逐步加大。为促进乡村地区发展，美国政府制定"振兴乡村经济"发展战略，强化乡村整体布局，完善乡村基础设施建设，针对农业农村发展制定相应税收及补贴政策。据美国人口调查局数据显示，截至 2016 年，美国农业从业人口占比 1%。以如此少的从业人口，在满足美国本土农产品需求的同时，还使美国成为全球谷物出口大国，主要得益于美国丰富的农业资源和先进的科技实力。

美国农业生产经营主要采取大农场模式，农业生产的规模化、标准化、科技化程度比较高，大大提升了农业生产效率、农产品质量和市场竞争力。随着科技的快速发展，美国农村经济不断发生转变。在物联网、大数据等技术推动下，美国大农场经营模式逐渐趋于数字化和智能化，通过科技的应用，能够有效收集气候、土壤、作物生长等数据，实时监控农田情况，指导农户优化生产经营方式、合理配置农业资源，进而减少人力成本，提高农业生产效率。由于线上涉农交易企业较多，同质化竞争成为数字农业面临的主要问题。历经多年发展，在综合大宗产品特点和区域特色产品优势的基础上，美国农产品电商经营模式不断趋于多元化、差异化。早在 20 世纪 70 年代，美国便搭建了农业电子台账系统，将农业生产者在农资、生产服务、农业机械等方面的交易记录在系统中，并且纳入金融

机构授信体系，经农户申请，也可作为经营信用的构成部分。基于大量、丰富的农户生产行为数据，美国逐渐完善了"信用合作+智能保险+社区共担"的金融科技运用体系。

美国是农业保险最发达的国家，产品种类比较丰富，科技利用程度较高，能够满足不同生产经营主体的风险保障需求。运用大数据分析能够精确厘定不同农场不同种类农业保险的费率，采用遥感、3S等技术，可以进行精准承保与理赔，有效降低道德风险，提高农户参与农业保险的意愿。农业保险与科技公司的业务融合程度逐渐加深，基于区块链技术的社区互惠型保险网络，能使农业保险切入农产品电商活动的各个环节，提升农业产业链的风险管理水平。智能保险的模式能够有效降低成本，积累农户信用水平及交易行为等数据，并以此获得相应的保费折扣，将农户行为进行价值变现。

近年来，社区支持农业在美国得到广泛应用推广。社区支持农业模式将生产者和消费者直接连接起来，建立二者之间的合作关系，定期向消费者配送农产品，实现农产品的直销。由于社区农业电商平台规模较小，对于风险的抵抗能力不足，因此，社区电商平台与金融机构协同共建风险共担机制，利用大数据分析订单，降低消费者购买成本。同时，金融科技公司为其提供智能投顾服务，将农产品产销各个环节的金融需求进行基金化，增强社区农业盈利能力。

5. 法国：智慧农场+合作金融，打造大数据农业

法国是农业大国之一，拥有发达的农村合作金融体系。法国政府致力于推动"农业创新2025"项目的实施，2015年政府与多方主体共同筹措约30个智慧农场项目。截至2019年，应用于智慧农场的技术涵盖了无人机、人工智能、形象分析技术、除草机器人等。通过远程遥控无人机采集土地信息，传感器连接到阀门的自动浇灌装置，从而实现精准作业。在手机应用上可以设置湿度、温度等参数，通过传感器实时记录家畜的生活轨迹。法国从上到下，从中央到地方，从农业行业组织到企业，都在一定程度上促进了农业科技的发展，形成了从农机、农药等生产资料到先进农艺的立体推广系统。通过将农户与企业家联合，利用现代科学技术和企业管理方式整合工、农、商三业，构建相互依存的利益共同体，打造"一体化农业"发展模式。为加快数字农业转型发展，法国政府采取了建立大数据收集网站、推进以农业机器人为代表的高效农机设备使用等措施。政府成

立农业创新孵化器，为初创企业的数字科技创新项目提供资金激励，加强数字科技在农业全产业链的运用。

法国的农村金融体制是典型的合作金融制度，核心机构是农业信贷银行。其对于农村地区的信贷支持主要表现在土地、农机具、农村电气化、农田水利建设等方面，以中长期信贷为主，采取较为优惠的利率。同时，在政府指导下，对于乡村公路建设、农业教育机构等进行投资，以改善农村的环境、提高农民素质。随着互联网的快速发展，其在农户农业生产经营过程中发挥的作用越来越大，各种数字化农业服务平台不断推出。如侧重解决农户融资问题的 MiiMOSA 众筹平台，通过捐赠众筹+实物补偿的方式帮助农户筹集资金，扩大生产经营规模。

### （四）国外金融科技发展对我国的经验与启示

通过对日本、德国、韩国、美国、法国等金融科技赋能乡村振兴、促进共同富裕的实践做法进行梳理，总结其对于我国的借鉴意义。

1. 健全金融政策和服务体系

对大多数国家来说，政策性金融、合作金融和商业性金融都是其金融体系的重要组成部分。近年来，我国农村金融体系不断健全，产品服务不断创新，但与农村实际需求相比，仍然存在产品多样化不足、信贷供求结构性错配、弱势群体金融可得性不强等问题，因此需要进一步完善农村金融政策环境，健全农村金融服务体系。就国外实践而言，各国农村金融服务体系的构建均是基于本国农业农村发展情况、农村金融需求情况。如政策性金融，其主要功能是实施国家农业政策、提高农民生活水平、开展水利工程建设等公共事业；合作性金融主要是向有关机构和企业提供贷款，扩大农业发展经费，促进农业迅速发展；商业性金融则是提供农业信贷；农业保险机构则可以帮助农户分散农业风险，减少农业风险带来的损失。各金融机构分工明确、相互补充，共同促进"三农"发展。

随着科技的不断发展，在完善农村线下金融营业网点的同时，要不断健全线上支付平台体系，将农户信贷情况纳入农村信用体系建设中。充分调查农村不同经营主体的融资需求，创新金融产品与服务，提升金融产品与农户需求在金额、期限上的匹配性，满足农村金融的多样化需求。加强银行与担保、企业等主体的合作，构建风险共担机制，创新农村资源抵押方式，促进农村资产与金融资源相结合，完善农村抵质押融资模式。多措并举，持续提升农村金融产品和服务的可得性，降低融资成本。

2. 加快科技赋能农业保险

农业保险是农村金融服务体系的重要组成部分，是分散农业风险的重要工具，对于保障粮食安全、农民收益具有重要作用。除基本的风险保障、经济补偿功能外，农业保险的增信功能可以提升农户信用等级，缓解农户融资难问题。

国外实践表明，科技赋能是农业保险转型升级的重要动能。然而，科技在我国农业保险应用中面临着数据缺乏、政策不完善、资金投入较少等问题。因此，需要加大对农业保险科技创新的重视程度，提升政府对保险科技应用推广的意识，建立财政支持政策体系，鼓励有条件的地区设立支持农业保险科技创新的专项资金，对保险机构运用保险科技探索创新项目提供政策支持。搭建农业风险与保险数据库，整合涉农生产数据与农业保险数据，采用区块链等技术对相关数据进行加密处理，畅通政府、保险公司等主体间的数据互联互通，畅通农业保险科技应用的数据共享渠道。强化保险公司与科技公司之间的技术合作，充分发挥科技在农业保险实务中的优势，推进农业保险的精细化发展。运用大数据分析，精准了解农户农业保险需求，创新农业保险产品，在产品设计、承保、理赔等环节实现电子化、信息化，优化农业保险实务流程，推动农业保险高质量发展。

3. 探索新型金融科技监管模式

金融科技改变了金融机构的服务流程，但也加速了风险的传播，并且衍生出了新型风险，如信息技术风险，金融风险与技术风险叠加可能形成系统性风险。因此，要强化监管技术手段，加强对金融科技平台的监管和风险防范，以提升监管效能和精准监管能力。同时，鼓励金融监管部门与科技公司合作，共同研发监管科技工具，如监管沙盒和监管科技平台，以应对金融科技创新带来的挑战。加强跨部门协调，建立金融科技跨部门协作机制，促进金融监管部门与科技、信息、通信等相关部门之间的信息共享和协同监管。

4. 健全供应链金融体系

在"互联网+农业"的深入发展下，由农产品物联网与交易大数据驱动的农产品电商平台已逐步成为连接农业产业链各环节的关键节点。国家对电商消费金融的发展给予了足够的关注，但对于生产者、服务者的大数据分析与应用的关注程度仍需加强。借鉴国际经验，应通过金融科技来指导农业技术的创新与应用，在扩大生产规模、降低农业风险等方面对特色农产品的需求进行算法化。与此同时，利用数字农业平台的交易数据，健全农户信用体系，提升农户融资可得性，并利用生产和销售的数据分析来减少信贷风险。

5. 提升金融科技水平

持续推进农村金融机构的数字化转型，针对农村的资产特点和农产品特点，提供推广线上授信、减少抵押担保等服务，适当提升信贷比重。促进现代科学技术在金融业的应用，金融机构利用互联网技术对金融服务进行提质增效，提高创新要素的流通性，进而提升金融资源的配置效率，实现规模效应。同时，利用大数据、人工智能等技术，对乡村电商平台进行扶持，拓展农产品的销路，带动农户增收。在与物联网、大数据分析等技术结合的同时，将智慧农业技术全面推广，提高农业生产效率和农产品质量，降低农业生产经营成本，从而促进乡村振兴，实现共同富裕。

6. 加快数字基础设施建设

促进城乡各种要素的双向、有序流动，提高资源的配置效率。加快乡村 5G、物联网等数字基础设施建设，完善农村金融服务网络，推广 ATM 机、移动银行等金融科技设施。搭建农村综合信息服务平台，畅通农村生产经营、农产品交易等数据共享渠道。优化升级农村水利、公路、物流等设施，促进智慧农业、智慧交通、智慧物流等设施发展，为金融科技助力共同富裕提供发展基础。

# 三、本章小结

本章对国内外金融科技助力乡村振兴、实现共同富裕的实践探索进行了梳理总结，发现金融科技赋能共同富裕的形式呈现多样化的特征，各地依据实际情况，因地制宜采取相应实施路径。通过对各个案例做法的梳理，凝练出对于我国金融科技赋能共同富裕的经验借鉴。

# 第八章　金融科技赋能共同富裕的实现路径

## 一、研究结论

研究以金融科技与共同富裕的关系辨析为出发点，系统厘清金融科技与共同富裕的内涵，分析二者发展现状并测算发展水平，在此基础上探究金融科技对共同富裕的影响路径及影响效应，梳理金融科技赋能共同富裕的实践探索。通过前述研究，全书的研究结论归纳如下：

1. 金融科技发展快速，但在赋能共同富裕进程中仍存在问题

随着数字中国建设的不断推进，我国金融业数字化转型不断深化，金融科技发展持续领先，数字金融产品与服务不断丰富，金融科技监管体系不断完善，底层技术的研发成为金融科技的发展方向。虽然当前城乡收入差距不断缩小，但财产性收入比差距较大，要充分释放金融科技优势，仍需考虑技术成熟度、数据应用管理、区域差异以及专业人才培养等问题。

2. 我国金融科技发展与共同富裕程度存在较大区域差异

基于金融科技与共同富裕的内涵阐释，构建金融科技与共同富裕综合评价指标体系，采用熵权 TOPSIS 法进行测算。结果显示，我国金融科技发展水平呈持续增长趋势，"信息技术创新"在金融科技发展中的地位不断凸显；金融科技发

展在区域之间存在显著差异，东部地区明显高于中西部地区；我国共同富裕程度不断提升，"精神文明富裕"在共同富裕实现进程中的作用日益增加；共同富裕程度在区域之间存在显著差异，东部地区优于中西部地区。

3. 金融科技显著促进地区经济增长，缩小城乡收入差距，能够发挥"做大蛋糕"、"分好蛋糕"的作用

金融科技通过直接影响、技术投入传导间接影响两种方式促进经济增长。金融科技对缩小城乡收入差距的作用在数字普惠金融影响下呈现非线性。

4. 金融科技通过直接、间接两条路径影响共同富裕的实现

金融科技发展能够促进共同富裕的实现，且存在明显的西部>中部>东部的区域异质性。金融科技对共同富裕的影响存在非线性边际效应递减，且受到数字普惠金融发展的调节。在金融科技二级指标中，经济基础与金融规模对共同富裕的促进作用最大；而对于共同富裕的三个维度，金融科技显著影响"富裕度"和"共享度"指标，对"可持续性"的影响不显著。

5. 金融科技赋能共同富裕形式更加多样化

金融科技赋能共同富裕实践热度高涨，"金融+科技"在服务新型农业经营主体、助力中小微企业融资、盘活农村资产、助力乡村文化建设、引进科技人才以及基础设施建设等方面的深度融合及探索实践，将重塑金融服务模式，催生乡村发展新业态，为金融科技赋能共同富裕提供样板。

# 二、基本判断

共同富裕为金融科技助力"三农"市场带来战略性机遇，乡村金融科技正处在重要的发展阶段，具有广大的发展空间。但机遇与挑战并存，整体而言机遇大于挑战。

1. 金融科技与乡村产业协调发展是经济高质量发展的内生动力

经济增长仍然是推动农村富裕的主要任务。一二三产融合发展是现代农业发展的新趋势，能够为实现共同富裕奠定基础。三产融合的基本构件是集生产、加

工、储存、流通、贸易、消费于一体的产业链。随之而来会产生大量的新型业态主体及新型业务模式及大量的融资需求。农村富裕对于金融产品及服务的需求并不独立于某一环节，而是产业链自上而下，涉及产品设计—资金供给—用户体验—风险管理—交易支付—财富管理的全链条，需要金融服务供应链与乡村产业链相互协同，满足乡村资金需求及技术支撑，助力乡村经济高质量发展。

2. 持牌金融机构不断与金融科技深入融合仍然是农村金融服务的主要模式

当前金融科技产品及服务的供给主体除了持牌金融机构外，还有金融科技公司，前者通过融入技术更新服务，后者则将技术运用于金融领域。历经互联网金融的发展与乱象，结合农村居民金融素养低的现实，持牌金融机构仍应是农村金融服务的主要供给主体，而与金融科技的深度融合则是金融机构向农村提供普惠产品与服务的必由之路。

3. 金融科技在财富管理、绿色金融方面的应用将进一步扩展

城乡收入比不断缩小，而城乡财产性收入比持续保持高位的现实表明，财产性收入的提高已成为制约城乡共同富裕实现的重要因素。金融科技可以通过为农村居民提供智能化农业生产服务，提高融资可得性，发展农村电商增加农民的经营性收入；通过提供线上教育、就业培训和就业推荐服务，扩大农民的就业机会，增加农民的工资性收入；通过大数据分析、智慧医疗、智慧养老等服务，增加农民的转移性收入，而财产性收入是衡量国民富裕程度的重要指标，是社会财富再次分配的重要途径。农村居民财富管理离不开合适的金融市场和工具，金融科技一方面可以创新金融产品与服务，提供个性化、定制化理财产品，降低理财门槛；另一方面可以提升财富管理的便捷性。因此，金融科技后续应在财富管理方面持续发力。绿色金融是2023年中央金融工作会议强调的做好"五篇大文章"之一，是推进经济转型的关键环节。"双碳"目标提出以来，绿色产业发展得到前所未有的关注，越来越多的地区开始将绿色发展视为重要的转型方向，而乡村产业发展提出的提高生产效率及改善生态环境等要求与绿色金融非常契合。金融科技可以有效识别项目的环境效益，降低绿色企业融资成本，确保相关数据的真实性，已成为推动绿色金融发展的重要工具。金融科技赋能绿色金融，依然具有巨大发展空间。

4. 金融科技将深刻地影响乡村治理能力现代化

治理有效是乡村振兴的重要保障。当前乡村社会青壮年外流城市，乡村人口老龄化加速，多种农业生产经营主体并存，多样发展业态共生的现实，对金融科技发展带来了新挑战。金融科技与民生领域互联互通，能够推动信贷、社保、医疗等农村服务便利化发展，有助于乡村信用体系建设，但多样化的主体、模式、业态，又要求金融科技能够满足多样化需求，进行精准滴灌。

# 三、实施路径

## （一）加强顶层设计，强化金融科技与可持续发展的融合

金融科技作为新兴产业，其发展需要政策的指引和监管。我国国家和地方先后出台促进金融科技发展的政策文件，从政策层面予以理论指导。一是在共同富裕相关文件中，明确金融科技的发展定位，提出共同富裕对金融科技的需求。二是各省市结合自身发展阶段及金融市场特征，制定差异化、层次化的金融科技发展战略，对金融科技布局、重点应用领域等进行详细设计，使金融科技更好地服务地方经济社会发展。

研究表明，当前金融科技尚未充分发挥出其对可持续发展的影响效应。经济绿色转型势在必行，因此有必要加强金融科技与可持续发展的深度融合。一是金融科技助力绿色金融，充分发挥其精准识别绿色项目、降低绿色认证成本的作用；通过大数据、区块链等技术核验绿色金融数据的真实性，降低造假风险；满足绿色产业融资需求，推动绿色金融产品的供给和创新。二是服务"双碳"目标，提高股权基金等在绿色产业中的支持效率。

## （二）完善基础设施建设，构建金融科技服务新机制

《数字乡村发展战略纲要》将"加快乡村信息基础设施建设"作为数字乡村建设的重点任务，金融科技基础设施的完善程度直接影响金融科技发展水平。一

是加强农村支付体系建设。开发、推广"农村综合金融服务平台"，实现线上融资、缴费、医疗、社保等一体化金融服务，提高农村居民支付的便捷性。二是完善农村信用体系建设，整合农民生产、收入、消费等数据，依托大数据等技术，评定农户信用等级；持续推进"信用村""信用户"模式，将其与融资金额挂钩，优化农村信用生态环境。三是提升农村信息化建设水平，强化金融科技供应链与产业链互联互通，实现产业链相关数据自动化采集及可溯源化。鉴于金融科技对共同富裕存在非线性边际效应递减，应重点完善欠发达地区金融科技基础设施建设，加强财政资金投入，吸引社会资本参与，加大农村互联网的覆盖范围，缩小区域"数字鸿沟"。

### （三）优化产品供给，推动数字普惠金融服务

借助金融科技提升效率、降低成本的先天优势，借助大数据、人工智能等底层技术，创新农村融资类、保险类、理财类产品及服务供给，精准识别产业链融资需求特点，通过用户画像挖掘潜在需求，为农户提供便捷高效的金融服务，助力农村居民收入的持续增长。

数字普惠金融在金融科技赋能共同富裕中起着重要的调节作用。通过政策引导、利用贴息等方法，鼓励金融机构创新农村金融产品和服务，延伸金融触角，构建成本可负担、经营可持续的普惠金融长效机制。借由金融需求的满足，强化金融机构与互联网金融平台联动创新，加大金融科技在数字普惠金融业务中的运用力度，充分发挥金融科技与数字普惠金融的联合作用。在此过程中，加强农户对金融科技的了解，提升农民的数字化能力和金融素养，充分享受金融科技带来的便捷。

### （四）加强专业人才培养，提高居民金融科技素养

金融科技人才是企业可持续发展的核心竞争力。随着金融科技的快速发展，培养具备金融和科技双重素养的专业人才迫在眉睫。依托高校金融科技学科建设，采用跨学科教育模式，培养金融科技人才。建立与金融科技公司的合作关系，强化学生创新实践，培养实际应用能力。此外，通过举行研讨会等形式，强化金融行业与科技行业之间的交流，开展跨领域培训。

丰富金融素养提升渠道，以"线上+线下"、"传统媒体+新型媒体"的渠道，整理金融科技相关信息，采用小视频、集中培训等方式，强化居民对于金融科技的认知，使其直观感受到金融科技对其生产生活所带来的便利，同时对金融科技的风险予以提示。

### （五）防范金融科技风险，加强消费者保护

进一步完善监管部门之间的沟通协调机制，优化监管数据采集方式，提高自动化数据报送和智能化合规能力，并利用技术手段挖掘监管数据的价值。推动监管方式转变，强化事前、事中监管，积极布局主动监管，增强监管分析的准确性和可追溯性。

加强消费者金融保护，是金融科技赋能共同富裕的重要保障。在构建"穿透式"监管的基础上，构建多级联动的消费者保护工作体系，将此项工作纳入金融机构的考核标准，建立事前预防、事中管控、事后追溯的管理体系。充分借助科技的功能，建立智能风控系统，让用户能够安全地享受金融科技服务。

### （六）因地制宜推动金融科技，充分发挥外部效应

研究结果显示，与东部和中部地区相比，西部地区金融科技对共同富裕的赋能效应更强。因此，应因地制宜推动金融科技的发展，缩小区域差距。西部地区，应基于金融科技发展较慢、共同富裕基础较差的现实条件，加大金融机构与金融科技的深度融合，与金融科技发展水平较高的东部地区合作，引进先进金融科技，吸取成功经验做法，创新金融产品与服务，满足用户生产生活的资金需求，不断改善金融科技生态环境，着力提升地区经济水平，充分发挥金融科技赋能共同富裕的影响效应。东部和中部地区应依托自身优势，着力缩小城乡差距，不断提高金融产品服务与城乡居民的需求匹配性，加大跨区域合作力度，发挥金融科技外溢效应，带动西部地区共同富裕，为进一步促进城乡富裕提供物质基础。

# 四、政策建议

### （一）畅通城乡资源融合，激发共同富裕动能

推动城乡资源要素自由流动，是促进城乡共同富裕的必由之路。城乡资源融合是基于市场机制，实现人地钱全要素的流动，全面提升城乡发展效率。一是统一城乡土地市场，加快土地"三权"分置改革，引导城市资源入乡村盘活闲置土地，提升土地附加值。二是减少城乡人口流动限制，引导城市人才下乡服务乡村振兴。三是建立资本下乡激励机制，吸引城市资本有序流入乡村，发展休闲农业、康养产业等新业态，以产业融合、资源融合助推城乡共同富裕。

### （二）推进城乡空间融合，打造共同富裕格局

基于城乡发展优势，推进城乡空间融合，形成各自功能凸显、优势互补的空间格局。城乡融合需要将城乡置于统一规划架构下，综合考量城乡生产、生活及生态关系，将城市现代文明与农村田园文明相融合，制定共融共生的发展规划。一是培育"农业+"发展新生态，促进一二三产融合发展。将农村自然资源进行价值转化，提高农村经济发展水平。二是基于城乡空间一体化开发利用资源。充分发挥城市要素集聚的优势，建设一批辐射带动能力强的城市群，利用其辐射带动功能为周边乡村提供多样化产品与服务，全面提升乡村农产品供给、生态服务供给功能，打造城乡互嵌的发展格局。三是完善城乡交通体系，引导城乡资源双向互动，实现城市发展生态化和农村空间综合化的统一性，推动城乡共同富裕进程。

### （三）创新城乡制度融合，夯实共同富裕根基

制度融合是推动城乡融合的关键。城乡二元制度结构由来已久，正是因此城乡之间无法实现互惠共享。因此，应重点创新城乡制度融合，形成城乡合力，共

同促进城乡共同富裕。一是构建城乡产权融合制度，推进城乡土地、人才制度改革，通过产权制度体系的完善，促进城乡要素自由流动。二是构建城乡一体化公共服务共享体系，使城乡居民能够享受同等水平的公共服务权益，加快形成普惠性公共服务供给体系。三是建立城乡生态利益补偿体系，农村作为生态保护地区，在与城市融合过程中可能会有所冲突，因此需要建立城乡生态利益补偿体系，如生态资源有偿使用体系等，促进城乡经济效益与生态效益相融合。

# 参考文献

［1］ Arner, D. W, Barberis, J. , Buckley, R. P. The evolution of Fintech: A new post-crisis paradigm ［J］. Georgetown Journal of International Law, 2015 (47): 1271.

［2］ Bettinger, A. Fintech: A series of 40 time shared models used at manufacturers hanover trust company ［J］. Interfaces, 1972, 2 (4): 62-63.

［3］ Chen Ailian, Li Jiayu, Zhang Shengjun, et al. Application of satellite remote sensing yield estimation technology in regional revenue protection crop insurance: A case of soybean ［J］. Smart Agriculture, 2020, 2 (3): 139-152.

［4］ De Haan J. , J. E. Sturm, Finance and income inequality: A review and new evidence ［J］. European Journal of Political Economy, 2017 (50): 171-195.

［5］ Goldstein I. , Iang W. , Karolyi G. A. To fintech and beyond ［J］. Review of financial studies, 2019, 32 (5): 1647-1661.

［6］ Gurley, J. G. , Shaw, E. S. Financial aspects of economic development ［J］. American Economic Review, 1950, 45 (41): 515-538.

［7］ Hamori S. , Hashiguchi Y. The effect of financial deepening on inequality: Some international evidence ［J］. Journal of Asian Economics, 2012, 23 (4): 353-359.

［8］ Jauch S. , Watzka S. Financial development and income inequality: A panel data approach ［J］. Empirical Economics, 2016, 51 (1): 291-314.

［9］ Kuzents S. Economic growth and incom inequality ［J］. American Economic

Review, 1955, 45（1）：1-28.

［10］Lawrence B., Kweku-Muata O., Victoria Y. Y. FinPathlight：Framework for an multiagent recommender system designed to increase consumer financial capability ［J］. Decision Support Systems, 2020（134）：113306.

［11］Ma Y., Liu D. Introduction to the special issueon crowdfunding and fin-Tech ［J］. Financial Innovation（Heidelberg）, 2017, 3（8）.

［12］Mark A. Chen, Qinxi Wu, Baozhong Yang. How valuable is FinTech innovation? ［J］. The Review of Financial Studies, 2019, 32（5）.

［13］Ronald I. McKinnon. Money and capital in economic development ［M］. The Brookings Institution, 1973.

［14］Schueffel P. Taming the beast：A scientific definition of fintech ［J］. Journal of Innovation Management. 2016, 4（4）：32-54.

［15］Takor A. V. Fintech and banking：What do we know? ［J］. Journal of Financial Intermediation, 2020（43）：100858.

［16］《径山报告》课题组. 共富时代的大国金融 ［M］. 北京：中信出版社，2022.

［17］巴曙松，白海峰. 金融科技的发展历程与核心技术应用场景探索 ［J］. 清华金融评论，2016（11）：99-103.

［18］巴曙松，王紫宇. 金融科技背景下金融结构改善与实体经济增长——基于金融发展规模的中介效应 ［J］. 湖北经济学院学报，2021，19（1）：43-52+126.

［19］毕美月. 基于熵权 TOPSIS 法的比亚迪集团财务风险评价与控制研究 ［D］. 河北地质大学，2023.

［20］陈碧梅. 金融市场复杂化发展背景下企业金融风险管理 ［J］. 鄂州大学学报，2022，29（3）：42-43.

［21］陈德余，汤勇刚，张绍合. 产业结构转型升级、金融科技创新与区域经济发展实证分析 ［J］. 科技管理研究，2018，38（15）：105-110.

［22］陈红，郭亮. 金融科技风险产生缘由、负面效应及其防范体系构建 ［J］. 改革，2020（3）：63-73.

［23］陈蕾，钟金盛. 数字金融对中国城乡收入差距影响研究——基于农村

创业视角〔J〕. 亚太经济, 2023 (5): 121-129.

〔24〕陈丽君, 郁建兴, 徐铱娜. 共同富裕指数模型的构建〔J〕. 治理研究, 2021, 37 (4): 5-16+245.

〔25〕陈珊. 风险管理视角下企业内控制度的应用研究〔J〕. 会计师, 2017 (24): 46-47.

〔26〕程恩富, 刘伟. 社会主义共同富裕的理论解读与实践剖析〔J〕. 马克思主义研究, 2012 (6): 41-47+159.

〔27〕崔婕, 李瑞田, 韩启春. 金融科技助力实现共同富裕——基于数字普惠金融赋能视角〔J〕. 经济问题, 2023 (5): 1-8+118.

〔28〕董昀. 创新发展视角下的"科技—产业—金融"良性循环——理论逻辑、核心要义与政策启示〔J〕. 农村金融研究, 2023 (6): 21-30.

〔29〕付会敏, 江世银. 金融科技的经济增长效应——基于数字普惠金融指数的实证检验〔J〕. 金融发展研究, 2022 (8): 12-19.

〔30〕付琼, 郭嘉禹. 金融科技助力农村普惠金融发展的内在机理与现实困境〔J〕. 管理学刊, 2021, 34 (3): 54-67.

〔31〕谷政, 石岿然. 金融科技助力防控金融风险研究〔J〕. 审计与经济研究, 2020 (1): 16-17+11.

〔32〕郭峰, 王靖一, 王芳, 等. 测度中国数字普惠金融发展: 指数编制与空间特征〔J〕. 经济学 (季刊), 2020 (4): 1401-1418.

〔33〕郭凤茹, 张恩情, 任金政, 等. "科技+数据"赋能农业保险精准化发展〔J〕. 保险理论与实践, 2022 (6): 16-30.

〔34〕郭丽虹, 朱柯达. 金融科技、银行风险与经营业绩——基于普惠金融的视角〔J〕. 国际金融研究, 2021 (7): 56-65.

〔35〕郭品, 沈悦. 互联网金融对商业银行风险承担的影响: 理论解读与实证检验〔J〕. 财贸经济, 2015 (1): 102-116.

〔36〕郭雪寒. 金融科技应用如何影响商业银行〔D〕. 上海财经大学, 2022.

〔37〕韩亮亮, 彭伊, 孟庆娜. 数字普惠金融、创业活跃度与共同富裕——基于我国省际面板数据的经验研究〔J〕. 软科学, 2023, 37 (3): 18-24.

〔38〕何波. 电子工程自动化控制中智能技术应用研究〔J〕. 电子元器件与

信息技术，2019，3（6）：70-73.

[39] 何小钢，罗欣，况雅琴. 数字化转型与商业银行风险承担 [J]. 企业经济，2023，42（6）：121-132.

[40] 胡鞍钢，周绍杰. 2035 中国：迈向共同富裕 [J]. 北京工业大学学报（社会科学版），2022，22（1）：1-22.

[41] 胡滨，程雪军. 金融科技、数字普惠金融与国家金融竞争力 [J]. 武汉大学学报（哲学社会科学版），2020，73（3）：130-141.

[42] 黄倩，李政，熊德平. 数字普惠金融的减贫效应及其传导机制 [J]. 改革，2019（11）：90-101.

[43] 黄益平，黄卓. 中国的数字金融发展：现在与未来 [J]. 经济学（季刊），2018（4）：1489-1502.

[44] 黄莺. 全球金融科技监管及改革趋势 [J]. 现代国际关系，2021（7）：34-43+63.

[45] 惠献波. 科技金融政策与共同富裕：基于产业转型升级的视角 [J]. 西南金融，2023（9）：74-85.

[46] 纪明，曾曦昊，陈王豪. 数字普惠金融的共同富裕效应研究——基于农民创业、就业增收视角 [J]. 金融教育研究，2022，35（5）：3-13.

[47] 揭红兰. 科技金融、科技创新对区域经济发展的传导路径与实证检验 [J]. 统计与决策，2020，36（1）：66-71.

[48] 金飞. 数字普惠金融促进经济增长——基于我国 294 个地级市的经验证据 [J]. 生产力研究，2021（12）：117-121.

[49] 李春涛，闫续文，宋敏，杨威. 金融科技与企业创新——新三板上市公司的证据 [J]. 中国工业经济，2020（1）：81-98.

[50] 李广子. 金融与科技的融合：含义、动因与风险 [J]. 国际经济评论，2020（3）：91-106+6.

[51] 李金昌，余卫. 共同富裕统计监测评价探讨 [J]. 统计研究，2022，39（2）：3-17.

[52] 李宁，朱毅彬. 乡村振兴战略下农村籍大学生返乡就业、创业实施路径研究 [J]. 就业与保障，2023（1）：34-36.

[53] 李舒，赵思健，张峭．智慧农险——农业保险信息化发展的展望 [J]．江苏农业科学，2016，44（1）：7-12．

[54] 李向前，贺卓异．金融科技发展对商业银行影响研究 [J]．现代经济探讨，2021（2）：50-57．

[55] 李延凯，韩廷春．金融生态演进作用于实体经济增长的机制分析：透过资本配置效率的视角 [J]．中国工业经济，2011（2）：26-35．

[56] 李展，叶蜀君．中国金融科技发展现状及监管对策研究 [J]．江淮论坛，2019（3）：54-59．

[57] 梁双陆，刘培培．数字普惠金融、教育约束与城乡收入收敛效应 [J]．产经评论，2018，9（2）：128-138．

[58] 廖岷．金融科技发展的国际经验和中国政策取向 [M]．北京：中国金融出版社，2017．

[59] 林晨．金融科技服务实体经济的作用机理研究 [D]．四川大学，2021．

[60] 林木西，肖宇博．数字金融、技术创新与区域经济增长 [J]．兰州大学学报（社会科学版），2022，50（2）：47-59．

[61] 林永生，曹增栋．科技金融能促进企业污染减排吗？——基于"科技和金融结合试点"的准自然实验 [J]．北京理工大学学报（社会科学版），2023，25（5）：1-14．

[62] 刘孟飞，蒋维．金融科技促进还是阻碍了商业银行效率？——基于中国银行业的实证研究 [J]．当代经济科学，2020（3）：56-68．

[63] 刘培林，钱滔，黄先海，等．共同富裕的内涵、实现路径与测度方法 [J]．管理世界，2021，37（8）：117-129．

[64] 刘少波，张友泽，梁晋恒．金融科技与金融创新研究进展 [J]．经济学动态，2021（3）：126-144．

[65] 卢丽娜，于风程，范华．我国农业信息化水平测度的理论与应用研究 [J]．理论学刊，2010（6）：37-41．

[66] 鲁钊阳，马辉．金融科技创新对实体经济增长的影响研究 [J]．科学管理研究，2021，39（5）：150-159．

[67] 陆岷峰，马经纬，汪祖刚，金融科技背景下普惠金融基本矛盾图谱与

解决路径研究［J］. 金融理论与实践，2019（8）：1-7.

［68］马九杰，杨晨. 金融科技推动农民农村共同富裕的路径研究［J］. 农村金融研究，2022（8）：3-9.

［69］孟娜娜，粟勤，雷海波. 金融科技如何影响银行业竞争［J］. 财贸经济，2020，41（3）：66-79.

［70］欧进锋，许抄军，刘雨骐. 基于"五大发展理念"的经济高质量发展水平测度［J］. 经济地理，2020（6）：77-86.

［71］欧阳慧，李沛霖，李智. 城乡区域视角下促进共同富裕的战略路径研究［J］. 区域经济评论，2022（4）：22-31.

［72］皮天雷，刘垚森，吴鸿燕. 金融科技：内涵、逻辑与风险监管［J］. 财经科学，2018（9）：16-25.

［73］祁芳梅，吴文菲，徐庆，等. 数字经济、区域一体化对共同富裕的影响——基于长江三角洲数据的实证［J］. 统计与决策，2023，39（21）：70-74.

［74］任喜萍. 金融科技高质量服务乡村振兴的理论逻辑、现实挑战与路径选择［J］. 当代经济管理，2023，45（7）：63-70.

［75］沈悦，郭品. 互联网金融、技术溢出与商业银行全要素生产率［J］. 金融研究，2015（3）：160-175.

［76］盛天翔，范从来. 金融科技、最优银行业市场结构与小微企业信贷供给［J］. 金融研究，2020（6）：114-132.

［77］宋群. 我国共同富裕的内涵、特征及评价指标初探［J］. 全球化，2014（1）：35-47+124.

［78］宋梅. 金融科技演化发展与未来趋势［J］. 贵州社会科学，2019（10）：138-148.

［79］宋敏，周鹏，司海涛. 金融科技与企业全要素生产率："赋能"和信贷配给的视角［J］. 中国工业经济，2021（4）：138-155.

［80］孙玉环，张汀昱，王雪妮，等. 中国数字普惠金融发展的现状、问题及前景［J］. 数量经济技术经济研究，2021，38（2）：43-59.

［81］唐琳，王玉峰，李松. 金融发展、科技创新与经济高质量发展——基于我国西部地区77个地级市的面板数据［J］. 金融发展研究，2020（9）：30-36.

［82］唐松，赖晓冰，黄锐．金融科技创新如何影响全要素生产率：促进还是抑制？——理论分析框架与区域实践［J］．中国软科学，2019（7）：134-144.

［83］唐松，苏雪莎，赵丹妮．金融科技与企业数字化转型——基于企业生命周期视角［J］．财经科学，2022（2）：52-66.

［84］唐松，伍旭川，祝佳．数字金融与企业技术创新——结构特征、机制识别与金融监管下的效应差异［J］．管理世界，2020，36（5）：52-66.

［85］唐文进，李爽，陶云清．数字普惠金融发展与产业结构升级——来自283个城市的经验证据［J］．广东财经大学学报，2019，34（6）：35-49.

［86］田新民，张志强．金融科技、资源配置效率与经济增长——基于中国金融科技门槛作用的分析［J］．统计与信息论坛，2020（7）：25-34.

［87］田秀娟，李睿，杨戈．金融科技促进实体经济发展的影响——基于金融创新和科技创新双路径的实证分析［J］．广东社会科学，2021（5）：5-15+254.

［88］汪海燕，陈甲，何文剑，等．农地股份合作社类型及其绩效分析［J］．河南农业大学学报，2021，55（6）：1161-1168.

［89］汪可，吴青，李计．金融科技与商业银行风险承担——基于中国银行业的实证分析［J］．管理现代化，2017（6）：100-104.

［90］汪宜香，徐志仓，金融科技水平是否促进经济高质量发展？——基于2011-2019年数据检验［J］．宝鸡文理学院学报（社会科学版），2020，40（4）：77-82+116.

［91］王权堂，李春艳．我国金融科技2.0高质量发展的路径研究［J］．管理现代化，2020，40（6）：4-6.

［92］王小华，杨玉琪，程露．新发展阶段农村金融服务乡村振兴战略：问题与解决方案［J］．西南大学学报（社会科学版），2021，47（6）：41-45.

［93］文钟艺，吴蝶，李华民，吴非．金融科技发展的商业银行风险承担演化效应［J］．金融理论与实践，2022（12）：67-76.

［94］吴忠民．论"共同富裕社会"的主要依据及内涵［J］．马克思主义研究，2021（6）：83-92+164.

［95］谢婷婷，任丽艳．技术创新、金融创新与经济增长——基于中国省际面板数据［J］．工业技术经济，2017（11）：110-117.

［96］谢忠俩．新时代浙江共同富裕的水平测算及实践路径研究［D］．中共浙江省委党校，2021.

［97］徐明星，田颖，李霁月．图说区块链［M］．北京：中信出版社，2017.

［98］许德翔，林文，朱子琦．二十大精神指引下金融科技人才培养研究［J］．商展经济，2023（8）：35-37.

［99］薛莹，胡坚，金融科技助推经济高质量发展：理论逻辑、实践基础与路径选择［J］．改革，2020（3）：53-62.

［100］严伟祥，孟德锋．金融科技在金融风险管理中的应用探讨［J］．当代经济，2018（23）：48-50.

［101］阳晓霞．农险信息化助力首都乡村振兴［J］．中国金融家，2023（7）：69-71.

［102］杨涛，贲圣林．2020中国金融科技运行报告（2020）［M］．北京：社会科学文献出版社，2020.

［103］杨望，魏志恒，徐慧琳．数字经济与共同富裕：基于产业数字化的路径分析［J］．西南金融，2022（10）：19-30.

［104］杨望，魏志恒．金融科技助力共同富裕［J］．科技与金融，2022（3）：55-56.

［105］杨伟中，余剑，李康．金融资源配置、技术进步与经济高质量发展［J］．金融研究，2020（12）：75-94.

［106］叶麦穗．广汇金融活水　共促乡村振兴　广东涉农金融迈入高质量发展新阶段［N］.21世纪经济报道，2022-09-23（15）．

［107］易宪容，陈颖颖．关于当前中国金融科技的理论反思——基于现代金融理论的一般分析［J］．南京社会科学，2019（11）：30-37.

［108］易宪容．金融科技的内涵、实质及未来发展——基于金融理论的一般性分析［J］．江海学刊，2017（2）：13-20.

［109］易行健，周利．数字普惠金融发展是否显著影响了居民消费——来自中国家庭的微观证据［J］．金融研究，2018（11）：47-67.

［110］尹应凯，彭兴越．数字化基础、金融科技与经济发展［J］．学术论坛，2020，43（2）：109-119.

［111］尹振涛，李俊成，杨璐．金融科技发展能提高农村家庭幸福感吗？——基于幸福经济学的研究视角［J］．中国农村经济，2021（8）：63-79.

［112］尹志超，郭沛瑶，张琳琬．"为有源头活水来"：精准扶贫对农户信贷的影响［J］．管理世界，2020，36（2）：59-71+194+218.

［113］尹志超，张栋浩．金融普惠、家庭贫困及脆弱性［J］．经济学（季刊），2020，20（5）：153-172.

［114］于凤芹，于千惠．金融科技影响商业银行盈利能力的机制分析［J］．金融与经济，2021（2）：45-52+62.

［115］余丰慧．金融科技：大数据、区块链和人工智能的应用与未来［M］．杭州：浙江大学出版社，2018.

［116］余继超．数据安全"拷问" ChatGPT 类 AI［N］．国际金融报，2023-04-17（11）.

［117］余星辉，卜亚，文琪玲，等．金融科技创新的包容审慎监管研究［J］．当代金融研究，2023，6（5）：84-100.

［118］袁康，邓阳立．道德风险视域下的金融科技应用及其规制——以证券市场为例［J］．证券市场导报，2019（7）：13-19+40.

［119］张建波．关于普惠金融对城乡收入差距影响的门槛效应研究［J］．甘肃社会科学，2018（1）：146-152.

［120］张建平．"十二五"时期国际产业转移与分工变化及对我国的影响［J］．中国经贸导刊，2010（14）：23-26.

［121］张林．金融发展、科技创新与实体经济增长：基于空间计量的实证研究［J］．金融经济学研究，2016，31（1）：14-25.

［122］张庆君，白文娟．科技创新、利用外资与资本配置效率：基于疫情危机和金融危机的分析［J］．经济与管理研究，2020，41（11）：92-107.

［123］张腾，蒋伏心．科技金融、技术创新与经济高质量发展［J］．统计与决策，2023，39（9）：142-146.

［124］张甜甜．我国金融科技发展中的问题与政府治理创新［J］．质量与市场，2022（15）：169-171.

［125］张勋，万广华，张佳佳，等．数字经济、普惠金融与包容性增长

［J］. 经济研究，2019，54（8）：71-86.

［126］郑健壮，许晗雪，靳雨涵. 共同富裕的测度与实施路径——基于我国 31 个省份的实证研究［J］. 浙江树人大学学报，2022，22（6）：35-45.

［127］钟文，郑明贵，钟昌标. 数字经济发展对城乡收入差距影响的实证检验［J］. 统计与决策，2023，39（18）：83-87.

［128］周斌."金融科技"视角下的中小企业融资创新模式研究［D］. 南京大学，2018.

［129］周伯乐，王小腾. 科技金融对绿色技术创新影响的异质门槛效应［J］. 软科学，2023，37（2）：59-64.

［130］周全，韩贺洋. 金融科技发展及风险演进分析［J］. 科学管理研究，2020，38（6）：127-133.

［131］庄雷，王烨. 金融科技创新对实体经济发展的影响机制研究［J］. 软科学，2019，33（22）：43-46.

# 附 录

**附录1　2012~2021 年金融科技二级指标——互联网基础得分**

| 地区 | 2012 年 | 2013 年 | 2014 年 | 2015 年 | 2016 年 | 2017 年 | 2018 年 | 2019 年 | 2020 年 | 2021 年 | 均值 |
|------|---------|---------|---------|---------|---------|---------|---------|---------|---------|---------|------|
| 北京 | 0.052 | 0.063 | 0.083 | 0.116 | 0.140 | 0.123 | 0.114 | 0.123 | 0.102 | 0.131 | 0.105 |
| 天津 | 0.013 | 0.011 | 0.011 | 0.015 | 0.018 | 0.019 | 0.021 | 0.024 | 0.028 | 0.029 | 0.019 |
| 河北 | 0.035 | 0.039 | 0.043 | 0.050 | 0.063 | 0.065 | 0.072 | 0.082 | 0.078 | 0.080 | 0.061 |
| 山西 | 0.018 | 0.022 | 0.025 | 0.027 | 0.029 | 0.033 | 0.049 | 0.046 | 0.049 | 0.044 | 0.034 |
| 内蒙古 | 0.021 | 0.024 | 0.024 | 0.022 | 0.025 | 0.029 | 0.032 | 0.034 | 0.034 | 0.035 | 0.028 |
| 辽宁 | 0.035 | 0.039 | 0.043 | 0.047 | 0.052 | 0.052 | 0.055 | 0.060 | 0.058 | 0.053 | 0.049 |
| 吉林 | 0.018 | 0.019 | 0.023 | 0.024 | 0.030 | 0.034 | 0.036 | 0.039 | 0.040 | 0.037 | 0.030 |
| 黑龙江 | 0.017 | 0.032 | 0.036 | 0.035 | 0.033 | 0.034 | 0.037 | 0.042 | 0.045 | 0.041 | 0.035 |
| 上海 | 0.050 | 0.050 | 0.054 | 0.067 | 0.077 | 0.076 | 0.067 | 0.070 | 0.074 | 0.562 | 0.115 |
| 江苏 | 0.058 | 0.064 | 0.069 | 0.083 | 0.096 | 0.102 | 0.115 | 0.126 | 0.117 | 0.115 | 0.094 |
| 浙江 | 0.100 | 0.065 | 0.071 | 0.100 | 0.117 | 0.104 | 0.103 | 0.113 | 0.104 | 0.101 | 0.098 |
| 安徽 | 0.020 | 0.023 | 0.027 | 0.035 | 0.041 | 0.046 | 0.056 | 0.067 | 0.070 | 0.070 | 0.045 |
| 福建 | 0.046 | 0.045 | 0.049 | 0.069 | 0.115 | 0.173 | 0.156 | 0.151 | 0.095 | 0.847 | 0.175 |
| 江西 | 0.012 | 0.015 | 0.018 | 0.026 | 0.029 | 0.030 | 0.041 | 0.056 | 0.054 | 0.046 | 0.033 |
| 山东 | 0.047 | 0.110 | 0.095 | 0.087 | 0.090 | 0.089 | 0.101 | 0.110 | 0.110 | 0.115 | 0.096 |
| 河南 | 0.029 | 0.041 | 0.049 | 0.061 | 0.071 | 0.076 | 0.094 | 0.112 | 0.108 | 0.093 | 0.073 |
| 湖北 | 0.027 | 0.027 | 0.031 | 0.050 | 0.049 | 0.047 | 0.057 | 0.073 | 0.070 | 0.060 | 0.049 |
| 湖南 | 0.022 | 0.025 | 0.030 | 0.036 | 0.052 | 0.053 | 0.060 | 0.082 | 0.075 | 0.066 | 0.050 |
| 广东 | 0.114 | 0.136 | 0.144 | 0.164 | 0.183 | 0.160 | 0.187 | 0.212 | 0.193 | 0.195 | 0.169 |
| 广西 | 0.015 | 0.017 | 0.024 | 0.028 | 0.034 | 0.039 | 0.047 | 0.060 | 0.062 | 0.058 | 0.038 |

续表

| 地区 | 2012 年 | 2013 年 | 2014 年 | 2015 年 | 2016 年 | 2017 年 | 2018 年 | 2019 年 | 2020 年 | 2021 年 | 均值 |
|---|---|---|---|---|---|---|---|---|---|---|---|
| 海南 | 0.011 | 0.014 | 0.016 | 0.018 | 0.018 | 0.023 | 0.025 | 0.031 | 0.026 | 0.025 | 0.021 |
| 重庆 | 0.015 | 0.019 | 0.023 | 0.029 | 0.034 | 0.039 | 0.045 | 0.050 | 0.050 | 0.048 | 0.035 |
| 四川 | 0.031 | 0.039 | 0.048 | 0.061 | 0.072 | 0.078 | 0.094 | 0.111 | 0.113 | 0.103 | 0.075 |
| 贵州 | 0.011 | 0.014 | 0.017 | 0.020 | 0.023 | 0.029 | 0.036 | 0.050 | 0.047 | 0.069 | 0.032 |
| 云南 | 0.014 | 0.018 | 0.021 | 0.024 | 0.030 | 0.031 | 0.039 | 0.049 | 0.050 | 0.045 | 0.032 |
| 西藏 | 0.005 | 0.006 | 0.008 | 0.006 | 0.007 | 0.008 | 0.010 | 0.011 | 0.010 | 0.012 | 0.008 |
| 陕西 | 0.023 | 0.027 | 0.029 | 0.033 | 0.040 | 0.042 | 0.049 | 0.057 | 0.057 | 0.055 | 0.041 |
| 甘肃 | 0.010 | 0.013 | 0.014 | 0.018 | 0.019 | 0.024 | 0.028 | 0.031 | 0.033 | 0.031 | 0.022 |
| 青海 | 0.011 | 0.011 | 0.011 | 0.010 | 0.012 | 0.014 | 0.018 | 0.018 | 0.018 | 0.019 | 0.014 |
| 宁夏 | 0.010 | 0.011 | 0.013 | 0.011 | 0.014 | 0.016 | 0.020 | 0.018 | 0.017 | 0.018 | 0.015 |
| 新疆 | 0.019 | 0.020 | 0.020 | 0.021 | 0.024 | 0.025 | 0.031 | 0.033 | 0.034 | 0.037 | 0.026 |

## 附录 2　2012~2021 年金融科技二级指标——金融规模得分

| 地区 | 2012 年 | 2013 年 | 2014 年 | 2015 年 | 2016 年 | 2017 年 | 2018 年 | 2019 年 | 2020 年 | 2021 年 | 均值 |
|---|---|---|---|---|---|---|---|---|---|---|---|
| 北京 | 0.305 | 0.337 | 0.382 | 0.433 | 0.474 | 0.515 | 0.553 | 0.627 | 0.649 | 0.677 | 0.495 |
| 天津 | 0.083 | 0.095 | 0.107 | 0.126 | 0.148 | 0.171 | 0.168 | 0.183 | 0.184 | 0.180 | 0.145 |
| 河北 | 0.147 | 0.163 | 0.183 | 0.200 | 0.223 | 0.251 | 0.267 | 0.282 | 0.286 | 0.298 | 0.230 |
| 山西 | 0.086 | 0.091 | 0.097 | 0.111 | 0.119 | 0.125 | 0.141 | 0.181 | 0.172 | 0.174 | 0.130 |
| 内蒙古 | 0.064 | 0.068 | 0.072 | 0.078 | 0.084 | 0.088 | 0.102 | 0.129 | 0.129 | 0.121 | 0.093 |
| 辽宁 | 0.132 | 0.148 | 0.163 | 0.189 | 0.198 | 0.209 | 0.216 | 0.244 | 0.243 | 0.223 | 0.196 |
| 吉林 | 0.068 | 0.076 | 0.080 | 0.082 | 0.086 | 0.085 | 0.094 | 0.114 | 0.132 | 0.131 | 0.095 |
| 黑龙江 | 0.087 | 0.092 | 0.102 | 0.117 | 0.131 | 0.138 | 0.137 | 0.145 | 0.153 | 0.141 | 0.124 |
| 上海 | 0.252 | 0.274 | 0.319 | 0.363 | 0.405 | 0.435 | 0.464 | 0.518 | 0.523 | 0.580 | 0.413 |
| 江苏 | 0.287 | 0.336 | 0.383 | 0.415 | 0.463 | 0.510 | 0.542 | 0.573 | 0.625 | 0.680 | 0.481 |
| 浙江 | 0.295 | 0.300 | 0.309 | 0.334 | 0.366 | 0.405 | 0.432 | 0.465 | 0.504 | 0.530 | 0.394 |
| 安徽 | 0.098 | 0.116 | 0.126 | 0.143 | 0.167 | 0.186 | 0.214 | 0.221 | 0.248 | 0.238 | 0.176 |
| 福建 | 0.119 | 0.136 | 0.153 | 0.172 | 0.192 | 0.212 | 0.222 | 0.269 | 0.291 | 0.296 | 0.206 |
| 江西 | 0.061 | 0.072 | 0.086 | 0.095 | 0.105 | 0.111 | 0.134 | 0.167 | 0.168 | 0.176 | 0.118 |
| 山东 | 0.229 | 0.262 | 0.295 | 0.327 | 0.364 | 0.384 | 0.403 | 0.457 | 0.518 | 0.537 | 0.378 |
| 河南 | 0.146 | 0.159 | 0.170 | 0.185 | 0.222 | 0.236 | 0.252 | 0.272 | 0.269 | 0.276 | 0.219 |
| 湖北 | 0.105 | 0.124 | 0.136 | 0.164 | 0.192 | 0.210 | 0.220 | 0.234 | 0.272 | 0.301 | 0.196 |

续表

| 地区 | 2012 年 | 2013 年 | 2014 年 | 2015 年 | 2016 年 | 2017 年 | 2018 年 | 2019 年 | 2020 年 | 2021 年 | 均值 |
|---|---|---|---|---|---|---|---|---|---|---|---|
| 湖南 | 0.112 | 0.124 | 0.141 | 0.161 | 0.174 | 0.200 | 0.209 | 0.250 | 0.241 | 0.247 | 0.186 |
| 广东 | 0.401 | 0.425 | 0.446 | 0.528 | 0.577 | 0.606 | 0.694 | 0.833 | 0.948 | 0.953 | 0.641 |
| 广西 | 0.074 | 0.084 | 0.090 | 0.105 | 0.116 | 0.125 | 0.136 | 0.158 | 0.163 | 0.168 | 0.122 |
| 海南 | 0.014 | 0.017 | 0.022 | 0.026 | 0.029 | 0.033 | 0.037 | 0.038 | 0.050 | 0.050 | 0.032 |
| 重庆 | 0.100 | 0.109 | 0.117 | 0.127 | 0.142 | 0.152 | 0.158 | 0.197 | 0.234 | 0.221 | 0.156 |
| 四川 | 0.155 | 0.179 | 0.185 | 0.206 | 0.249 | 0.278 | 0.292 | 0.303 | 0.337 | 0.366 | 0.255 |
| 贵州 | 0.048 | 0.056 | 0.062 | 0.066 | 0.073 | 0.082 | 0.087 | 0.114 | 0.116 | 0.116 | 0.082 |
| 云南 | 0.066 | 0.077 | 0.086 | 0.092 | 0.101 | 0.108 | 0.112 | 0.122 | 0.125 | 0.131 | 0.102 |
| 西藏 | 0.000 | 0.001 | 0.002 | 0.002 | 0.004 | 0.006 | 0.006 | 0.008 | 0.010 | 0.015 | 0.005 |
| 陕西 | 0.088 | 0.101 | 0.118 | 0.135 | 0.151 | 0.167 | 0.172 | 0.203 | 0.205 | 0.198 | 0.154 |
| 甘肃 | 0.039 | 0.044 | 0.050 | 0.057 | 0.062 | 0.070 | 0.070 | 0.083 | 0.102 | 0.096 | 0.067 |
| 青海 | 0.009 | 0.010 | 0.011 | 0.016 | 0.018 | 0.019 | 0.019 | 0.022 | 0.022 | 0.022 | 0.017 |
| 宁夏 | 0.015 | 0.018 | 0.020 | 0.023 | 0.025 | 0.026 | 0.028 | 0.028 | 0.030 | 0.030 | 0.024 |
| 新疆 | 0.051 | 0.062 | 0.069 | 0.072 | 0.075 | 0.083 | 0.088 | 0.098 | 0.109 | 0.105 | 0.081 |

### 附录 3　2012～2021 年金融科技二级指标——经济基础得分

| 地区 | 2012 年 | 2013 年 | 2014 年 | 2015 年 | 2016 年 | 2017 年 | 2018 年 | 2019 年 | 2020 年 | 2021 年 | 均值 |
|---|---|---|---|---|---|---|---|---|---|---|---|
| 北京 | 0.237 | 0.269 | 0.307 | 0.340 | 0.375 | 0.418 | 0.462 | 0.503 | 0.512 | 0.567 | 0.399 |
| 天津 | 0.095 | 0.110 | 0.129 | 0.142 | 0.161 | 0.179 | 0.198 | 0.216 | 0.219 | 0.246 | 0.170 |
| 河北 | 0.139 | 0.155 | 0.176 | 0.194 | 0.215 | 0.240 | 0.262 | 0.289 | 0.297 | 0.328 | 0.230 |
| 山西 | 0.082 | 0.098 | 0.109 | 0.121 | 0.132 | 0.150 | 0.166 | 0.180 | 0.187 | 0.218 | 0.144 |
| 内蒙古 | 0.094 | 0.107 | 0.124 | 0.139 | 0.153 | 0.172 | 0.189 | 0.205 | 0.204 | 0.231 | 0.162 |
| 辽宁 | 0.126 | 0.148 | 0.169 | 0.182 | 0.194 | 0.210 | 0.230 | 0.247 | 0.247 | 0.270 | 0.202 |
| 吉林 | 0.071 | 0.086 | 0.100 | 0.107 | 0.116 | 0.127 | 0.137 | 0.148 | 0.150 | 0.164 | 0.120 |
| 黑龙江 | 0.068 | 0.079 | 0.100 | 0.107 | 0.115 | 0.126 | 0.137 | 0.148 | 0.145 | 0.161 | 0.119 |
| 上海 | 0.229 | 0.260 | 0.300 | 0.331 | 0.374 | 0.413 | 0.455 | 0.494 | 0.509 | 0.565 | 0.393 |
| 江苏 | 0.331 | 0.377 | 0.429 | 0.479 | 0.530 | 0.592 | 0.651 | 0.702 | 0.735 | 0.828 | 0.565 |
| 浙江 | 0.255 | 0.285 | 0.320 | 0.355 | 0.394 | 0.442 | 0.494 | 0.542 | 0.568 | 0.641 | 0.430 |
| 安徽 | 0.109 | 0.129 | 0.155 | 0.174 | 0.199 | 0.230 | 0.270 | 0.298 | 0.311 | 0.350 | 0.223 |
| 福建 | 0.137 | 0.167 | 0.188 | 0.209 | 0.236 | 0.273 | 0.311 | 0.348 | 0.362 | 0.408 | 0.264 |
| 江西 | 0.076 | 0.094 | 0.116 | 0.133 | 0.152 | 0.173 | 0.202 | 0.224 | 0.235 | 0.268 | 0.167 |

续表

| 地区 | 2012 年 | 2013 年 | 2014 年 | 2015 年 | 2016 年 | 2017 年 | 2018 年 | 2019 年 | 2020 年 | 2021 年 | 均值 |
|---|---|---|---|---|---|---|---|---|---|---|---|
| 山东 | 0.257 | 0.293 | 0.328 | 0.368 | 0.402 | 0.441 | 0.478 | 0.517 | 0.536 | 0.605 | 0.423 |
| 河南 | 0.160 | 0.183 | 0.213 | 0.237 | 0.264 | 0.301 | 0.346 | 0.379 | 0.384 | 0.414 | 0.288 |
| 湖北 | 0.128 | 0.154 | 0.189 | 0.211 | 0.238 | 0.274 | 0.316 | 0.348 | 0.334 | 0.386 | 0.258 |
| 湖南 | 0.134 | 0.158 | 0.186 | 0.211 | 0.238 | 0.271 | 0.301 | 0.330 | 0.342 | 0.378 | 0.255 |
| 广东 | 0.351 | 0.395 | 0.441 | 0.493 | 0.555 | 0.629 | 0.694 | 0.762 | 0.790 | 0.881 | 0.599 |
| 广西 | 0.076 | 0.092 | 0.110 | 0.125 | 0.140 | 0.161 | 0.182 | 0.201 | 0.206 | 0.235 | 0.153 |
| 海南 | 0.025 | 0.036 | 0.054 | 0.063 | 0.072 | 0.086 | 0.100 | 0.114 | 0.116 | 0.137 | 0.080 |
| 重庆 | 0.085 | 0.095 | 0.120 | 0.138 | 0.160 | 0.183 | 0.204 | 0.228 | 0.242 | 0.273 | 0.173 |
| 四川 | 0.134 | 0.163 | 0.185 | 0.203 | 0.232 | 0.274 | 0.317 | 0.347 | 0.364 | 0.409 | 0.263 |
| 贵州 | 0.047 | 0.066 | 0.085 | 0.100 | 0.114 | 0.135 | 0.160 | 0.177 | 0.185 | 0.207 | 0.128 |
| 云南 | 0.076 | 0.095 | 0.119 | 0.134 | 0.152 | 0.176 | 0.201 | 0.223 | 0.233 | 0.258 | 0.167 |
| 西藏 | 0.001 | 0.011 | 0.029 | 0.039 | 0.045 | 0.058 | 0.077 | 0.093 | 0.112 | 0.135 | 0.060 |
| 陕西 | 0.089 | 0.106 | 0.133 | 0.146 | 0.161 | 0.183 | 0.208 | 0.229 | 0.239 | 0.268 | 0.176 |
| 甘肃 | 0.047 | 0.058 | 0.068 | 0.078 | 0.089 | 0.100 | 0.114 | 0.126 | 0.133 | 0.147 | 0.096 |
| 青海 | 0.020 | 0.032 | 0.047 | 0.058 | 0.068 | 0.078 | 0.089 | 0.097 | 0.105 | 0.113 | 0.071 |
| 宁夏 | 0.032 | 0.043 | 0.056 | 0.067 | 0.078 | 0.088 | 0.099 | 0.110 | 0.112 | 0.125 | 0.081 |
| 新疆 | 0.051 | 0.069 | 0.086 | 0.101 | 0.113 | 0.132 | 0.149 | 0.160 | 0.159 | 0.181 | 0.120 |

### 附录 4 2012~2021 年金融科技二级指标——信息技术创新得分

| 地区 | 2012 年 | 2013 年 | 2014 年 | 2015 年 | 2016 年 | 2017 年 | 2018 年 | 2019 年 | 2020 年 | 2021 年 | 均值 |
|---|---|---|---|---|---|---|---|---|---|---|---|
| 北京 | 0.194 | 0.259 | 0.292 | 0.329 | 0.366 | 0.384 | 0.467 | 0.464 | 0.558 | 0.655 | 0.397 |
| 天津 | 0.060 | 0.081 | 0.093 | 0.112 | 0.139 | 0.137 | 0.106 | 0.107 | 0.117 | 0.122 | 0.107 |
| 河北 | 0.046 | 0.059 | 0.064 | 0.071 | 0.089 | 0.108 | 0.129 | 0.143 | 0.158 | 0.180 | 0.105 |
| 山西 | 0.034 | 0.044 | 0.043 | 0.039 | 0.045 | 0.058 | 0.069 | 0.076 | 0.084 | 0.103 | 0.059 |
| 内蒙古 | 0.028 | 0.032 | 0.033 | 0.036 | 0.037 | 0.038 | 0.043 | 0.050 | 0.054 | 0.064 | 0.042 |
| 辽宁 | 0.098 | 0.113 | 0.102 | 0.086 | 0.095 | 0.093 | 0.107 | 0.101 | 0.107 | 0.115 | 0.102 |
| 吉林 | 0.025 | 0.030 | 0.032 | 0.034 | 0.037 | 0.039 | 0.043 | 0.042 | 0.043 | 0.048 | 0.037 |
| 黑龙江 | 0.035 | 0.039 | 0.045 | 0.047 | 0.048 | 0.050 | 0.052 | 0.053 | 0.054 | 0.060 | 0.048 |
| 上海 | 0.175 | 0.181 | 0.192 | 0.215 | 0.254 | 0.271 | 0.297 | 0.303 | 0.319 | 0.350 | 0.256 |
| 江苏 | 0.294 | 0.365 | 0.399 | 0.440 | 0.510 | 0.565 | 0.598 | 0.608 | 0.644 | 0.743 | 0.517 |
| 浙江 | 0.149 | 0.174 | 0.204 | 0.246 | 0.297 | 0.332 | 0.408 | 0.424 | 0.464 | 0.518 | 0.322 |

续表

| 地区 | 2012 年 | 2013 年 | 2014 年 | 2015 年 | 2016 年 | 2017 年 | 2018 年 | 2019 年 | 2020 年 | 2021 年 | 均值 |
|---|---|---|---|---|---|---|---|---|---|---|---|
| 安徽 | 0.073 | 0.102 | 0.130 | 0.163 | 0.227 | 0.235 | 0.274 | 0.239 | 0.258 | 0.277 | 0.198 |
| 福建 | 0.051 | 0.063 | 0.075 | 0.089 | 0.106 | 0.118 | 0.132 | 0.139 | 0.159 | 0.177 | 0.111 |
| 江西 | 0.028 | 0.038 | 0.047 | 0.055 | 0.061 | 0.078 | 0.092 | 0.103 | 0.120 | 0.132 | 0.076 |
| 山东 | 0.141 | 0.210 | 0.236 | 0.273 | 0.287 | 0.289 | 0.308 | 0.345 | 0.381 | 0.453 | 0.292 |
| 河南 | 0.057 | 0.086 | 0.097 | 0.112 | 0.127 | 0.155 | 0.206 | 0.203 | 0.229 | 0.270 | 0.154 |
| 湖北 | 0.064 | 0.083 | 0.110 | 0.133 | 0.162 | 0.192 | 0.215 | 0.229 | 0.222 | 0.251 | 0.166 |
| 湖南 | 0.048 | 0.059 | 0.065 | 0.077 | 0.090 | 0.113 | 0.146 | 0.161 | 0.195 | 0.192 | 0.115 |
| 广东 | 0.238 | 0.287 | 0.297 | 0.417 | 0.536 | 0.623 | 0.842 | 0.866 | 0.840 | 0.902 | 0.585 |
| 广西 | 0.037 | 0.052 | 0.066 | 0.078 | 0.095 | 0.096 | 0.083 | 0.079 | 0.084 | 0.092 | 0.076 |
| 海南 | 0.008 | 0.010 | 0.011 | 0.012 | 0.013 | 0.014 | 0.019 | 0.023 | 0.025 | 0.034 | 0.017 |
| 重庆 | 0.039 | 0.046 | 0.059 | 0.084 | 0.069 | 0.073 | 0.087 | 0.086 | 0.090 | 0.101 | 0.073 |
| 四川 | 0.072 | 0.091 | 0.107 | 0.125 | 0.146 | 0.165 | 0.183 | 0.176 | 0.183 | 0.217 | 0.146 |
| 贵州 | 0.022 | 0.027 | 0.039 | 0.044 | 0.051 | 0.062 | 0.070 | 0.067 | 0.067 | 0.065 | 0.052 |
| 云南 | 0.032 | 0.039 | 0.042 | 0.048 | 0.050 | 0.057 | 0.066 | 0.068 | 0.079 | 0.083 | 0.057 |
| 西藏 | 0.000 | 0.000 | 0.001 | 0.001 | 0.001 | 0.002 | 0.004 | 0.004 | 0.004 | 0.004 | 0.002 |
| 陕西 | 0.052 | 0.068 | 0.070 | 0.064 | 0.071 | 0.111 | 0.111 | 0.113 | 0.117 | 0.135 | 0.091 |
| 甘肃 | 0.013 | 0.017 | 0.020 | 0.024 | 0.025 | 0.025 | 0.028 | 0.028 | 0.029 | 0.034 | 0.024 |
| 青海 | 0.003 | 0.004 | 0.006 | 0.007 | 0.007 | 0.008 | 0.009 | 0.009 | 0.010 | 0.011 | 0.007 |
| 宁夏 | 0.005 | 0.007 | 0.008 | 0.010 | 0.011 | 0.013 | 0.016 | 0.015 | 0.016 | 0.019 | 0.012 |
| 新疆 | 0.022 | 0.027 | 0.030 | 0.031 | 0.034 | 0.037 | 0.040 | 0.039 | 0.042 | 0.048 | 0.035 |

### 附录 5　2012~2021 年省级金融科技测算结果

| 地区 | 2012 年 | 2013 年 | 2014 年 | 2015 年 | 2016 年 | 2017 年 | 2018 年 | 2019 年 | 2020 年 | 2021 年 | 均值 |
|---|---|---|---|---|---|---|---|---|---|---|---|
| 北京 | 0.124 | 0.151 | 0.178 | 0.214 | 0.243 | 0.245 | 0.267 | 0.281 | 0.294 | 0.342 | 0.234 |
| 天津 | 0.038 | 0.044 | 0.050 | 0.060 | 0.072 | 0.075 | 0.070 | 0.076 | 0.081 | 0.085 | 0.065 |
| 河北 | 0.057 | 0.065 | 0.072 | 0.081 | 0.097 | 0.108 | 0.120 | 0.133 | 0.135 | 0.146 | 0.101 |
| 山西 | 0.034 | 0.040 | 0.043 | 0.046 | 0.050 | 0.058 | 0.073 | 0.077 | 0.081 | 0.086 | 0.059 |
| 内蒙古 | 0.034 | 0.038 | 0.040 | 0.042 | 0.046 | 0.051 | 0.056 | 0.063 | 0.064 | 0.069 | 0.050 |
| 辽宁 | 0.067 | 0.076 | 0.079 | 0.081 | 0.088 | 0.090 | 0.098 | 0.103 | 0.103 | 0.103 | 0.089 |
| 吉林 | 0.029 | 0.033 | 0.038 | 0.039 | 0.045 | 0.049 | 0.052 | 0.057 | 0.059 | 0.060 | 0.046 |
| 黑龙江 | 0.032 | 0.043 | 0.050 | 0.052 | 0.052 | 0.055 | 0.058 | 0.064 | 0.066 | 0.066 | 0.054 |

续表

| 地区 | 2012 年 | 2013 年 | 2014 年 | 2015 年 | 2016 年 | 2017 年 | 2018 年 | 2019 年 | 2020 年 | 2021 年 | 均值 |
|---|---|---|---|---|---|---|---|---|---|---|---|
| 上海 | 0.114 | 0.120 | 0.132 | 0.152 | 0.174 | 0.184 | 0.192 | 0.203 | 0.211 | 0.513 | 0.199 |
| 江苏 | 0.160 | 0.188 | 0.209 | 0.234 | 0.267 | 0.294 | 0.318 | 0.334 | 0.345 | 0.381 | 0.273 |
| 浙江 | 0.143 | 0.131 | 0.146 | 0.179 | 0.207 | 0.216 | 0.241 | 0.258 | 0.268 | 0.289 | 0.208 |
| 安徽 | 0.048 | 0.060 | 0.072 | 0.088 | 0.111 | 0.121 | 0.142 | 0.144 | 0.153 | 0.161 | 0.110 |
| 福建 | 0.062 | 0.069 | 0.078 | 0.096 | 0.131 | 0.174 | 0.171 | 0.177 | 0.153 | 0.601 | 0.171 |
| 江西 | 0.027 | 0.033 | 0.040 | 0.049 | 0.055 | 0.062 | 0.077 | 0.093 | 0.098 | 0.100 | 0.063 |
| 山东 | 0.105 | 0.164 | 0.168 | 0.179 | 0.190 | 0.195 | 0.212 | 0.234 | 0.250 | 0.278 | 0.198 |
| 河南 | 0.058 | 0.075 | 0.087 | 0.101 | 0.116 | 0.130 | 0.159 | 0.174 | 0.178 | 0.182 | 0.126 |
| 湖北 | 0.052 | 0.061 | 0.074 | 0.095 | 0.106 | 0.118 | 0.134 | 0.151 | 0.149 | 0.158 | 0.110 |
| 湖南 | 0.047 | 0.055 | 0.063 | 0.073 | 0.090 | 0.101 | 0.117 | 0.139 | 0.144 | 0.142 | 0.097 |
| 广东 | 0.190 | 0.221 | 0.234 | 0.286 | 0.335 | 0.352 | 0.433 | 0.471 | 0.465 | 0.491 | 0.348 |
| 广西 | 0.031 | 0.038 | 0.048 | 0.056 | 0.066 | 0.072 | 0.077 | 0.087 | 0.090 | 0.093 | 0.066 |
| 海南 | 0.012 | 0.016 | 0.020 | 0.022 | 0.023 | 0.028 | 0.032 | 0.039 | 0.037 | 0.041 | 0.027 |
| 重庆 | 0.034 | 0.040 | 0.049 | 0.061 | 0.064 | 0.070 | 0.080 | 0.088 | 0.093 | 0.097 | 0.068 |
| 四川 | 0.061 | 0.075 | 0.087 | 0.102 | 0.120 | 0.134 | 0.153 | 0.166 | 0.172 | 0.181 | 0.125 |
| 贵州 | 0.020 | 0.026 | 0.033 | 0.038 | 0.043 | 0.052 | 0.061 | 0.072 | 0.072 | 0.086 | 0.050 |
| 云南 | 0.029 | 0.035 | 0.041 | 0.046 | 0.053 | 0.058 | 0.068 | 0.077 | 0.082 | 0.083 | 0.057 |
| 西藏 | 0.003 | 0.005 | 0.008 | 0.008 | 0.009 | 0.012 | 0.015 | 0.018 | 0.020 | 0.023 | 0.012 |
| 陕西 | 0.042 | 0.050 | 0.056 | 0.060 | 0.068 | 0.082 | 0.090 | 0.099 | 0.101 | 0.107 | 0.076 |
| 甘肃 | 0.017 | 0.021 | 0.024 | 0.028 | 0.031 | 0.035 | 0.040 | 0.044 | 0.048 | 0.049 | 0.034 |
| 青海 | 0.010 | 0.011 | 0.013 | 0.015 | 0.017 | 0.020 | 0.023 | 0.024 | 0.026 | 0.027 | 0.019 |
| 宁夏 | 0.012 | 0.014 | 0.017 | 0.018 | 0.021 | 0.024 | 0.028 | 0.028 | 0.028 | 0.031 | 0.022 |
| 新疆 | 0.025 | 0.030 | 0.033 | 0.036 | 0.040 | 0.043 | 0.050 | 0.053 | 0.054 | 0.060 | 0.042 |

**附录 6  2012~2021 年金融科技水平欧氏距离和相对贴近度**

| 年份 | 地区 | 正理想解距离（D+） | 负理想解距离（D-） | 相对贴近度 | 排序 |
|---|---|---|---|---|---|
| 2012 | 北京 | 0.887 | 0.184 | 0.172 | 89 |
| 2013 | 北京 | 0.863 | 0.215 | 0.200 | 68 |
| 2014 | 北京 | 0.843 | 0.258 | 0.234 | 50 |
| 2015 | 北京 | 0.816 | 0.305 | 0.272 | 34 |
| 2016 | 北京 | 0.798 | 0.351 | 0.305 | 25 |

| 年份 | 地区 | 正理想解距离（D+） | 负理想解距离（D-） | 相对贴近度 | 排序 |
|------|------|------|------|------|------|
| 2017 | 北京 | 0.793 | 0.345 | 0.303 | 26 |
| 2018 | 北京 | 0.778 | 0.372 | 0.324 | 21 |
| 2019 | 北京 | 0.770 | 0.394 | 0.338 | 18 |
| 2020 | 北京 | 0.766 | 0.417 | 0.353 | 14 |
| 2021 | 北京 | 0.744 | 0.487 | 0.395 | 9 |
| 2012 | 天津 | 0.963 | 0.062 | 0.060 | 275 |
| 2013 | 天津 | 0.957 | 0.069 | 0.067 | 264 |
| 2014 | 天津 | 0.952 | 0.079 | 0.077 | 243 |
| 2015 | 天津 | 0.943 | 0.091 | 0.088 | 205 |
| 2016 | 天津 | 0.932 | 0.109 | 0.105 | 172 |
| 2017 | 天津 | 0.929 | 0.117 | 0.112 | 153 |
| 2018 | 天津 | 0.934 | 0.115 | 0.109 | 161 |
| 2019 | 天津 | 0.930 | 0.124 | 0.118 | 145 |
| 2020 | 天津 | 0.925 | 0.133 | 0.125 | 132 |
| 2021 | 天津 | 0.922 | 0.144 | 0.135 | 117 |
| 2012 | 河北 | 0.947 | 0.102 | 0.098 | 184 |
| 2013 | 河北 | 0.940 | 0.113 | 0.108 | 164 |
| 2014 | 河北 | 0.934 | 0.125 | 0.118 | 143 |
| 2015 | 河北 | 0.925 | 0.136 | 0.128 | 127 |
| 2016 | 河北 | 0.912 | 0.158 | 0.148 | 103 |
| 2017 | 河北 | 0.903 | 0.174 | 0.161 | 94 |
| 2018 | 河北 | 0.892 | 0.188 | 0.174 | 87 |
| 2019 | 河北 | 0.880 | 0.200 | 0.185 | 80 |
| 2020 | 河北 | 0.878 | 0.205 | 0.189 | 77 |
| 2021 | 河北 | 0.871 | 0.222 | 0.203 | 66 |
| 2012 | 山西 | 0.968 | 0.067 | 0.065 | 267 |
| 2013 | 山西 | 0.962 | 0.078 | 0.075 | 247 |
| 2014 | 山西 | 0.959 | 0.085 | 0.081 | 229 |
| 2015 | 山西 | 0.957 | 0.087 | 0.083 | 220 |
| 2016 | 山西 | 0.953 | 0.094 | 0.090 | 201 |
| 2017 | 山西 | 0.946 | 0.104 | 0.099 | 180 |
| 2018 | 山西 | 0.932 | 0.118 | 0.113 | 151 |

续表

| 年份 | 地区 | 正理想解距离（D+） | 负理想解距离（D-） | 相对贴近度 | 排序 |
|------|------|------|------|------|------|
| 2019 | 山西 | 0.929 | 0.127 | 0.120 | 142 |
| 2020 | 山西 | 0.925 | 0.130 | 0.123 | 135 |
| 2021 | 山西 | 0.921 | 0.140 | 0.132 | 120 |
| 2012 | 内蒙古 | 0.969 | 0.075 | 0.072 | 251 |
| 2013 | 内蒙古 | 0.965 | 0.081 | 0.077 | 242 |
| 2014 | 内蒙古 | 0.963 | 0.084 | 0.081 | 230 |
| 2015 | 内蒙古 | 0.961 | 0.082 | 0.079 | 235 |
| 2016 | 内蒙古 | 0.957 | 0.088 | 0.084 | 217 |
| 2017 | 内蒙古 | 0.953 | 0.100 | 0.095 | 191 |
| 2018 | 内蒙古 | 0.948 | 0.110 | 0.104 | 175 |
| 2019 | 内蒙古 | 0.943 | 0.118 | 0.111 | 155 |
| 2020 | 内蒙古 | 0.942 | 0.119 | 0.112 | 152 |
| 2021 | 内蒙古 | 0.937 | 0.129 | 0.121 | 141 |
| 2012 | 辽宁 | 0.937 | 0.110 | 0.105 | 170 |
| 2013 | 辽宁 | 0.929 | 0.124 | 0.118 | 146 |
| 2014 | 辽宁 | 0.927 | 0.128 | 0.122 | 140 |
| 2015 | 辽宁 | 0.925 | 0.129 | 0.122 | 137 |
| 2016 | 辽宁 | 0.918 | 0.139 | 0.132 | 121 |
| 2017 | 辽宁 | 0.917 | 0.144 | 0.136 | 116 |
| 2018 | 辽宁 | 0.910 | 0.153 | 0.144 | 106 |
| 2019 | 辽宁 | 0.905 | 0.160 | 0.150 | 101 |
| 2020 | 辽宁 | 0.905 | 0.159 | 0.150 | 102 |
| 2021 | 辽宁 | 0.905 | 0.162 | 0.152 | 100 |
| 2012 | 吉林 | 0.973 | 0.062 | 0.060 | 278 |
| 2013 | 吉林 | 0.969 | 0.070 | 0.067 | 263 |
| 2014 | 吉林 | 0.965 | 0.081 | 0.077 | 241 |
| 2015 | 吉林 | 0.963 | 0.081 | 0.078 | 240 |
| 2016 | 吉林 | 0.959 | 0.088 | 0.084 | 216 |
| 2017 | 吉林 | 0.955 | 0.096 | 0.091 | 199 |
| 2018 | 吉林 | 0.952 | 0.102 | 0.096 | 186 |
| 2019 | 吉林 | 0.947 | 0.105 | 0.100 | 178 |
| 2020 | 吉林 | 0.946 | 0.111 | 0.105 | 171 |

| 年份 | 地区 | 正理想解距离（D+） | 负理想解距离（D-） | 相对贴近度 | 排序 |
|---|---|---|---|---|---|
| 2021 | 吉林 | 0.945 | 0.116 | 0.110 | 159 |
| 2012 | 黑龙江 | 0.970 | 0.059 | 0.057 | 281 |
| 2013 | 黑龙江 | 0.958 | 0.071 | 0.069 | 258 |
| 2014 | 黑龙江 | 0.953 | 0.087 | 0.084 | 218 |
| 2015 | 黑龙江 | 0.951 | 0.088 | 0.085 | 215 |
| 2016 | 黑龙江 | 0.951 | 0.093 | 0.089 | 203 |
| 2017 | 黑龙江 | 0.949 | 0.098 | 0.094 | 194 |
| 2018 | 黑龙江 | 0.946 | 0.103 | 0.099 | 182 |
| 2019 | 黑龙江 | 0.941 | 0.110 | 0.104 | 173 |
| 2020 | 黑龙江 | 0.939 | 0.114 | 0.108 | 162 |
| 2021 | 黑龙江 | 0.939 | 0.116 | 0.110 | 157 |
| 2012 | 上海 | 0.897 | 0.176 | 0.164 | 92 |
| 2013 | 上海 | 0.892 | 0.187 | 0.174 | 88 |
| 2014 | 上海 | 0.882 | 0.206 | 0.190 | 75 |
| 2015 | 上海 | 0.865 | 0.228 | 0.209 | 62 |
| 2016 | 上海 | 0.848 | 0.258 | 0.233 | 51 |
| 2017 | 上海 | 0.841 | 0.274 | 0.246 | 46 |
| 2018 | 上海 | 0.839 | 0.294 | 0.259 | 39 |
| 2019 | 上海 | 0.832 | 0.313 | 0.273 | 33 |
| 2020 | 上海 | 0.827 | 0.324 | 0.282 | 32 |
| 2021 | 上海 | 0.535 | 0.559 | 0.511 | 2 |
| 2012 | 江苏 | 0.858 | 0.237 | 0.216 | 60 |
| 2013 | 江苏 | 0.837 | 0.278 | 0.249 | 44 |
| 2014 | 江苏 | 0.821 | 0.303 | 0.269 | 37 |
| 2015 | 江苏 | 0.802 | 0.333 | 0.294 | 29 |
| 2016 | 江苏 | 0.779 | 0.377 | 0.326 | 20 |
| 2017 | 江苏 | 0.763 | 0.411 | 0.350 | 15 |
| 2018 | 江苏 | 0.749 | 0.444 | 0.372 | 13 |
| 2019 | 江苏 | 0.736 | 0.458 | 0.384 | 12 |
| 2020 | 江苏 | 0.733 | 0.476 | 0.394 | 10 |
| 2021 | 江苏 | 0.722 | 0.532 | 0.424 | 7 |
| 2012 | 浙江 | 0.871 | 0.209 | 0.194 | 71 |

续表

| 年份 | 地区 | 正理想解距离（D+） | 负理想解距离（D−） | 相对贴近度 | 排序 |
|---|---|---|---|---|---|
| 2013 | 浙江 | 0.881 | 0.199 | 0.184 | 83 |
| 2014 | 浙江 | 0.869 | 0.217 | 0.200 | 69 |
| 2015 | 浙江 | 0.840 | 0.253 | 0.231 | 52 |
| 2016 | 浙江 | 0.817 | 0.285 | 0.259 | 40 |
| 2017 | 浙江 | 0.811 | 0.300 | 0.270 | 36 |
| 2018 | 浙江 | 0.796 | 0.341 | 0.300 | 27 |
| 2019 | 浙江 | 0.782 | 0.358 | 0.314 | 23 |
| 2020 | 浙江 | 0.775 | 0.369 | 0.323 | 22 |
| 2021 | 浙江 | 0.764 | 0.401 | 0.344 | 16 |
| 2012 | 安徽 | 0.954 | 0.075 | 0.073 | 249 |
| 2013 | 安徽 | 0.943 | 0.090 | 0.087 | 209 |
| 2014 | 安徽 | 0.931 | 0.108 | 0.104 | 174 |
| 2015 | 安徽 | 0.917 | 0.131 | 0.125 | 134 |
| 2016 | 安徽 | 0.897 | 0.166 | 0.156 | 96 |
| 2017 | 安徽 | 0.889 | 0.175 | 0.165 | 91 |
| 2018 | 安徽 | 0.871 | 0.203 | 0.189 | 76 |
| 2019 | 安徽 | 0.867 | 0.197 | 0.185 | 81 |
| 2020 | 安徽 | 0.858 | 0.208 | 0.195 | 70 |
| 2021 | 安徽 | 0.852 | 0.221 | 0.206 | 64 |
| 2012 | 福建 | 0.942 | 0.105 | 0.101 | 177 |
| 2013 | 福建 | 0.936 | 0.117 | 0.111 | 154 |
| 2014 | 福建 | 0.927 | 0.124 | 0.118 | 144 |
| 2015 | 福建 | 0.910 | 0.144 | 0.136 | 114 |
| 2016 | 福建 | 0.884 | 0.211 | 0.193 | 72 |
| 2017 | 福建 | 0.868 | 0.316 | 0.267 | 38 |
| 2018 | 福建 | 0.860 | 0.286 | 0.250 | 43 |
| 2019 | 福建 | 0.852 | 0.285 | 0.251 | 42 |
| 2020 | 福建 | 0.861 | 0.217 | 0.201 | 67 |
| 2021 | 福建 | 0.537 | 0.701 | 0.566 | 1 |
| 2012 | 江西 | 0.974 | 0.049 | 0.048 | 299 |
| 2013 | 江西 | 0.968 | 0.058 | 0.056 | 285 |
| 2014 | 江西 | 0.962 | 0.070 | 0.067 | 262 |

| 年份 | 地区 | 正理想解距离（D+） | 负理想解距离（D-） | 相对贴近度 | 排序 |
|---|---|---|---|---|---|
| 2015 | 江西 | 0.953 | 0.081 | 0.078 | 238 |
| 2016 | 江西 | 0.948 | 0.089 | 0.086 | 211 |
| 2017 | 江西 | 0.941 | 0.098 | 0.094 | 193 |
| 2018 | 江西 | 0.927 | 0.115 | 0.110 | 156 |
| 2019 | 江西 | 0.913 | 0.135 | 0.129 | 125 |
| 2020 | 江西 | 0.908 | 0.139 | 0.133 | 119 |
| 2021 | 江西 | 0.907 | 0.147 | 0.139 | 112 |
| 2012 | 山东 | 0.904 | 0.163 | 0.153 | 99 |
| 2013 | 山东 | 0.853 | 0.237 | 0.217 | 59 |
| 2014 | 山东 | 0.849 | 0.236 | 0.217 | 58 |
| 2015 | 山东 | 0.840 | 0.252 | 0.231 | 53 |
| 2016 | 山东 | 0.832 | 0.267 | 0.243 | 47 |
| 2017 | 山东 | 0.830 | 0.281 | 0.253 | 41 |
| 2018 | 山东 | 0.817 | 0.303 | 0.271 | 35 |
| 2019 | 山东 | 0.801 | 0.331 | 0.293 | 30 |
| 2020 | 山东 | 0.791 | 0.353 | 0.309 | 24 |
| 2021 | 山东 | 0.773 | 0.392 | 0.337 | 19 |
| 2012 | 河南 | 0.946 | 0.104 | 0.099 | 179 |
| 2013 | 河南 | 0.930 | 0.124 | 0.118 | 147 |
| 2014 | 河南 | 0.920 | 0.139 | 0.131 | 123 |
| 2015 | 河南 | 0.907 | 0.156 | 0.147 | 104 |
| 2016 | 河南 | 0.894 | 0.178 | 0.166 | 90 |
| 2017 | 河南 | 0.882 | 0.195 | 0.181 | 85 |
| 2018 | 河南 | 0.857 | 0.228 | 0.210 | 61 |
| 2019 | 河南 | 0.845 | 0.248 | 0.227 | 56 |
| 2020 | 河南 | 0.842 | 0.252 | 0.230 | 54 |
| 2021 | 河南 | 0.840 | 0.265 | 0.240 | 49 |
| 2012 | 湖北 | 0.950 | 0.084 | 0.081 | 227 |
| 2013 | 湖北 | 0.942 | 0.093 | 0.090 | 202 |
| 2014 | 湖北 | 0.930 | 0.111 | 0.106 | 168 |
| 2015 | 湖北 | 0.910 | 0.132 | 0.127 | 130 |
| 2016 | 湖北 | 0.900 | 0.148 | 0.141 | 110 |

续表

| 年份 | 地区 | 正理想解距离（D+） | 负理想解距离（D-） | 相对贴近度 | 排序 |
|---|---|---|---|---|---|
| 2017 | 湖北 | 0.890 | 0.163 | 0.155 | 97 |
| 2018 | 湖北 | 0.876 | 0.185 | 0.174 | 86 |
| 2019 | 湖北 | 0.860 | 0.205 | 0.192 | 73 |
| 2020 | 湖北 | 0.862 | 0.202 | 0.190 | 74 |
| 2021 | 湖北 | 0.856 | 0.220 | 0.204 | 65 |
| 2012 | 湖南 | 0.956 | 0.081 | 0.078 | 239 |
| 2013 | 湖南 | 0.948 | 0.091 | 0.087 | 207 |
| 2014 | 湖南 | 0.941 | 0.103 | 0.099 | 181 |
| 2015 | 湖南 | 0.931 | 0.114 | 0.109 | 160 |
| 2016 | 湖南 | 0.916 | 0.134 | 0.127 | 128 |
| 2017 | 湖南 | 0.906 | 0.148 | 0.140 | 111 |
| 2018 | 湖南 | 0.891 | 0.168 | 0.158 | 95 |
| 2019 | 湖南 | 0.872 | 0.196 | 0.184 | 84 |
| 2020 | 湖南 | 0.867 | 0.199 | 0.187 | 79 |
| 2021 | 湖南 | 0.870 | 0.203 | 0.189 | 78 |
| 2012 | 广东 | 0.835 | 0.275 | 0.248 | 45 |
| 2013 | 广东 | 0.813 | 0.319 | 0.282 | 31 |
| 2014 | 广东 | 0.804 | 0.337 | 0.295 | 28 |
| 2015 | 广东 | 0.766 | 0.397 | 0.341 | 17 |
| 2016 | 广东 | 0.737 | 0.460 | 0.385 | 11 |
| 2017 | 广东 | 0.728 | 0.485 | 0.400 | 8 |
| 2018 | 广东 | 0.689 | 0.585 | 0.459 | 6 |
| 2019 | 广东 | 0.674 | 0.630 | 0.483 | 4 |
| 2020 | 广东 | 0.677 | 0.623 | 0.479 | 5 |
| 2021 | 广东 | 0.675 | 0.661 | 0.495 | 3 |
| 2012 | 广西 | 0.970 | 0.053 | 0.052 | 293 |
| 2013 | 广西 | 0.963 | 0.062 | 0.060 | 276 |
| 2014 | 广西 | 0.954 | 0.074 | 0.072 | 250 |
| 2015 | 广西 | 0.946 | 0.085 | 0.082 | 225 |
| 2016 | 广西 | 0.937 | 0.100 | 0.096 | 187 |
| 2017 | 广西 | 0.932 | 0.108 | 0.104 | 176 |
| 2018 | 广西 | 0.928 | 0.120 | 0.115 | 149 |

| 年份 | 地区 | 正理想解距离（D+） | 负理想解距离（D-） | 相对贴近度 | 排序 |
|---|---|---|---|---|---|
| 2019 | 广西 | 0.919 | 0.133 | 0.126 | 131 |
| 2020 | 广西 | 0.916 | 0.138 | 0.131 | 124 |
| 2021 | 广西 | 0.914 | 0.147 | 0.138 | 113 |
| 2012 | 海南 | 0.989 | 0.039 | 0.038 | 306 |
| 2013 | 海南 | 0.985 | 0.047 | 0.046 | 302 |
| 2014 | 海南 | 0.982 | 0.057 | 0.055 | 290 |
| 2015 | 海南 | 0.980 | 0.058 | 0.056 | 288 |
| 2016 | 海南 | 0.978 | 0.062 | 0.060 | 277 |
| 2017 | 海南 | 0.974 | 0.072 | 0.069 | 259 |
| 2018 | 海南 | 0.971 | 0.083 | 0.078 | 237 |
| 2019 | 海南 | 0.965 | 0.092 | 0.087 | 208 |
| 2020 | 海南 | 0.966 | 0.084 | 0.080 | 231 |
| 2021 | 海南 | 0.963 | 0.093 | 0.088 | 206 |
| 2012 | 重庆 | 0.967 | 0.058 | 0.057 | 283 |
| 2013 | 重庆 | 0.961 | 0.064 | 0.063 | 271 |
| 2014 | 重庆 | 0.953 | 0.079 | 0.077 | 244 |
| 2015 | 重庆 | 0.942 | 0.095 | 0.091 | 200 |
| 2016 | 重庆 | 0.939 | 0.099 | 0.096 | 190 |
| 2017 | 重庆 | 0.934 | 0.113 | 0.108 | 163 |
| 2018 | 重庆 | 0.926 | 0.128 | 0.122 | 138 |
| 2019 | 重庆 | 0.918 | 0.139 | 0.131 | 122 |
| 2020 | 重庆 | 0.913 | 0.144 | 0.136 | 115 |
| 2021 | 重庆 | 0.910 | 0.152 | 0.143 | 107 |
| 2012 | 四川 | 0.943 | 0.099 | 0.095 | 192 |
| 2013 | 四川 | 0.930 | 0.119 | 0.113 | 150 |
| 2014 | 四川 | 0.919 | 0.131 | 0.125 | 133 |
| 2015 | 四川 | 0.905 | 0.150 | 0.142 | 109 |
| 2016 | 四川 | 0.890 | 0.174 | 0.164 | 93 |
| 2017 | 四川 | 0.878 | 0.198 | 0.184 | 82 |
| 2018 | 四川 | 0.862 | 0.225 | 0.207 | 63 |
| 2019 | 四川 | 0.853 | 0.241 | 0.220 | 57 |
| 2020 | 四川 | 0.847 | 0.250 | 0.228 | 55 |

| 年份 | 地区 | 正理想解距离（D+） | 负理想解距离（D-） | 相对贴近度 | 排序 |
|---|---|---|---|---|---|
| 2021 | 四川 | 0.841 | 0.266 | 0.240 | 48 |
| 2012 | 贵州 | 0.980 | 0.039 | 0.038 | 304 |
| 2013 | 贵州 | 0.975 | 0.050 | 0.049 | 296 |
| 2014 | 贵州 | 0.969 | 0.062 | 0.060 | 274 |
| 2015 | 贵州 | 0.964 | 0.067 | 0.065 | 266 |
| 2016 | 贵州 | 0.959 | 0.074 | 0.071 | 253 |
| 2017 | 贵州 | 0.951 | 0.086 | 0.083 | 222 |
| 2018 | 贵州 | 0.943 | 0.103 | 0.098 | 183 |
| 2019 | 贵州 | 0.932 | 0.115 | 0.110 | 158 |
| 2020 | 贵州 | 0.932 | 0.111 | 0.107 | 165 |
| 2021 | 贵州 | 0.920 | 0.136 | 0.129 | 126 |
| 2012 | 云南 | 0.972 | 0.051 | 0.050 | 295 |
| 2013 | 云南 | 0.966 | 0.061 | 0.059 | 279 |
| 2014 | 云南 | 0.961 | 0.074 | 0.072 | 252 |
| 2015 | 云南 | 0.956 | 0.079 | 0.077 | 246 |
| 2016 | 云南 | 0.950 | 0.089 | 0.085 | 213 |
| 2017 | 云南 | 0.945 | 0.097 | 0.093 | 197 |
| 2018 | 云南 | 0.936 | 0.111 | 0.106 | 166 |
| 2019 | 云南 | 0.927 | 0.123 | 0.117 | 148 |
| 2020 | 云南 | 0.923 | 0.128 | 0.122 | 139 |
| 2021 | 云南 | 0.923 | 0.134 | 0.127 | 129 |
| 2012 | 西藏 | 0.997 | 0.019 | 0.019 | 310 |
| 2013 | 西藏 | 0.995 | 0.027 | 0.026 | 309 |
| 2014 | 西藏 | 0.993 | 0.039 | 0.038 | 305 |
| 2015 | 西藏 | 0.993 | 0.032 | 0.031 | 308 |
| 2016 | 西藏 | 0.991 | 0.037 | 0.036 | 307 |
| 2017 | 西藏 | 0.989 | 0.044 | 0.042 | 303 |
| 2018 | 西藏 | 0.986 | 0.058 | 0.056 | 286 |
| 2019 | 西藏 | 0.984 | 0.067 | 0.064 | 269 |
| 2020 | 西藏 | 0.983 | 0.075 | 0.071 | 255 |
| 2021 | 西藏 | 0.981 | 0.089 | 0.083 | 223 |
| 2012 | 陕西 | 0.960 | 0.074 | 0.071 | 254 |

| 年份 | 地区 | 正理想解距离（D+） | 负理想解距离（D-） | 相对贴近度 | 排序 |
|---|---|---|---|---|---|
| 2013 | 陕西 | 0.952 | 0.084 | 0.081 | 226 |
| 2014 | 陕西 | 0.947 | 0.097 | 0.093 | 196 |
| 2015 | 陕西 | 0.943 | 0.100 | 0.096 | 189 |
| 2016 | 陕西 | 0.936 | 0.111 | 0.106 | 167 |
| 2017 | 陕西 | 0.923 | 0.130 | 0.123 | 136 |
| 2018 | 陕西 | 0.917 | 0.141 | 0.133 | 118 |
| 2019 | 陕西 | 0.908 | 0.151 | 0.143 | 108 |
| 2020 | 陕西 | 0.906 | 0.153 | 0.144 | 105 |
| 2021 | 陕西 | 0.901 | 0.163 | 0.153 | 98 |
| 2012 | 甘肃 | 0.984 | 0.047 | 0.046 | 300 |
| 2013 | 甘肃 | 0.980 | 0.051 | 0.050 | 294 |
| 2014 | 甘肃 | 0.978 | 0.054 | 0.052 | 292 |
| 2015 | 甘肃 | 0.973 | 0.059 | 0.057 | 282 |
| 2016 | 甘肃 | 0.971 | 0.064 | 0.062 | 273 |
| 2017 | 甘肃 | 0.967 | 0.074 | 0.071 | 256 |
| 2018 | 甘肃 | 0.963 | 0.082 | 0.079 | 236 |
| 2019 | 甘肃 | 0.959 | 0.088 | 0.084 | 219 |
| 2020 | 甘肃 | 0.956 | 0.093 | 0.089 | 204 |
| 2021 | 甘肃 | 0.955 | 0.097 | 0.092 | 198 |
| 2012 | 青海 | 0.991 | 0.048 | 0.046 | 301 |
| 2013 | 青海 | 0.990 | 0.050 | 0.048 | 297 |
| 2014 | 青海 | 0.988 | 0.058 | 0.055 | 289 |
| 2015 | 青海 | 0.987 | 0.058 | 0.056 | 287 |
| 2016 | 青海 | 0.985 | 0.062 | 0.059 | 280 |
| 2017 | 青海 | 0.983 | 0.072 | 0.068 | 260 |
| 2018 | 青海 | 0.980 | 0.084 | 0.079 | 233 |
| 2019 | 青海 | 0.979 | 0.084 | 0.079 | 234 |
| 2020 | 青海 | 0.978 | 0.089 | 0.083 | 221 |
| 2021 | 青海 | 0.977 | 0.092 | 0.086 | 210 |
| 2012 | 宁夏 | 0.990 | 0.050 | 0.048 | 298 |
| 2013 | 宁夏 | 0.988 | 0.056 | 0.053 | 291 |
| 2014 | 宁夏 | 0.985 | 0.068 | 0.064 | 268 |

续表

| 年份 | 地区 | 正理想解距离（D+） | 负理想解距离（D-） | 相对贴近度 | 排序 |
|---|---|---|---|---|---|
| 2015 | 宁夏 | 0.985 | 0.065 | 0.062 | 272 |
| 2016 | 宁夏 | 0.982 | 0.074 | 0.071 | 257 |
| 2017 | 宁夏 | 0.979 | 0.081 | 0.077 | 245 |
| 2018 | 宁夏 | 0.976 | 0.091 | 0.086 | 212 |
| 2019 | 宁夏 | 0.976 | 0.088 | 0.083 | 224 |
| 2020 | 宁夏 | 0.975 | 0.084 | 0.080 | 232 |
| 2021 | 宁夏 | 0.973 | 0.091 | 0.085 | 214 |
| 2012 | 新疆 | 0.976 | 0.058 | 0.056 | 284 |
| 2013 | 新疆 | 0.972 | 0.066 | 0.063 | 270 |
| 2014 | 新疆 | 0.969 | 0.069 | 0.067 | 265 |
| 2015 | 新疆 | 0.966 | 0.071 | 0.068 | 261 |
| 2016 | 新疆 | 0.963 | 0.078 | 0.075 | 248 |
| 2017 | 新疆 | 0.959 | 0.085 | 0.081 | 228 |
| 2018 | 新疆 | 0.954 | 0.098 | 0.093 | 195 |
| 2019 | 新疆 | 0.951 | 0.101 | 0.096 | 188 |
| 2020 | 新疆 | 0.950 | 0.102 | 0.097 | 185 |
| 2021 | 新疆 | 0.945 | 0.112 | 0.106 | 169 |

### 附录7　2012~2021年省级共同富裕二级指标——富裕度得分

| 地区 | 2012年 | 2013年 | 2014年 | 2015年 | 2016年 | 2017年 | 2018年 | 2019年 | 2020年 | 2021年 | 均值 |
|---|---|---|---|---|---|---|---|---|---|---|---|
| 北京 | 0.444 | 0.452 | 0.494 | 0.542 | 0.533 | 0.631 | 0.684 | 0.700 | 0.725 | 0.726 | 0.593 |
| 天津 | 0.376 | 0.356 | 0.417 | 0.377 | 0.401 | 0.426 | 0.491 | 0.509 | 0.460 | 0.529 | 0.434 |
| 河北 | 0.211 | 0.226 | 0.225 | 0.218 | 0.218 | 0.285 | 0.278 | 0.314 | 0.365 | 0.335 | 0.267 |
| 山西 | 0.147 | 0.208 | 0.175 | 0.188 | 0.205 | 0.277 | 0.286 | 0.334 | 0.288 | 0.312 | 0.242 |
| 内蒙古 | 0.213 | 0.240 | 0.255 | 0.250 | 0.290 | 0.302 | 0.350 | 0.343 | 0.387 | 0.381 | 0.301 |
| 辽宁 | 0.230 | 0.236 | 0.265 | 0.349 | 0.330 | 0.372 | 0.356 | 0.383 | 0.330 | 0.380 | 0.323 |
| 吉林 | 0.161 | 0.188 | 0.249 | 0.263 | 0.279 | 0.237 | 0.251 | 0.321 | 0.335 | 0.323 | 0.261 |
| 黑龙江 | 0.227 | 0.228 | 0.278 | 0.284 | 0.275 | 0.269 | 0.269 | 0.328 | 0.254 | 0.331 | 0.274 |
| 上海 | 0.600 | 0.616 | 0.556 | 0.645 | 0.719 | 0.782 | 0.763 | 0.754 | 0.804 | 0.830 | 0.707 |
| 江苏 | 0.285 | 0.357 | 0.348 | 0.385 | 0.385 | 0.484 | 0.499 | 0.558 | 0.516 | 0.570 | 0.439 |
| 浙江 | 0.300 | 0.387 | 0.429 | 0.430 | 0.420 | 0.437 | 0.512 | 0.547 | 0.510 | 0.596 | 0.457 |

| 地区 | 2012年 | 2013年 | 2014年 | 2015年 | 2016年 | 2017年 | 2018年 | 2019年 | 2020年 | 2021年 | 均值 |
|---|---|---|---|---|---|---|---|---|---|---|---|
| 安徽 | 0.187 | 0.140 | 0.246 | 0.205 | 0.228 | 0.215 | 0.248 | 0.258 | 0.285 | 0.314 | 0.233 |
| 福建 | 0.208 | 0.224 | 0.272 | 0.352 | 0.295 | 0.378 | 0.366 | 0.432 | 0.462 | 0.460 | 0.345 |
| 江西 | 0.184 | 0.215 | 0.244 | 0.244 | 0.253 | 0.298 | 0.264 | 0.245 | 0.283 | 0.346 | 0.258 |
| 山东 | 0.185 | 0.282 | 0.292 | 0.323 | 0.357 | 0.356 | 0.345 | 0.421 | 0.327 | 0.415 | 0.330 |
| 河南 | 0.166 | 0.137 | 0.182 | 0.260 | 0.194 | 0.258 | 0.221 | 0.244 | 0.350 | 0.293 | 0.230 |
| 湖北 | 0.227 | 0.256 | 0.213 | 0.228 | 0.256 | 0.322 | 0.352 | 0.413 | 0.376 | 0.388 | 0.303 |
| 湖南 | 0.205 | 0.166 | 0.263 | 0.285 | 0.278 | 0.257 | 0.281 | 0.300 | 0.313 | 0.362 | 0.271 |
| 广东 | 0.272 | 0.250 | 0.299 | 0.391 | 0.424 | 0.420 | 0.457 | 0.479 | 0.487 | 0.539 | 0.402 |
| 广西 | 0.156 | 0.128 | 0.216 | 0.257 | 0.206 | 0.242 | 0.253 | 0.273 | 0.277 | 0.296 | 0.230 |
| 海南 | 0.158 | 0.185 | 0.223 | 0.192 | 0.208 | 0.256 | 0.307 | 0.317 | 0.324 | 0.317 | 0.249 |
| 重庆 | 0.177 | 0.217 | 0.215 | 0.215 | 0.224 | 0.289 | 0.318 | 0.331 | 0.353 | 0.360 | 0.270 |
| 四川 | 0.141 | 0.241 | 0.194 | 0.260 | 0.249 | 0.309 | 0.297 | 0.300 | 0.356 | 0.348 | 0.269 |
| 贵州 | 0.100 | 0.107 | 0.199 | 0.170 | 0.227 | 0.197 | 0.259 | 0.239 | 0.195 | 0.281 | 0.197 |
| 云南 | 0.123 | 0.150 | 0.162 | 0.160 | 0.180 | 0.244 | 0.278 | 0.254 | 0.271 | 0.275 | 0.210 |
| 西藏 | 0.042 | 0.057 | 0.131 | 0.094 | 0.122 | 0.123 | 0.153 | 0.197 | 0.228 | 0.226 | 0.137 |
| 陕西 | 0.199 | 0.229 | 0.211 | 0.281 | 0.297 | 0.271 | 0.313 | 0.305 | 0.322 | 0.362 | 0.279 |
| 甘肃 | 0.175 | 0.140 | 0.170 | 0.158 | 0.211 | 0.241 | 0.228 | 0.290 | 0.228 | 0.276 | 0.212 |
| 青海 | 0.155 | 0.238 | 0.236 | 0.194 | 0.252 | 0.245 | 0.264 | 0.253 | 0.327 | 0.312 | 0.248 |
| 宁夏 | 0.192 | 0.208 | 0.267 | 0.280 | 0.244 | 0.259 | 0.293 | 0.305 | 0.284 | 0.331 | 0.266 |
| 新疆 | 0.232 | 0.175 | 0.183 | 0.257 | 0.295 | 0.213 | 0.229 | 0.253 | 0.235 | 0.291 | 0.236 |

### 附录8　2012~2021年省级共同富裕二级指标——共享度得分

| 地区 | 2012年 | 2013年 | 2014年 | 2015年 | 2016年 | 2017年 | 2018年 | 2019年 | 2020年 | 2021年 | 均值 |
|---|---|---|---|---|---|---|---|---|---|---|---|
| 北京 | 0.202 | 0.214 | 0.220 | 0.244 | 0.251 | 0.265 | 0.274 | 0.298 | 0.270 | 0.257 | 0.249 |
| 天津 | 0.072 | 0.081 | 0.091 | 0.097 | 0.104 | 0.110 | 0.116 | 0.123 | 0.117 | 0.125 | 0.104 |
| 河北 | 0.369 | 0.378 | 0.395 | 0.428 | 0.442 | 0.471 | 0.513 | 0.542 | 0.559 | 0.581 | 0.468 |
| 山西 | 0.216 | 0.230 | 0.224 | 0.235 | 0.239 | 0.254 | 0.266 | 0.293 | 0.296 | 0.331 | 0.258 |
| 内蒙古 | 0.148 | 0.157 | 0.165 | 0.172 | 0.178 | 0.190 | 0.193 | 0.197 | 0.209 | 0.214 | 0.182 |
| 辽宁 | 0.235 | 0.247 | 0.249 | 0.260 | 0.267 | 0.288 | 0.300 | 0.294 | 0.306 | 0.315 | 0.276 |
| 吉林 | 0.126 | 0.135 | 0.147 | 0.157 | 0.163 | 0.169 | 0.181 | 0.198 | 0.209 | 0.221 | 0.170 |

续表

| 地区 | 2012 年 | 2013 年 | 2014 年 | 2015 年 | 2016 年 | 2017 年 | 2018 年 | 2019 年 | 2020 年 | 2021 年 | 均值 |
|---|---|---|---|---|---|---|---|---|---|---|---|
| 黑龙江 | 0.156 | 0.161 | 0.165 | 0.179 | 0.191 | 0.211 | 0.227 | 0.252 | 0.276 | 0.281 | 0.210 |
| 上海 | 0.138 | 0.120 | 0.122 | 0.134 | 0.177 | 0.192 | 0.197 | 0.206 | 0.204 | 0.241 | 0.173 |
| 江苏 | 0.381 | 0.405 | 0.420 | 0.451 | 0.469 | 0.496 | 0.534 | 0.562 | 0.611 | 0.652 | 0.498 |
| 浙江 | 0.262 | 0.278 | 0.290 | 0.319 | 0.332 | 0.364 | 0.391 | 0.426 | 0.433 | 0.463 | 0.356 |
| 安徽 | 0.343 | 0.360 | 0.375 | 0.401 | 0.412 | 0.440 | 0.464 | 0.494 | 0.510 | 0.530 | 0.433 |
| 福建 | 0.187 | 0.197 | 0.207 | 0.218 | 0.217 | 0.227 | 0.249 | 0.266 | 0.272 | 0.295 | 0.233 |
| 江西 | 0.235 | 0.242 | 0.249 | 0.263 | 0.276 | 0.296 | 0.312 | 0.341 | 0.356 | 0.376 | 0.295 |
| 山东 | 0.530 | 0.568 | 0.579 | 0.604 | 0.623 | 0.652 | 0.682 | 0.720 | 0.761 | 0.802 | 0.652 |
| 河南 | 0.523 | 0.549 | 0.568 | 0.592 | 0.615 | 0.652 | 0.682 | 0.713 | 0.743 | 0.745 | 0.638 |
| 湖北 | 0.292 | 0.310 | 0.341 | 0.382 | 0.410 | 0.420 | 0.432 | 0.456 | 0.448 | 0.489 | 0.398 |
| 湖南 | 0.340 | 0.367 | 0.377 | 0.399 | 0.418 | 0.446 | 0.478 | 0.529 | 0.546 | 0.561 | 0.446 |
| 广东 | 0.433 | 0.476 | 0.494 | 0.542 | 0.578 | 0.629 | 0.667 | 0.719 | 0.748 | 0.805 | 0.609 |
| 广西 | 0.218 | 0.238 | 0.254 | 0.282 | 0.298 | 0.339 | 0.353 | 0.364 | 0.404 | 0.434 | 0.318 |
| 海南 | 0.099 | 0.096 | 0.096 | 0.102 | 0.101 | 0.105 | 0.111 | 0.114 | 0.107 | 0.101 | 0.103 |
| 重庆 | 0.178 | 0.178 | 0.185 | 0.195 | 0.204 | 0.223 | 0.248 | 0.277 | 0.236 | 0.289 | 0.221 |
| 四川 | 0.374 | 0.406 | 0.419 | 0.454 | 0.480 | 0.516 | 0.562 | 0.603 | 0.620 | 0.644 | 0.508 |
| 贵州 | 0.172 | 0.198 | 0.215 | 0.234 | 0.250 | 0.272 | 0.288 | 0.309 | 0.305 | 0.296 | 0.254 |
| 云南 | 0.240 | 0.255 | 0.266 | 0.287 | 0.313 | 0.344 | 0.361 | 0.382 | 0.384 | 0.392 | 0.322 |
| 西藏 | 0.059 | 0.064 | 0.067 | 0.071 | 0.078 | 0.076 | 0.069 | 0.072 | 0.076 | 0.085 | 0.072 |
| 陕西 | 0.250 | 0.259 | 0.266 | 0.278 | 0.289 | 0.303 | 0.320 | 0.337 | 0.344 | 0.348 | 0.299 |
| 甘肃 | 0.177 | 0.199 | 0.207 | 0.220 | 0.226 | 0.217 | 0.225 | 0.232 | 0.231 | 0.234 | 0.217 |
| 青海 | 0.060 | 0.060 | 0.064 | 0.069 | 0.073 | 0.077 | 0.083 | 0.111 | 0.118 | 0.127 | 0.084 |
| 宁夏 | 0.026 | 0.031 | 0.036 | 0.040 | 0.046 | 0.048 | 0.050 | 0.058 | 0.059 | 0.055 | 0.045 |
| 新疆 | 0.126 | 0.135 | 0.147 | 0.169 | 0.195 | 0.201 | 0.224 | 0.240 | 0.240 | 0.257 | 0.193 |

附录 9　2012~2021 年省级共同富裕二级指标——可持续性得分

| 地区 | 2012 年 | 2013 年 | 2014 年 | 2015 年 | 2016 年 | 2017 年 | 2018 年 | 2019 年 | 2020 年 | 2021 年 | 均值 |
|---|---|---|---|---|---|---|---|---|---|---|---|
| 北京 | 0.464 | 0.523 | 0.572 | 0.561 | 0.573 | 0.576 | 0.668 | 0.669 | 0.672 | 0.672 | 0.595 |
| 天津 | 0.178 | 0.202 | 0.183 | 0.186 | 0.194 | 0.248 | 0.201 | 0.202 | 0.218 | 0.210 | 0.202 |

| 地区 | 2012 年 | 2013 年 | 2014 年 | 2015 年 | 2016 年 | 2017 年 | 2018 年 | 2019 年 | 2020 年 | 2021 年 | 均值 |
|---|---|---|---|---|---|---|---|---|---|---|---|
| 河北 | 0.379 | 0.393 | 0.401 | 0.403 | 0.406 | 0.410 | 0.444 | 0.445 | 0.460 | 0.458 | 0.420 |
| 山西 | 0.238 | 0.292 | 0.296 | 0.304 | 0.306 | 0.308 | 0.343 | 0.349 | 0.362 | 0.365 | 0.316 |
| 内蒙古 | 0.382 | 0.416 | 0.446 | 0.454 | 0.462 | 0.461 | 0.456 | 0.459 | 0.467 | 0.478 | 0.448 |
| 辽宁 | 0.480 | 0.518 | 0.529 | 0.530 | 0.526 | 0.540 | 0.552 | 0.550 | 0.572 | 0.573 | 0.537 |
| 吉林 | 0.500 | 0.537 | 0.542 | 0.563 | 0.577 | 0.538 | 0.591 | 0.579 | 0.591 | 0.600 | 0.562 |
| 黑龙江 | 0.552 | 0.570 | 0.572 | 0.582 | 0.583 | 0.582 | 0.600 | 0.606 | 0.614 | 0.627 | 0.589 |
| 上海 | 0.130 | 0.149 | 0.158 | 0.163 | 0.166 | 0.171 | 0.213 | 0.217 | 0.222 | 0.221 | 0.181 |
| 江苏 | 0.248 | 0.315 | 0.322 | 0.325 | 0.328 | 0.331 | 0.320 | 0.325 | 0.330 | 0.334 | 0.318 |
| 浙江 | 0.763 | 0.782 | 0.789 | 0.793 | 0.793 | 0.795 | 0.806 | 0.810 | 0.804 | 0.793 | 0.793 |
| 安徽 | 0.396 | 0.425 | 0.437 | 0.439 | 0.449 | 0.454 | 0.472 | 0.474 | 0.475 | 0.469 | 0.449 |
| 福建 | 0.820 | 0.861 | 0.863 | 0.868 | 0.869 | 0.885 | 0.902 | 0.909 | 0.907 | 0.908 | 0.879 |
| 江西 | 0.792 | 0.814 | 0.814 | 0.812 | 0.816 | 0.822 | 0.840 | 0.837 | 0.841 | 0.863 | 0.825 |
| 山东 | 0.362 | 0.369 | 0.374 | 0.378 | 0.386 | 0.385 | 0.391 | 0.390 | 0.392 | 0.396 | 0.382 |
| 河南 | 0.285 | 0.308 | 0.315 | 0.320 | 0.326 | 0.350 | 0.391 | 0.404 | 0.417 | 0.427 | 0.354 |
| 湖北 | 0.420 | 0.515 | 0.522 | 0.522 | 0.524 | 0.526 | 0.547 | 0.555 | 0.583 | 0.595 | 0.531 |
| 湖南 | 0.563 | 0.600 | 0.615 | 0.617 | 0.626 | 0.617 | 0.654 | 0.666 | 0.672 | 0.679 | 0.631 |
| 广东 | 0.712 | 0.738 | 0.744 | 0.764 | 0.774 | 0.781 | 0.809 | 0.806 | 0.806 | 0.800 | 0.773 |
| 广西 | 0.694 | 0.736 | 0.731 | 0.740 | 0.742 | 0.753 | 0.804 | 0.811 | 0.801 | 0.815 | 0.763 |
| 海南 | 0.695 | 0.741 | 0.749 | 0.748 | 0.734 | 0.736 | 0.729 | 0.734 | 0.750 | 0.771 | 0.739 |
| 重庆 | 0.594 | 0.633 | 0.617 | 0.617 | 0.616 | 0.618 | 0.673 | 0.658 | 0.659 | 0.664 | 0.635 |
| 四川 | 0.470 | 0.491 | 0.492 | 0.503 | 0.512 | 0.512 | 0.552 | 0.568 | 0.574 | 0.564 | 0.524 |
| 贵州 | 0.420 | 0.513 | 0.530 | 0.537 | 0.569 | 0.573 | 0.653 | 0.667 | 0.678 | 0.663 | 0.580 |
| 云南 | 0.610 | 0.644 | 0.654 | 0.646 | 0.659 | 0.661 | 0.726 | 0.728 | 0.734 | 0.744 | 0.681 |
| 西藏 | 0.143 | 0.138 | 0.165 | 0.178 | 0.175 | 0.147 | 0.193 | 0.210 | 0.245 | 0.265 | 0.186 |
| 陕西 | 0.516 | 0.570 | 0.581 | 0.583 | 0.580 | 0.585 | 0.590 | 0.588 | 0.606 | 0.608 | 0.581 |
| 甘肃 | 0.153 | 0.197 | 0.225 | 0.217 | 0.248 | 0.278 | 0.261 | 0.270 | 0.283 | 0.279 | 0.241 |
| 青海 | 0.120 | 0.122 | 0.145 | 0.141 | 0.151 | 0.156 | 0.163 | 0.170 | 0.180 | 0.185 | 0.153 |
| 宁夏 | 0.258 | 0.321 | 0.328 | 0.329 | 0.337 | 0.350 | 0.377 | 0.388 | 0.387 | 0.379 | 0.345 |
| 新疆 | 0.110 | 0.113 | 0.126 | 0.137 | 0.149 | 0.167 | 0.193 | 0.204 | 0.193 | 0.214 | 0.161 |

附录10　2012～2021年省级共同富裕水平测算结果

| 地区 | 2012年 | 2013年 | 2014年 | 2015年 | 2016年 | 2017年 | 2018年 | 2019年 | 2020年 | 2021年 | 均值 |
|---|---|---|---|---|---|---|---|---|---|---|---|
| 北京 | 0.356 | 0.370 | 0.400 | 0.433 | 0.432 | 0.489 | 0.529 | 0.547 | 0.550 | 0.545 | 0.465 |
| 天津 | 0.242 | 0.237 | 0.271 | 0.253 | 0.269 | 0.290 | 0.321 | 0.333 | 0.307 | 0.345 | 0.287 |
| 河北 | 0.287 | 0.300 | 0.307 | 0.315 | 0.321 | 0.367 | 0.383 | 0.413 | 0.447 | 0.439 | 0.358 |
| 山西 | 0.182 | 0.225 | 0.206 | 0.218 | 0.228 | 0.272 | 0.285 | 0.320 | 0.299 | 0.325 | 0.256 |
| 内蒙古 | 0.206 | 0.227 | 0.241 | 0.242 | 0.266 | 0.276 | 0.302 | 0.301 | 0.329 | 0.329 | 0.272 |
| 辽宁 | 0.258 | 0.269 | 0.287 | 0.335 | 0.327 | 0.358 | 0.355 | 0.368 | 0.346 | 0.376 | 0.328 |
| 吉林 | 0.183 | 0.204 | 0.241 | 0.254 | 0.266 | 0.243 | 0.260 | 0.302 | 0.314 | 0.313 | 0.258 |
| 黑龙江 | 0.234 | 0.238 | 0.266 | 0.276 | 0.275 | 0.279 | 0.288 | 0.328 | 0.299 | 0.343 | 0.283 |
| 上海 | 0.379 | 0.383 | 0.353 | 0.404 | 0.460 | 0.499 | 0.495 | 0.494 | 0.520 | 0.547 | 0.453 |
| 江苏 | 0.317 | 0.371 | 0.372 | 0.404 | 0.410 | 0.473 | 0.494 | 0.535 | 0.532 | 0.576 | 0.448 |
| 浙江 | 0.334 | 0.387 | 0.414 | 0.426 | 0.426 | 0.447 | 0.497 | 0.529 | 0.512 | 0.567 | 0.454 |
| 安徽 | 0.267 | 0.252 | 0.314 | 0.302 | 0.320 | 0.324 | 0.352 | 0.368 | 0.389 | 0.411 | 0.330 |
| 福建 | 0.264 | 0.280 | 0.309 | 0.355 | 0.325 | 0.374 | 0.378 | 0.420 | 0.437 | 0.445 | 0.358 |
| 江西 | 0.266 | 0.287 | 0.305 | 0.310 | 0.320 | 0.351 | 0.341 | 0.342 | 0.368 | 0.411 | 0.330 |
| 山东 | 0.332 | 0.397 | 0.407 | 0.434 | 0.459 | 0.469 | 0.476 | 0.530 | 0.496 | 0.558 | 0.456 |
| 河南 | 0.311 | 0.308 | 0.340 | 0.390 | 0.365 | 0.414 | 0.411 | 0.435 | 0.504 | 0.476 | 0.395 |
| 湖北 | 0.271 | 0.303 | 0.293 | 0.316 | 0.341 | 0.380 | 0.402 | 0.444 | 0.424 | 0.447 | 0.362 |
| 湖南 | 0.292 | 0.286 | 0.342 | 0.362 | 0.366 | 0.365 | 0.393 | 0.423 | 0.437 | 0.469 | 0.374 |
| 广东 | 0.378 | 0.384 | 0.418 | 0.486 | 0.518 | 0.535 | 0.572 | 0.602 | 0.618 | 0.665 | 0.517 |
| 广西 | 0.235 | 0.232 | 0.284 | 0.316 | 0.296 | 0.331 | 0.347 | 0.362 | 0.378 | 0.401 | 0.318 |
| 海南 | 0.191 | 0.209 | 0.230 | 0.216 | 0.223 | 0.249 | 0.277 | 0.285 | 0.287 | 0.283 | 0.245 |
| 重庆 | 0.220 | 0.246 | 0.246 | 0.249 | 0.257 | 0.299 | 0.329 | 0.345 | 0.341 | 0.365 | 0.290 |
| 四川 | 0.262 | 0.329 | 0.309 | 0.358 | 0.362 | 0.407 | 0.423 | 0.441 | 0.477 | 0.481 | 0.385 |
| 贵州 | 0.160 | 0.183 | 0.239 | 0.232 | 0.271 | 0.264 | 0.311 | 0.309 | 0.286 | 0.326 | 0.258 |
| 云南 | 0.217 | 0.240 | 0.252 | 0.257 | 0.279 | 0.324 | 0.355 | 0.351 | 0.361 | 0.367 | 0.300 |
| 西藏 | 0.059 | 0.068 | 0.111 | 0.094 | 0.111 | 0.108 | 0.126 | 0.152 | 0.173 | 0.177 | 0.118 |
| 陕西 | 0.251 | 0.276 | 0.269 | 0.311 | 0.323 | 0.315 | 0.344 | 0.346 | 0.360 | 0.382 | 0.318 |
| 甘肃 | 0.174 | 0.168 | 0.190 | 0.187 | 0.221 | 0.236 | 0.230 | 0.267 | 0.235 | 0.261 | 0.217 |
| 青海 | 0.116 | 0.159 | 0.162 | 0.142 | 0.175 | 0.173 | 0.186 | 0.191 | 0.234 | 0.230 | 0.177 |
| 宁夏 | 0.137 | 0.154 | 0.187 | 0.196 | 0.180 | 0.190 | 0.211 | 0.222 | 0.211 | 0.233 | 0.192 |
| 新疆 | 0.180 | 0.154 | 0.164 | 0.212 | 0.243 | 0.204 | 0.223 | 0.243 | 0.233 | 0.271 | 0.213 |

附录11 2012~2021年省级共同富裕水平欧氏距离和相对贴近度

| 年份 | 地区 | 正理想解距离 D+ | 负理想解距离 D- | 相对贴近度 C | 排序 |
|------|------|------|------|------|------|
| 2012 | 北京 | 0.887 | 0.184 | 0.172 | 103 |
| 2013 | 北京 | 0.863 | 0.215 | 0.200 | 87 |
| 2014 | 北京 | 0.843 | 0.258 | 0.234 | 67 |
| 2015 | 北京 | 0.816 | 0.305 | 0.272 | 50 |
| 2016 | 北京 | 0.798 | 0.351 | 0.305 | 49 |
| 2017 | 北京 | 0.793 | 0.345 | 0.303 | 28 |
| 2018 | 北京 | 0.778 | 0.372 | 0.324 | 17 |
| 2019 | 北京 | 0.770 | 0.394 | 0.338 | 9 |
| 2020 | 北京 | 0.766 | 0.417 | 0.353 | 8 |
| 2021 | 北京 | 0.744 | 0.487 | 0.395 | 10 |
| 2012 | 天津 | 0.963 | 0.062 | 0.060 | 208 |
| 2013 | 天津 | 0.957 | 0.069 | 0.067 | 232 |
| 2014 | 天津 | 0.952 | 0.079 | 0.077 | 183 |
| 2015 | 天津 | 0.943 | 0.091 | 0.088 | 218 |
| 2016 | 天津 | 0.932 | 0.109 | 0.105 | 202 |
| 2017 | 天津 | 0.929 | 0.117 | 0.112 | 178 |
| 2018 | 天津 | 0.934 | 0.115 | 0.109 | 127 |
| 2019 | 天津 | 0.930 | 0.124 | 0.118 | 117 |
| 2020 | 天津 | 0.925 | 0.133 | 0.125 | 155 |
| 2021 | 天津 | 0.922 | 0.144 | 0.135 | 107 |
| 2012 | 河北 | 0.947 | 0.102 | 0.098 | 181 |
| 2013 | 河北 | 0.940 | 0.113 | 0.108 | 167 |
| 2014 | 河北 | 0.934 | 0.125 | 0.118 | 166 |
| 2015 | 河北 | 0.925 | 0.136 | 0.128 | 159 |
| 2016 | 河北 | 0.912 | 0.158 | 0.148 | 150 |
| 2017 | 河北 | 0.903 | 0.174 | 0.161 | 92 |
| 2018 | 河北 | 0.892 | 0.188 | 0.174 | 81 |
| 2019 | 河北 | 0.880 | 0.200 | 0.185 | 64 |
| 2020 | 河北 | 0.878 | 0.205 | 0.189 | 39 |
| 2021 | 河北 | 0.871 | 0.222 | 0.203 | 48 |
| 2012 | 山西 | 0.968 | 0.067 | 0.065 | 295 |

| 年份 | 地区 | 正理想解距离 D+ | 负理想解距离 D- | 相对贴近度 C | 排序 |
|------|------|------|------|------|------|
| 2013 | 山西 | 0.962 | 0.078 | 0.075 | 271 |
| 2014 | 山西 | 0.959 | 0.085 | 0.081 | 281 |
| 2015 | 山西 | 0.957 | 0.087 | 0.083 | 274 |
| 2016 | 山西 | 0.953 | 0.094 | 0.090 | 267 |
| 2017 | 山西 | 0.946 | 0.104 | 0.099 | 211 |
| 2018 | 山西 | 0.932 | 0.118 | 0.113 | 204 |
| 2019 | 山西 | 0.929 | 0.127 | 0.120 | 149 |
| 2020 | 山西 | 0.925 | 0.130 | 0.123 | 198 |
| 2021 | 山西 | 0.921 | 0.140 | 0.132 | 164 |
| 2012 | 内蒙古 | 0.969 | 0.075 | 0.072 | 284 |
| 2013 | 内蒙古 | 0.965 | 0.081 | 0.077 | 272 |
| 2014 | 内蒙古 | 0.963 | 0.084 | 0.081 | 255 |
| 2015 | 内蒙古 | 0.961 | 0.082 | 0.079 | 253 |
| 2016 | 内蒙古 | 0.957 | 0.088 | 0.084 | 221 |
| 2017 | 内蒙古 | 0.953 | 0.100 | 0.095 | 212 |
| 2018 | 内蒙古 | 0.948 | 0.110 | 0.104 | 184 |
| 2019 | 内蒙古 | 0.943 | 0.118 | 0.111 | 190 |
| 2020 | 内蒙古 | 0.942 | 0.119 | 0.112 | 144 |
| 2021 | 内蒙古 | 0.937 | 0.129 | 0.121 | 146 |
| 2012 | 辽宁 | 0.937 | 0.110 | 0.105 | 252 |
| 2013 | 辽宁 | 0.929 | 0.124 | 0.118 | 220 |
| 2014 | 辽宁 | 0.927 | 0.128 | 0.122 | 203 |
| 2015 | 辽宁 | 0.925 | 0.129 | 0.122 | 132 |
| 2016 | 辽宁 | 0.918 | 0.139 | 0.132 | 151 |
| 2017 | 辽宁 | 0.917 | 0.144 | 0.136 | 106 |
| 2018 | 辽宁 | 0.910 | 0.153 | 0.144 | 114 |
| 2019 | 辽宁 | 0.905 | 0.160 | 0.150 | 95 |
| 2020 | 辽宁 | 0.905 | 0.159 | 0.150 | 121 |
| 2021 | 辽宁 | 0.905 | 0.162 | 0.152 | 88 |
| 2012 | 吉林 | 0.973 | 0.062 | 0.060 | 288 |
| 2013 | 吉林 | 0.969 | 0.070 | 0.067 | 275 |
| 2014 | 吉林 | 0.965 | 0.081 | 0.077 | 245 |

| 年份 | 地区 | 正理想解距离 D+ | 负理想解距离 D− | 相对贴近度 C | 排序 |
|---|---|---|---|---|---|
| 2015 | 吉林 | 0.963 | 0.081 | 0.078 | 225 |
| 2016 | 吉林 | 0.959 | 0.088 | 0.084 | 214 |
| 2017 | 吉林 | 0.955 | 0.096 | 0.091 | 254 |
| 2018 | 吉林 | 0.952 | 0.102 | 0.096 | 222 |
| 2019 | 吉林 | 0.947 | 0.105 | 0.100 | 179 |
| 2020 | 吉林 | 0.946 | 0.111 | 0.105 | 162 |
| 2021 | 吉林 | 0.945 | 0.116 | 0.110 | 169 |
| 2012 | 黑龙江 | 0.970 | 0.059 | 0.057 | 240 |
| 2013 | 黑龙江 | 0.958 | 0.071 | 0.069 | 243 |
| 2014 | 黑龙江 | 0.953 | 0.087 | 0.084 | 193 |
| 2015 | 黑龙江 | 0.951 | 0.088 | 0.085 | 185 |
| 2016 | 黑龙江 | 0.951 | 0.093 | 0.089 | 194 |
| 2017 | 黑龙江 | 0.949 | 0.098 | 0.094 | 196 |
| 2018 | 黑龙江 | 0.946 | 0.103 | 0.099 | 191 |
| 2019 | 黑龙江 | 0.941 | 0.110 | 0.104 | 129 |
| 2020 | 黑龙江 | 0.939 | 0.114 | 0.108 | 177 |
| 2021 | 黑龙江 | 0.939 | 0.116 | 0.110 | 120 |
| 2012 | 上海 | 0.897 | 0.176 | 0.164 | 74 |
| 2013 | 上海 | 0.892 | 0.187 | 0.174 | 72 |
| 2014 | 上海 | 0.882 | 0.206 | 0.190 | 85 |
| 2015 | 上海 | 0.865 | 0.228 | 0.209 | 60 |
| 2016 | 上海 | 0.848 | 0.258 | 0.233 | 37 |
| 2017 | 上海 | 0.841 | 0.274 | 0.246 | 22 |
| 2018 | 上海 | 0.839 | 0.294 | 0.259 | 25 |
| 2019 | 上海 | 0.832 | 0.313 | 0.273 | 26 |
| 2020 | 上海 | 0.827 | 0.324 | 0.282 | 19 |
| 2021 | 上海 | 0.535 | 0.559 | 0.511 | 12 |
| 2012 | 江苏 | 0.858 | 0.237 | 0.216 | 180 |
| 2013 | 江苏 | 0.837 | 0.278 | 0.249 | 109 |
| 2014 | 江苏 | 0.821 | 0.303 | 0.269 | 105 |
| 2015 | 江苏 | 0.802 | 0.333 | 0.294 | 76 |
| 2016 | 江苏 | 0.779 | 0.377 | 0.326 | 70 |

| 年份 | 地区 | 正理想解距离 D+ | 负理想解距离 D- | 相对贴近度 C | 排序 |
|------|------|------|------|------|------|
| 2017 | 江苏 | 0.763 | 0.411 | 0.350 | 35 |
| 2018 | 江苏 | 0.749 | 0.444 | 0.372 | 27 |
| 2019 | 江苏 | 0.736 | 0.458 | 0.384 | 11 |
| 2020 | 江苏 | 0.733 | 0.476 | 0.394 | 14 |
| 2021 | 江苏 | 0.722 | 0.532 | 0.424 | 4 |
| 2012 | 浙江 | 0.871 | 0.209 | 0.194 | 140 |
| 2013 | 浙江 | 0.881 | 0.199 | 0.184 | 78 |
| 2014 | 浙江 | 0.869 | 0.217 | 0.200 | 61 |
| 2015 | 浙江 | 0.840 | 0.253 | 0.231 | 53 |
| 2016 | 浙江 | 0.817 | 0.285 | 0.259 | 54 |
| 2017 | 浙江 | 0.811 | 0.300 | 0.270 | 40 |
| 2018 | 浙江 | 0.796 | 0.341 | 0.300 | 23 |
| 2019 | 浙江 | 0.782 | 0.358 | 0.314 | 15 |
| 2020 | 浙江 | 0.775 | 0.369 | 0.323 | 20 |
| 2021 | 浙江 | 0.764 | 0.401 | 0.344 | 6 |
| 2012 | 安徽 | 0.954 | 0.075 | 0.073 | 213 |
| 2013 | 安徽 | 0.943 | 0.090 | 0.087 | 235 |
| 2014 | 安徽 | 0.931 | 0.108 | 0.104 | 147 |
| 2015 | 安徽 | 0.917 | 0.131 | 0.125 | 182 |
| 2016 | 安徽 | 0.897 | 0.166 | 0.156 | 160 |
| 2017 | 安徽 | 0.889 | 0.175 | 0.165 | 153 |
| 2018 | 安徽 | 0.871 | 0.203 | 0.189 | 122 |
| 2019 | 安徽 | 0.867 | 0.197 | 0.185 | 99 |
| 2020 | 安徽 | 0.858 | 0.208 | 0.195 | 79 |
| 2021 | 安徽 | 0.852 | 0.221 | 0.206 | 68 |
| 2012 | 福建 | 0.942 | 0.105 | 0.101 | 207 |
| 2013 | 福建 | 0.936 | 0.117 | 0.111 | 189 |
| 2014 | 福建 | 0.927 | 0.124 | 0.118 | 157 |
| 2015 | 福建 | 0.910 | 0.144 | 0.136 | 94 |
| 2016 | 福建 | 0.884 | 0.211 | 0.193 | 136 |
| 2017 | 福建 | 0.868 | 0.316 | 0.267 | 83 |
| 2018 | 福建 | 0.860 | 0.286 | 0.250 | 82 |

| 年份 | 地区 | 正理想解距离 D+ | 负理想解距离 D- | 相对贴近度 C | 排序 |
|------|------|----------------|----------------|-------------|------|
| 2019 | 福建 | 0.852 | 0.285 | 0.251 | 58 |
| 2020 | 福建 | 0.861 | 0.217 | 0.201 | 46 |
| 2021 | 福建 | 0.537 | 0.701 | 0.566 | 41 |
| 2012 | 江西 | 0.974 | 0.049 | 0.048 | 195 |
| 2013 | 江西 | 0.968 | 0.058 | 0.056 | 171 |
| 2014 | 江西 | 0.962 | 0.070 | 0.067 | 148 |
| 2015 | 江西 | 0.953 | 0.081 | 0.078 | 152 |
| 2016 | 江西 | 0.948 | 0.089 | 0.086 | 142 |
| 2017 | 江西 | 0.941 | 0.098 | 0.094 | 104 |
| 2018 | 江西 | 0.927 | 0.115 | 0.110 | 125 |
| 2019 | 江西 | 0.913 | 0.135 | 0.129 | 123 |
| 2020 | 江西 | 0.908 | 0.139 | 0.133 | 96 |
| 2021 | 江西 | 0.907 | 0.147 | 0.139 | 66 |
| 2012 | 山东 | 0.904 | 0.163 | 0.153 | 124 |
| 2013 | 山东 | 0.853 | 0.237 | 0.217 | 69 |
| 2014 | 山东 | 0.849 | 0.236 | 0.217 | 63 |
| 2015 | 山东 | 0.840 | 0.252 | 0.231 | 47 |
| 2016 | 山东 | 0.832 | 0.267 | 0.243 | 38 |
| 2017 | 山东 | 0.830 | 0.281 | 0.253 | 34 |
| 2018 | 山东 | 0.817 | 0.303 | 0.271 | 33 |
| 2019 | 山东 | 0.801 | 0.331 | 0.293 | 16 |
| 2020 | 山东 | 0.791 | 0.353 | 0.309 | 24 |
| 2021 | 山东 | 0.773 | 0.392 | 0.337 | 7 |
| 2012 | 河南 | 0.946 | 0.104 | 0.099 | 138 |
| 2013 | 河南 | 0.930 | 0.124 | 0.118 | 139 |
| 2014 | 河南 | 0.920 | 0.139 | 0.131 | 113 |
| 2015 | 河南 | 0.907 | 0.156 | 0.147 | 71 |
| 2016 | 河南 | 0.894 | 0.178 | 0.166 | 84 |
| 2017 | 河南 | 0.882 | 0.195 | 0.181 | 52 |
| 2018 | 河南 | 0.857 | 0.228 | 0.210 | 55 |
| 2019 | 河南 | 0.845 | 0.248 | 0.227 | 42 |
| 2020 | 河南 | 0.842 | 0.252 | 0.230 | 21 |

| 年份 | 地区 | 正理想解距离 D+ | 负理想解距离 D- | 相对贴近度 C | 排序 |
|------|------|------|------|------|------|
| 2021 | 河南 | 0.840 | 0.265 | 0.240 | 31 |
| 2012 | 湖北 | 0.950 | 0.084 | 0.081 | 216 |
| 2013 | 湖北 | 0.942 | 0.093 | 0.090 | 173 |
| 2014 | 湖北 | 0.930 | 0.111 | 0.106 | 197 |
| 2015 | 湖北 | 0.910 | 0.132 | 0.127 | 168 |
| 2016 | 湖北 | 0.900 | 0.148 | 0.141 | 134 |
| 2017 | 湖北 | 0.890 | 0.163 | 0.155 | 89 |
| 2018 | 湖北 | 0.876 | 0.185 | 0.174 | 75 |
| 2019 | 湖北 | 0.860 | 0.205 | 0.192 | 44 |
| 2020 | 湖北 | 0.862 | 0.202 | 0.190 | 59 |
| 2021 | 湖北 | 0.856 | 0.220 | 0.204 | 43 |
| 2012 | 湖南 | 0.956 | 0.081 | 0.078 | 174 |
| 2013 | 湖南 | 0.948 | 0.091 | 0.087 | 192 |
| 2014 | 湖南 | 0.941 | 0.103 | 0.099 | 115 |
| 2015 | 湖南 | 0.931 | 0.114 | 0.109 | 93 |
| 2016 | 湖南 | 0.916 | 0.134 | 0.127 | 97 |
| 2017 | 湖南 | 0.906 | 0.148 | 0.140 | 100 |
| 2018 | 湖南 | 0.891 | 0.168 | 0.158 | 77 |
| 2019 | 湖南 | 0.872 | 0.196 | 0.184 | 57 |
| 2020 | 湖南 | 0.867 | 0.199 | 0.187 | 51 |
| 2021 | 湖南 | 0.870 | 0.203 | 0.189 | 36 |
| 2012 | 广东 | 0.835 | 0.275 | 0.248 | 91 |
| 2013 | 广东 | 0.813 | 0.319 | 0.282 | 80 |
| 2014 | 广东 | 0.804 | 0.337 | 0.295 | 62 |
| 2015 | 广东 | 0.766 | 0.397 | 0.341 | 29 |
| 2016 | 广东 | 0.737 | 0.460 | 0.385 | 18 |
| 2017 | 广东 | 0.728 | 0.485 | 0.400 | 13 |
| 2018 | 广东 | 0.689 | 0.585 | 0.459 | 5 |
| 2019 | 广东 | 0.674 | 0.630 | 0.483 | 3 |
| 2020 | 广东 | 0.677 | 0.623 | 0.479 | 2 |
| 2021 | 广东 | 0.675 | 0.661 | 0.495 | 1 |
| 2012 | 广西 | 0.970 | 0.053 | 0.052 | 242 |

| 年份 | 地区 | 正理想解距离 D+ | 负理想解距离 D- | 相对贴近度 C | 排序 |
|------|------|----------------|----------------|--------------|------|
| 2013 | 广西 | 0.963 | 0.062 | 0.060 | 250 |
| 2014 | 广西 | 0.954 | 0.074 | 0.072 | 188 |
| 2015 | 广西 | 0.946 | 0.085 | 0.082 | 135 |
| 2016 | 广西 | 0.937 | 0.100 | 0.096 | 186 |
| 2017 | 广西 | 0.932 | 0.108 | 0.104 | 133 |
| 2018 | 广西 | 0.928 | 0.120 | 0.115 | 116 |
| 2019 | 广西 | 0.919 | 0.133 | 0.126 | 98 |
| 2020 | 广西 | 0.916 | 0.138 | 0.131 | 86 |
| 2021 | 广西 | 0.914 | 0.147 | 0.138 | 73 |
| 2012 | 海南 | 0.989 | 0.039 | 0.038 | 261 |
| 2013 | 海南 | 0.985 | 0.047 | 0.046 | 231 |
| 2014 | 海南 | 0.982 | 0.057 | 0.055 | 210 |
| 2015 | 海南 | 0.980 | 0.058 | 0.056 | 238 |
| 2016 | 海南 | 0.978 | 0.062 | 0.060 | 234 |
| 2017 | 海南 | 0.974 | 0.072 | 0.069 | 200 |
| 2018 | 海南 | 0.971 | 0.083 | 0.078 | 165 |
| 2019 | 海南 | 0.965 | 0.092 | 0.087 | 163 |
| 2020 | 海南 | 0.966 | 0.084 | 0.080 | 161 |
| 2021 | 海南 | 0.963 | 0.093 | 0.088 | 176 |
| 2012 | 重庆 | 0.967 | 0.058 | 0.057 | 270 |
| 2013 | 重庆 | 0.961 | 0.064 | 0.063 | 223 |
| 2014 | 重庆 | 0.953 | 0.079 | 0.077 | 246 |
| 2015 | 重庆 | 0.942 | 0.095 | 0.091 | 248 |
| 2016 | 重庆 | 0.939 | 0.099 | 0.096 | 236 |
| 2017 | 重庆 | 0.934 | 0.113 | 0.108 | 187 |
| 2018 | 重庆 | 0.926 | 0.128 | 0.122 | 141 |
| 2019 | 重庆 | 0.918 | 0.139 | 0.131 | 126 |
| 2020 | 重庆 | 0.913 | 0.144 | 0.136 | 128 |
| 2021 | 重庆 | 0.910 | 0.152 | 0.143 | 108 |
| 2012 | 四川 | 0.943 | 0.099 | 0.095 | 229 |
| 2013 | 四川 | 0.930 | 0.119 | 0.113 | 137 |
| 2014 | 四川 | 0.919 | 0.131 | 0.125 | 175 |

| 年份 | 地区 | 正理想解距离 D+ | 负理想解距离 D- | 相对贴近度 C | 排序 |
|---|---|---|---|---|---|
| 2015 | 四川 | 0.905 | 0.150 | 0.142 | 112 |
| 2016 | 四川 | 0.890 | 0.174 | 0.164 | 110 |
| 2017 | 四川 | 0.878 | 0.198 | 0.184 | 65 |
| 2018 | 四川 | 0.862 | 0.225 | 0.207 | 56 |
| 2019 | 四川 | 0.853 | 0.241 | 0.220 | 45 |
| 2020 | 四川 | 0.847 | 0.250 | 0.228 | 32 |
| 2021 | 四川 | 0.841 | 0.266 | 0.240 | 30 |
| 2012 | 贵州 | 0.980 | 0.039 | 0.038 | 298 |
| 2013 | 贵州 | 0.975 | 0.050 | 0.049 | 291 |
| 2014 | 贵州 | 0.969 | 0.062 | 0.060 | 224 |
| 2015 | 贵州 | 0.964 | 0.067 | 0.065 | 259 |
| 2016 | 贵州 | 0.959 | 0.074 | 0.071 | 201 |
| 2017 | 贵州 | 0.951 | 0.086 | 0.083 | 228 |
| 2018 | 贵州 | 0.943 | 0.103 | 0.098 | 156 |
| 2019 | 贵州 | 0.932 | 0.115 | 0.110 | 172 |
| 2020 | 贵州 | 0.932 | 0.111 | 0.107 | 199 |
| 2021 | 贵州 | 0.920 | 0.136 | 0.129 | 154 |
| 2012 | 云南 | 0.972 | 0.051 | 0.050 | 268 |
| 2013 | 云南 | 0.966 | 0.061 | 0.059 | 244 |
| 2014 | 云南 | 0.961 | 0.074 | 0.072 | 230 |
| 2015 | 云南 | 0.956 | 0.079 | 0.077 | 227 |
| 2016 | 云南 | 0.950 | 0.089 | 0.085 | 206 |
| 2017 | 云南 | 0.945 | 0.097 | 0.093 | 143 |
| 2018 | 云南 | 0.936 | 0.111 | 0.106 | 101 |
| 2019 | 云南 | 0.927 | 0.123 | 0.117 | 119 |
| 2020 | 云南 | 0.923 | 0.128 | 0.122 | 111 |
| 2021 | 云南 | 0.923 | 0.134 | 0.127 | 102 |
| 2012 | 西藏 | 0.997 | 0.019 | 0.019 | 310 |
| 2013 | 西藏 | 0.995 | 0.027 | 0.026 | 309 |
| 2014 | 西藏 | 0.993 | 0.039 | 0.038 | 303 |
| 2015 | 西藏 | 0.993 | 0.032 | 0.031 | 308 |
| 2016 | 西藏 | 0.991 | 0.037 | 0.036 | 306 |

| 年份 | 地区 | 正理想解距离 D+ | 负理想解距离 D- | 相对贴近度 C | 排序 |
|------|------|------|------|------|------|
| 2017 | 西藏 | 0.989 | 0.044 | 0.042 | 307 |
| 2018 | 西藏 | 0.986 | 0.058 | 0.056 | 304 |
| 2019 | 西藏 | 0.984 | 0.067 | 0.064 | 301 |
| 2020 | 西藏 | 0.983 | 0.075 | 0.071 | 293 |
| 2021 | 西藏 | 0.981 | 0.089 | 0.083 | 292 |
| 2012 | 陕西 | 0.960 | 0.074 | 0.071 | 239 |
| 2013 | 陕西 | 0.952 | 0.084 | 0.081 | 205 |
| 2014 | 陕西 | 0.947 | 0.097 | 0.093 | 219 |
| 2015 | 陕西 | 0.943 | 0.100 | 0.096 | 158 |
| 2016 | 陕西 | 0.936 | 0.111 | 0.106 | 145 |
| 2017 | 陕西 | 0.923 | 0.130 | 0.123 | 170 |
| 2018 | 陕西 | 0.917 | 0.141 | 0.133 | 130 |
| 2019 | 陕西 | 0.908 | 0.151 | 0.143 | 131 |
| 2020 | 陕西 | 0.906 | 0.153 | 0.144 | 118 |
| 2021 | 陕西 | 0.901 | 0.163 | 0.153 | 90 |
| 2012 | 甘肃 | 0.984 | 0.047 | 0.046 | 287 |
| 2013 | 甘肃 | 0.980 | 0.051 | 0.050 | 296 |
| 2014 | 甘肃 | 0.978 | 0.054 | 0.052 | 286 |
| 2015 | 甘肃 | 0.973 | 0.059 | 0.057 | 290 |
| 2016 | 甘肃 | 0.971 | 0.064 | 0.062 | 262 |
| 2017 | 甘肃 | 0.967 | 0.074 | 0.071 | 249 |
| 2018 | 甘肃 | 0.963 | 0.082 | 0.079 | 263 |
| 2019 | 甘肃 | 0.959 | 0.088 | 0.084 | 209 |
| 2020 | 甘肃 | 0.956 | 0.093 | 0.089 | 265 |
| 2021 | 甘肃 | 0.955 | 0.097 | 0.092 | 241 |
| 2012 | 青海 | 0.991 | 0.048 | 0.046 | 305 |
| 2013 | 青海 | 0.990 | 0.050 | 0.048 | 277 |
| 2014 | 青海 | 0.988 | 0.058 | 0.055 | 285 |
| 2015 | 青海 | 0.987 | 0.058 | 0.056 | 300 |
| 2016 | 青海 | 0.985 | 0.062 | 0.059 | 283 |
| 2017 | 青海 | 0.983 | 0.072 | 0.068 | 289 |
| 2018 | 青海 | 0.980 | 0.084 | 0.079 | 280 |

| 年份 | 地区 | 正理想解距离 D+ | 负理想解距离 D- | 相对贴近度 C | 排序 |
|------|------|------|------|------|------|
| 2019 | 青海 | 0.979 | 0.084 | 0.079 | 276 |
| 2020 | 青海 | 0.978 | 0.089 | 0.083 | 226 |
| 2021 | 青海 | 0.977 | 0.092 | 0.086 | 237 |
| 2012 | 宁夏 | 0.990 | 0.050 | 0.048 | 299 |
| 2013 | 宁夏 | 0.988 | 0.056 | 0.053 | 294 |
| 2014 | 宁夏 | 0.985 | 0.068 | 0.064 | 266 |
| 2015 | 宁夏 | 0.985 | 0.065 | 0.062 | 260 |
| 2016 | 宁夏 | 0.982 | 0.074 | 0.071 | 279 |
| 2017 | 宁夏 | 0.979 | 0.081 | 0.077 | 273 |
| 2018 | 宁夏 | 0.976 | 0.091 | 0.086 | 256 |
| 2019 | 宁夏 | 0.976 | 0.088 | 0.083 | 247 |
| 2020 | 宁夏 | 0.975 | 0.084 | 0.080 | 257 |
| 2021 | 宁夏 | 0.973 | 0.091 | 0.085 | 233 |
| 2012 | 新疆 | 0.976 | 0.058 | 0.056 | 282 |
| 2013 | 新疆 | 0.972 | 0.066 | 0.063 | 302 |
| 2014 | 新疆 | 0.969 | 0.069 | 0.067 | 297 |
| 2015 | 新疆 | 0.966 | 0.071 | 0.068 | 269 |
| 2016 | 新疆 | 0.963 | 0.078 | 0.075 | 217 |
| 2017 | 新疆 | 0.959 | 0.085 | 0.081 | 278 |
| 2018 | 新疆 | 0.954 | 0.098 | 0.093 | 264 |
| 2019 | 新疆 | 0.951 | 0.101 | 0.096 | 251 |
| 2020 | 新疆 | 0.950 | 0.102 | 0.097 | 258 |
| 2021 | 新疆 | 0.945 | 0.112 | 0.106 | 215 |